Cyril Scott

Der Junge mit den lichten Augen

Cyril Scott

Der Junge mit den lichten Augen

tb
AQUAMARIN

Titel der englischen Originalausgabe:
The Boy who saw True

Übersetzung aus dem Englischen: Susanne Göbert-Harrington
Das Titelbild zeigt ein Gemälde von Wivica (www.wivica.de)
Umschlaggestaltung: Annette Wagner

7. Auflage 2008

Voglherd 1 • D-85567 Grafing
www.aquamarin-verlag.de

Druck: Bercker • Kevelaer

ISBN 978-3-89427-477-1

Inhaltsverzeichnis

Einleitung

Im Verlauf meiner zweifachen Karriere als Komponist sowohl als auch als Schriftsteller über okkulte und andere Themen, erhielt ich von Zeit zu Zeit die Manuskripte verschiedener Leute (meistens Frauen), die davon überzeugt waren, daß ein Vorwort aus meiner Feder ihren literarischen Bemühungen mehr Gewicht verleihen würde.
Einige von ihnen baten mich sogar, zu erwähnen, daß sie (die Autoren) Reinkarnationen verschiedener bedeutender Persönlichkeiten wären. Allerdings lehnte ich solches ab, da diese Behauptungen in ihren Manuskripten lediglich das Ergebnis ihrer Eitelkeit darstellten. Was die Manuskripte anbetrifft, welche über die Kommunikation mit Verstorbenen und das Hellsehen im allgemeinen berichtete, so mögen sie für den Leser interessant sein, der sich des Weiterlebens nach dem Tode versichern möchte. Sie sind ermüdend für diejenigen, welche bereits davon überzeugt sind.
"Der Junge mit den lichten Augen" gehört zu einer ganz anderen Kategorie und unterscheidet sich von all den zahllosen Büchern, welche ich über Spiritismus und verwandte Themen gelesen habe. Tatsächlich vereinigt kaum eines in vergleichbarer Weise die Merkmale unschuldiger Aufrichtigkeit, gewisser Drolligkeiten, unbewußter Heiterkeit, eines Spektrums zwischen dem Spaßhaften und dem Erhabenen und, wie ich vielleicht hinzufügen darf, einer Überzeugungskraft, da der junge Tagebuchschreiber niemals in der Absicht geschrieben hatte zu überzeugen. Es handelt sich um ein Kind mit der Gabe des Hellsehens (so wie manche Kinder mit einem Talent für Musik geboren werden), welcher Auren und Geister zu sehen vermochte, aber nicht bemerkte, daß andere Menschen diese Gabe nicht besaßen. Als Folge davon kam es zu vielerlei Mißverständnissen, und er mußte manche Demütigung erleiden.
Ich für meinen Teil finde es bedauerlich, daß der Tagebuchschreiber darauf bestand, vieles wegzulassen und nur das zu veröffentlichen, von dem er meinte, es könne sich als unterhaltsam oder lehrreich für den Leser erweisen. Dies könnte sogar den Eindruck einer Unterschlagung meinerseits ent-

stehen lassen. Die vielen Freunde, welchen ich die Unterlagen lieh, verwarfen jedoch solche Bedenken.
Angesichts widersprüchlicher Meinungen kann ich nur sagen, daß ich im Laufe meines Lebens mindestens dreißig Menschen kannte, — einige davon sehr gut — welche in unterschiedlichem Ausmaß über die Fähigkeiten verfügten, die auch dem jungen Tagebuchschreiber zu eigen waren. Außerdem glaube ich, daß die Zeit nicht mehr fern ist, in der viele Kinder mit ähnlichen Talenten geboren werden.
Aus astrologischer Sicht mag es von Interesse sein, daß wir beide bei unserer Geburt die Sonne in der Waage hatten; darauf ließen sich gewisse gemeinsame Charakteristika zurückführen. Ganz offensichtlich wurde der Tagebuchschreiber unter einem anderen aufsteigenden Zeichen geboren, das mit seinen bemerkenswerten übersinnlichen Fähigkeiten in Verbindung stehen mochte.
Ich möchte noch folgende Einzelheiten bemerken, die mir die Witwe des Tagebuchschreibers mitteilte. Sie überzeugte ihn vor seinem Tod, das Tagebuch veröffentlichen zu lassen. Er stellte allerdings Bedingungen. Es sollte erst einige Jahre nach seinem Tod erscheinen und die Originalbotschaften sollten unverändert bleiben. Außerdem bestand er darauf, einige der Namen zu ändern, um die noch lebenden Verwandten und Bekannten nicht in Verlegenheit zu bringen. (Es spricht für seinen Sinn von Humor, daß er die Namen, welche komisch klangen, auch durch solche von ähnlicher Komik ersetzte).
Weiterhin lag ihm daran, die Interpunktion zu verbessern. Er glaubte, die schlechte Grammatik würde den Leser eher entmutigen anstatt ihn zu unterhalten. In anderen Fällen wiederum ließ er die schlechte Orthographie und Grammatik stehen. Wo dergleichen auftaucht, geht es weder zu Lasten der Korrekturleser noch der Drucker. Hinsichtlich des Titels ließ er keinen anderen als denjenigen gelten, den das Buch jetzt trägt;*) des weiteren war ihm daran gelegen, seine Identität nicht preiszugeben. Seine Frau schlug vor, jemanden das Vorwort schreiben zu lassen, der bereits Bücher

*) Dies bezieht sich auf den englischen Originaltitel, d. Hrsg.

über okkulte Themen verfaßt hatte. Dagegen erhob er zwar keine Einwände, hoffte aber, daß man einen solchen Schriftsteller nicht finden würde.

Noch einige Worte zur Person des Autors: Er wurde in Nordengland geboren; sein Vater war Geschäftsmann, mit einer Vorliebe für Literatur. Sein Sohn schien diese Neigung übernommen zu haben, denn er zeigte schon früh literarische Bestrebungen. Er begab sich in die Bibliothek seines Vaters, um Bücher zu lesen, von denen seine Mutter meinte, sie eigneten sich nicht für kleine Jungen. Sie mochte zweifellos Recht haben, doch das Ergebnis der Vorwitzigkeit dieses Burschen erwies sich nicht zuletzt als äußerst erbaulich ... Wenigstens finde ich das.
Am Ende des Tagebuches habe ich einige Einzelheiten über das Leben des Tagebuchschreibers hinzugefügt.

Cyril Scott

Eastbourne, Dezember 1952

Das Tagebuch

Hinweis: Die Kommentare in Klammern wurden vom Autor vorgenommen, als er das Manuskript zur Veröffentlichung vorbereitete. — C. S.

1885

1. Januar
Arnold, mein bester Freund, sagte, er wollte im neuen Jahr ein Tagebuch führen, und so sagte ich, daß ich auch eines führen wollte. Ich hoffte, es würde eines Tages gedruckt werden, so wie das Tagebuch von Herrn Pepys, das in Papas Regal stand. Als ich dies Mildred (meiner älteren Schwester) erzählte, wettete sie mit mir um Bonbons für einen Penny, daß ich in einer Woche damit aufhörte. Doch als ich mich an Papa und Mama wandte, meinte Papa: „Ja, mein Junge, es ist schön, daß du ein Tagebuch führen willst. Denke aber daran – eine Sache, die man beginnt, ist es wert, mit Aufmerksamkeit getan zu werden. Halte dich daran, und wenn du nicht weißt, wie man ein Wort buchstabiert, dann frage jemanden, der es weiß." Mama sprach: „Vergiß nicht, was Vater sagte." Also antwortete ich, daß ich immer daran denken würde, obwohl ich mich ziemlich angegriffen fühlte, denn ich kann nichts tun, ohne daß meine Eltern versuchen, mir eine Lektion zu erteilen. Mildred ist mieser Laune, da man uns soeben berichtete, daß unser Unterricht am Dienstag beginnt. Mildred meint, es wäre schrecklich unfair von Papa, unsere Ferien zu kürzen; die Schulferien wären auch länger. Papa hält nichts von langen Ferien. Kinder kommen nur auf dumme Gedanken, wenn sie nichts zu tun haben. Mildred nennt Papa einen alten Sklaventreiber. Wie ärgerlich wäre er, wenn er das wüßte... Mir fällt heute nichts mehr ein.

2. Januar
Papa stand heute mit dem verkehrten Bein auf. Er klagte über Leberbeschwerden und schimpfte mit Mama. Der Schinken sei salzig, die Eier zu hart und überhaupt. Ich fühlte mich unwohl und dachte, es wäre nicht fair, denn es war Susans Fehler und nicht der meiner Mutter. Es ist nicht Vaters Aufgabe, sich um diese Dinge zu kümmern. Außerdem war Papa wütend, da der Kater ins Haus gepinkelt hatte. Wir sollten keine Haustiere halten,

wenn wir nicht imstande seien, sie bessere Manieren zu lehren. Dann reagierte Mildred sauer. Wir könnten nichts dafür, wenn der Kater Durchfall habe. Zur Strafe für dieses Benehmen ließ Mama Mildred etwas auswendig lernen. Ich wünschte, Mildred würde sich Vater gegenüber keine solchen Freiheiten herausnehmen. Ich weiß, daß Papas Lichter schmutzig sind, wenn er es mit der Leber hat und sie sollte das auch wissen. Es hat keinen Sinn, mit Mildred darüber zu reden. Sie sagt dann nur, ich solle meinen Mund halten.

4. Januar

Man verlangt von mir, am Sonntag nur über heilige Dinge in meinem Tagebuch zu schreiben, über die Kirche und all das. Über die anderen Dinge könne ich am nächsten Tage berichten, wenn ich wollte. Heute nach dem Gottesdienst fragte ich, was es bedeute "Ehebruch zu begehen". Papa schaute irgendwie zur Decke hoch und fragte: „Was nun?" Mama wurde rot und bemerkte: „Frag' nicht soviel!" Von Janet waren Geräusche zu vernehmen. Sie verließ das Zimmer Hals über Kopf, und wir hörten, wie sie vor der Tür in Lachen ausbrach.
Mildred und ich kicherten. Mama runzelte die Stirn und wies uns zurecht. Als ich Mildred fragte, ob sie mir die Bedeutung erklären könne, meinte sie, sie wisse es nicht. Ich fand dies sehr seltsam. Ehebruch kommt in den zehn Geboten vor; der Pfarrer spricht darüber in der Kirche.

5. Januar

Mama nahm mich mit zum Zahnarzt, damit dieser meinen Zahn mit einem Zeug wie Silberpapier fülle. Ich fragte ihn, ob er gerne Zahnarzt wäre, ob es ihm Spaß mache, im Mund anderer Leute herumzustochern. Er habe nichts dagegen, sprach er. „Aber es muß doch schrecklich sein, wenn die Leute Zwiebeln gegessen haben." Er lachte etwas und bemerkte, daß es dann nicht so angenehm sei. Mama lachte auch, sah jedoch aus, als ob es besser gewesen wäre, ich hätte diese Bemerkung nicht gemacht. Nur das gemeine Volk ißt Zwiebeln. Als wir nach Hause kamen, wollte ich zum Spaß auch Zahnarzt spielen, um etwas Taschengeld zu verdienen. Ich nahm etwas Silberpapier aus einer alten Schokoladenschachtel und formte daraus kleine Kügelchen, um die Zähne damit zu füllen. Anschließend sagte ich Susan (der Köchin), daß ich für zwei Pennys ihre Zähne plombieren würde, wenn sie Zahnschmerzen hätte. Daraufhin erfuhr ich von Mildred, daß Susan falsche Zähne hat, die nicht plombiert werden müssen. Ich war enttäuscht.

8. Januar
Ich sagte Mildred heute, daß ich meine Wette gewonnen habe. Es ist mir nicht zuviel, ein Tagebuch zu führen. Mildred war nur bereit, mir die Bonbons zu geben, wenn ich sie sehen ließe, was ich geschrieben habe.
Dies sei unfair und es sei privat, erklärte ich. So schnappte sie mir das Tagebuch weg und begann zu lesen. Sie lachte und stellte fest, ich wüßte nicht einmal, wie man manche Sachen schreibe. Sie schnitt Grimassen und warf mir das Buch ins Gesicht. Ich wollte, ich wäre vier Jahre älter als sie; ich würde es ihr schon zeigen...
Mama sah heute schlecht aus. Sie seufzte beim Essen und sagte, wie schon so oft, „ich wünschte, wir könnten ohne Essen auskommen." Mir geht es so, wenn es kaltes Hammelfleisch oder diesen schrecklichen Reispudding gibt. Vor Beginn des Nachmittagunterrichtes vertrug ich mich wieder mit Mildred. Ich erließ ihr die Bonbons gegen das Versprechen, nicht wieder in meinem Tagebuch zu lesen. Sie versprach es. Ich verstecke es trotzdem, um sicher zu sein.
Heute begannen wir wieder den Unterricht mit der Heiligen Schrift. Ich freue mich immer, wenn von Jesus die Rede ist und nicht von Jehovah. Ich glaube, Jehovah ist ein furchtbarer alter Herr. Ich liebe Jesus. Heute morgen lasen wir über die Beschneidung Jesu. Ich habe soeben in der Bibel nachgesehen, denn ich weiß nicht, wie man es schreibt. Natürlich mußten wir Fräulein Griffin fragen, was eine Beschneidung sei. Sie antwortete, sie sei nicht ganz sicher, glaube jedoch, daß man etwas Haut aus der Stirn des Ba-

bies schneide und daß es so eine Narbe gibt. Mildred erwiderte, dies müsse ja furchtbar weh getan haben und ob man dem Baby Chloroform gegeben habe. Fräulein Griffin begann sich anscheinend unbehaglich zu fühlen und sagte nein.

Anschließend wollte ich über Ehebruch fragen, da Mama es mir nicht sagen wollte. Fräulein Griffin errötete nur und antwortete, wir würden dies besser verstehen, wenn wir erwachsen wären und putzte ihre Nase. „Sie könnten uns aber wenigstens erzählen, ob Sie jemals Ehebruch begingen," sprach Mildred. „Gütiger Himmel, natürlich nicht," rief sie aus und wurde rot wie eine Tomate. „Dann bin ich sicher, daß Sie uns sagen können, was es bedeutet." Mildred ließ nicht locker. „Wenn Sie es nicht tun, schaue ich einfach im Wörterbuch nach." „Ich verbiete Dir, solches zu tun. Wenn du es also wirklich wissen willst, ziehe ich vor, es dir selbst zu erklären. Wenn ein Mann so böse ist, eine Frau heiraten zu wollen, welche bereits verheiratet ist, so nennt man das Ehebruch begehen." „Ist das wirklich alles," wollte Mildred wissen. „Warum wollten Sie es uns dann nicht gleich sagen?" „Es machte Ihnen nichts aus, uns neulich über Kain und Abel zu erzählen. Es wäre aber schlimmer, wenn ich Mildred töten würde, anstatt Tante Maude zu heiraten, die mit Onkel John verheiratet ist," bemerkte ich. „Niemand heiratet jemals seine Tante," stellte Fräulein Griffin fest und wurde erneut verlegen. Fräulein Griffin verkrampft sich immer, wenn sie verlegen ist. (Arme verklemmte Jungfer ohne einen Funken Humor. Ihre Versuche, sich aus der schlimmen Lage zu befreien, in die wir sie gebracht hatten, machten zum Schluß nur alles schlimmer). Nachdem Fräulein Griffin gegangen war, benahm Mildred sich sehr ungehorsam und begab sich geradewegs zum Wörterbuch, um unter Ehebruch nachzusehen. Sie wußte aber nicht, was nur ein einziges der Wörter bedeuten sollte; ich wußte es auch nicht.

18. Januar

Während des Frühstücks erzählte ich Mama, daß ich gerne zu meinem Geburtstag ein Kästchen mit Schlüssel hätte; ich hatte dergleichen in einem Spielzeugladen gesehen. Als Mama wissen wollte wozu, sagte ich ihr, daß

ich darin mein Tagebuch aufbewahren wollte. Daraufhin lachte sie. Ich würde das Kästchen bekommen, wenn ich ein lieber Junge wäre. Heute Nachmittag war Mama zu Hause und es kamen etwa fünfzig alte Damen (eine riesige Übertreibung). Sie machten im Wohnzimmer schrecklichen Lärm, etwa so wie beim Turmbau zu Babel. Mama erschien mit einem sehr roten Gesicht in der Halle; sie errötet immer, wenn viele Leute da sind. Sie schrie, wir möchten herunterkommen, um die alte Frau Bennett zu begrüßen. (Meine Mutter schrie niemals, sie rief uns sehr melodisch.) Nachdem wir also Frau Bennett und alle anderen begrüßt hatten, und ich mich bereits sehr unbehaglich fühlte, ließ uns Mama wieder gehen. Das war alles.
Als Mama danach ins Kinderzimmer kam, fragte ich sie, wer die alte Schachtel mit Augenbrauen wie Papas Bart gewesen wäre. Mama erkundigte sich, wo ich dies aufgeschnappt hätte. So berichtete ich ihr, daß Hobbs (der Gärtner) immer die Leute so nannte. Sie entgegnete, daß solches sehr ungezogen sei und sie diese Worte von mir nie wieder hören wolle. Ich schreibe so etwas mit Vergnügen in mein Tagebuch. Ich sehe keinen Grund, warum ich es nicht tun sollte.

20. Januar
Heute gingen wir zur Tanzstunde, und ich habe mich wieder verliebt. Sie heißt Florrie, hat ein süßes Gesicht und sanfte blaue Augen. Mildred sagt, sie wäre sechzehn. Ich wünschte, ich könnte sie weinen sehen. Es wird mir heute abend nicht soviel ausmachen, zu Bett zu gehen. Ich kann dann an sie denken, mir vorstellen, daß sie weint, ich sie dann umarme und sie bitte, nicht mehr zu weinen... (Seit meinem vierten Lebensjahr verliebte ich mich immer in Mädchen, die viel älter als ich waren. Ich stellte mir sie immer verzweifelt vor, so daß ich die Rolle des Trösters spielen konnte. Manchmal genügte als Grund, mich zu verlieben, wenn ich ein Mädchen oder eine junge Frau in Tränen ausbrechen sah. Kleine Mädchen meines Alters erweckten jedoch in mir niemals zärtliche Gefühle.)

22. Januar

Da Mildred Geburtstag hat, schenkten ihr Papa und Mama ein Spiel, welches sie sonntags spielen könne. Es heißt "Die Reise der Pilgerväter". Ich selbst schenkte ihr einen Malkasten, den Mama bezahlte. Mama bat, sie hätte gern, daß wir die Eltern Vater und Mutter nennen, da wir jetzt genügend erwachsen wären. Nur das gemeine Volk oder kleine Kinder nannten die Eltern Papa und Mama.

Wir haben heute keinen Unterricht. Am Nachmittag sind Arnold, Ethel und Henry zum Tee eingeladen und um Spiele zu spielen. Mutter kann nicht dabei sein, da sie Sachen in einem Wohltätigkeitsbasar verkaufen muß. Susan und Janet dürfen stattdessen mit uns spielen. Frau Prettyman kommt zu uns, um eventuelle Besucher zu empfangen.

30. Januar

Herr Wilcox kam heute vorbei. Er kam hinauf ins Kinderzimmer und brachte mir einen wunderschönen Zug mit, der auf Schienen fährt. Ich mag Herrn Wilcox sehr gern. Es ist sehr lustig, wenn er kommt. Er spielt mir auf dem Klavier vor. Ich mag so etwas lieber als andere Sachen. Wenn ich groß bin, möchte ich Organist werden. Mama hat Herrn Wilcox für Sonntag zum Essen eingeladen, da sein Koch krank ist. Es gibt niemanden, der ihm sein Sonntagsessen zubereiten könnte. Ich denke, es wird Geflügel und Brotsoße geben. (Ich muß erwähnen, daß Herr Stanley Wilcox der Pfarrer der Gemeinde war, in der meine Eltern lebten.) Ich erzählte Herrn Wilcox, daß ich Tagebuch führte, und ich erfuhr von ihm, daß er selbst auch eines geführt habe. Er schrieb damals alles auf, was ihn berührte. Er habe nicht jeden Tag etwas ins Tagebuch eingetragen, da es albern ist, Dinge wie "ich stand auf, ich aß Schinken zum Frühstück, ich ging zu Bett, ich wusch meine Hände" und ähnliches niederzuschreiben. Ich war darin mit ihm einer Meinung. Er zeigte sich erfreut über meine Zustimmung. Ich denke, es war nicht richtig, ihm nicht zu erzählen, daß ich doch so dumme Sachen aufgeschrieben hatte. Ich strich sie aber durch und jetzt ist die Geschichte in Ordnung. Tommy hat heute wieder ins Haus gemacht. Als Papa hereinkam, hörte ich ihn sagen: „Puh, das übertrifft ja alles. Wir müssen diesen Kater loswerden." Mir geht es entsetzlich. Wenn sie den Kater weggeben, bricht mir das Herz, so wie es Frau Buddle ging als Herr Buddle starb.

1. Februar

Heute war ein gräßlicher Tag. Ich ging mit Mama und Mildred zur Kirche. Dort spielte man den Totenmarsch und sang "Gesegnet sind die Toten" für den alten Herrn Thomas, der plötzlich starb. Ich weinte so sehr, daß Mama Mildred bat, mit mir die Kirche zu verlassen. Mildred war voller Wut als wir nach draußen gingen, denn sie ist in Herrn Amery (den Pfarrer) verliebt. Sie würde ihn am liebsten die ganze Zeit in seinem Nachthemd betrachten. Mutter sagt, dies wäre kein Nachthemd. Es hieße Überwurf. Mutter bemerkte später, sie hätte mich zu Hause gelassen, wenn sie das mit dem alten Herrn Thomas eher gewußt hätte. Sie weiß, daß solche Dinge einfach zu viel für mich sind.

Herr Wilcox kam am Sonntag zum Essen und Papa servierte Geflügel in Brotsoße. Anschließend gab es Ingwerpudding. Ich konnte jedoch meinen Ingwerpudding nicht essen, da etwas Schreckliches passierte. Herr Wilcox sprach zu Papa: „Sind Sie nicht auch der Meinung, daß Mildred ihrer Mutter jeden Tag ähnlicher wird?" Bevor noch jemand etwas erwidern konnte, sagte Mildred, die in vorwitziger Simmung war, frech: „Ich denke, daß Sie mich heiraten, wenn ich Mutter immer ähnlicher werde." „Gewiß," antwortete Herr Wilcox. „Ich glaube, daß Sie mich nur heiraten, da Sie eigentlich gerne Mama heiraten würden," fuhr Mildred noch frecher fort. „Ganz sicher," und ich sah, wie Herr Wilcox Papa zuzwinkerte. Dann verkündete Mildred: „Oh, Sie böser Mensch. Sie haben jetzt Ehebruch begangen." Es wurde sehr laut, Mama wurde rot wie ein Flannelpetticoat und schickte Mildred aus dem Zimmer. Papa sagte irgendetwas auf Französisch. Ich gluckste und sprach, es wäre nicht Mildreds Fehler. Fräulein Griffin habe uns zur Bibel erklärt, daß man es Ehebruch nenne, wenn ein Herr eine Dame heiraten wolle, welche bereits verheiratet sei. Papa verzog das Gesicht. Herr Wilcox strich mir über den Rücken und meinte, es wäre schon eine verrückte Welt. Er gab mir zwei Pennys, die ich morgen für Süßigkeiten ausgeben sollte. Trotzdem fand ich alles furchtbar. Ich wünschte, Mildred hätte sich besser benommen, denn ich kann Streit nicht ausstehen. Ich glaube, daß wir Papa leid taten, denn er spielte mit uns nach dem Teetrinken im Eßzimmer das Pilgerspiel.

2. Februar

Heute Nacht sah ich Jesus wieder. Er stand am Ende meines Bettes und lächelte mich an. Seine Lichter waren so herrlich, gold, rosa, blau, grün und gelb, so wie der Regenbogen, den wir vor kurzem durch das Fenster sahen. Er sah aus, als wollte er mich wegen jenes gräßlichen Tages trösten. Er hat herrliche blaue Augen und langes braunes Haar. Durch ihn fühlte ich mich sehr glücklich. Es ist das dritte Mal, daß ich ihn gesehen habe, aber ich wollte, er würde öfter kommen. (Solange ich mich zurückerinnern kann, war ich hellsichtig gewesen. Ich war in der Lage, die Erscheinung Verstorbener zu sehen sowie die menschliche Aura, die ich damals "Lichter" nannte. Alles in allem hatte ich jedoch nie von Hellsichtigkeit gehört und war der Meinung, dergleichen wäre eine natürliche Fähigkeit, die jeder besäße, so wie die fünf Sinne. Mir fiel niemals ein, daß noch ein sechster Sinn existieren könnte. Meine Unschuld hinsichtlich dieser Zusammenhänge, sowie diese Fähigkeit selbst, brachten mich oft in Schwierigkeiten, wie ja auch aus dem Tagebuch hervorgeht.

Seit meiner frühesten Kindheit, in der ich bereits erwähnte, daß ich "Sachen gesehen" hätte, wurde die ganze Angelegenheit seitens meiner Eltern lediglich mit lächelnder Nachsicht hingenommen und meiner kindlichen Phantasie zugeschrieben. Später wurde diese Haltung dann durch ein Benehmen ersetzt, das mich irgendwie aus der Fassung brachte.) Ich haßte unseren Unterricht heute. Fräulich Griffin war die ganze Zeit schlechter Laune und ihre Lichter sahen aus wie der Nebel von Bradford, schlimmer als je zuvor. Ich wußte auch warum. Mama hatte ihr eine furchtbare Predigt über den Ehebruch gehalten. Als Fräulein Griffin heute morgen kam, lehnte ich mich gerade über das Geländer. Ich beobachtete, wie Mama aus der Bibliothek kam, um mit ihr zu reden. Sie betraten die Bibliothek und blieben dort sehr lange. Als sie nach oben kam, waren ihre Augen rot, und sie war kaum in der Lage, uns einen Guten Morgen zu wünschen. Während des Unterrichtes benahm sie sich verstört, bis ich Mildred fragte, warum sie so üble Laune hätte. Natürlich wußte Mildred alles. Fräulein Griffin begann laut zu weinen und bemerkte, daß man ihr im Leben noch nie so böse mitgespielt hätte. Sie bezeichnete Mildred als schrecklichen, kleinen Teufelsstrick (Unheilstifter). Ich selbst fühlte mich unwohl, da es mir Unbehagen verursacht, alte Damen weinen zu sehen (eine übertriebene Feststellung, denn Fräulein Griffin war gewiß nicht älter als 38). Es war einfach schmachvoll, wie Frau Buddle immer zu sagen pflegt.

4. Februar
Heute während des Essens fragte ich Mama, ob sie Jesus öfter sehe, da er mir an meinem Geburtstag erschienen war, nachdem ich bereits im Bett lag. Mildred kicherte und Janet, die die Kartoffeln reichte, ebenfalls.
Ich frage mich warum. Ich wunderte mich, warum ich von Mama keine Antwort erhielt, sondern sie nur sagte, daß Jesus nicht zu kleinen Jungen käme, die in der Kirche unaufmerksam wären, herumschauten und nicht darüber nachdachten, was sie sagten. Ich weiß immer noch nicht, warum Mama mir nicht glaubt, wenn ich ihr etwas erzähle. Früher tat sie es. Mildred meint, ich wäre verrückt. Mama jedoch erwähnte irgendein langes Wort gegenüber Herrn Wilcox, an das ich mich nicht mehr erinnern kann. Heute abend kam Papa wieder spät vom Geschäft nach Hause. Ich war ängstlich, da ich dachte, er könnte überfahren oder umgebracht worden sein. Mildred sprach, ich solle nicht dumm sein, doch ich betete zu Gott, damit Vater sicher nach Häuse käme. Ich habe mich so gefreut, als er endlich nach Hause kam. (Die Angst, meinen Eltern könnte etwas zustoßen, quälte häufig meinen phantasievollen Geist. Allerdings wären die Bediensteten deswegen zu tadeln gewesen. Sie diskutierten die neuesten Zeitungsmeldungen, weideten sich vor uns Kindern an Unfällen und Mordgeschichten auf eine Art und Weise, die dazu angetan war, uns die Gänsehaut

über den Rücken laufen zu lassen, so wie es offensichtlich auch bei ihnen der Fall zu sein pflegte. Während sie sich der Sensationslust hingaben, erzeugte dies in mir einen Komplex. Ich brauchte Jahre, um ihn auszurotten.)

4. Februar (Fortsetzung)
Nach dem Unterricht heute morgen – Mama war ausgegangen – begab ich mich in die Bibliothek und las ein wenig in Papas Tagebuch. Ich ließ viele Stellen aus, bis ich zu den interessanten Sachen kam. An einer Stelle hieß es, daß das Dienstmädchen stürzte und ihr Arsch zu sehen war. (Da mein Vater kein Tagebuch führte, ist natürlich ein "Tagebuch" in seinem Bücherregal gemeint.) Ich wußte nicht, was das Wort bedeutete und schlug deswegen im Wörterbuch nach. Darin stand Hintern, was mir Spanisch vorkam. Ich fragte Mildred, was ein Arsch wäre, und sie antwortete, ich sei selbst einer, da ich es nicht wüßte. Wir seien in Rhyll darauf geritten. Dies schien auch wenig Sinn zu ergeben.*) Also fragte ich heute nachmittag Fräulein Griffin, was Hintern bedeutet. Sie entgegnete, sie hätte nie davon gehört, was ich äußerst ärgerlich fand. (Seltsam, das einzige Wort für Gesäß, das wir in unserer Naivität jemals benutzten, war das Wort Popo.) Mama und Papa sind heute abend beim Pfarrer eingeladen, Mildred und ich erst am Samstag, wenn Henry Geburtstag feiert. Mama hielt mir nach dem Essen eine lange Predigt. Sie denkt, ich werde es niemals lernen, reinlich zu sein. Sie fügte hinzu, daß Papa genug davon hätte, mich immer zu ermahnen, ich solle nicht zu spät zum Frühstück kommen. Wenn dies noch einmal der Fall wäre, würde ich ernsthaft bestraft werden. Zu dumm aber auch!

*) Im Englischen wird das Wort Esel und Hintern sehr ähnlich geschrieben; d. Übers.

5. Februar

Ich erkundigte mich bei Mama und Papa während des Frühstücks, wie es ihnen beim Pfarrer gefallen hätte. „Sehr gut, danke," sprach Mama. Er habe nach mir gefragt, was sie sehr freundlich fand. (Der Pfarrer war ein beeindruckender Geistlicher mit einem schwarzen Bart und einem dicken Bauch; er hielt seine Predigten auf theatralische Art und Weise.) Mildred erzählte Mama, Janet sei der Ansicht, der Pfarrer wäre eingebildet. Papa schmunzelte, doch Mama wurde ärgerlich. Sie sagte, Janet habe kein Recht solches zu erzählen und daß sie derartige Worte nie wieder hören wolle... Susan (die Köchin) hatte heute abend eine rote Nase, als ich die Küche betrat.

Sie gab eine Menge Geräusche von sich, nicht die unanständigen, sondern die anderen. Janet erklärte Mildred später, dies werde Rülpsen genannt. Wir begaben uns in die Bibliothek, um Papa mit einem Kuß zu begrüßen. Als Mildred wissen wollte, warum die Köchin so rülpste, wurde Mama erneut ungehalten und sprach: „Ich glaube, du hast dieses ungezogene Wort von den Dienstboten aufgeschnappt. Ich möchte es nie wieder von dir hören. Anderenfalls muß ich dir verbieten, in die Küche zu gehen." „Nun, wie sagt man sonst dazu," fragte Mildred. „Ich erwähne solche Dinge erst gar nicht. Man spricht darüber nicht in Gesellschaft." „Warum nicht," wollte ich wissen. „Weil..." begann Mama. Papa verzog das Gesicht und begab sich nach oben, um die Hände zu waschen.

18. Februar

Heute nachmittag gingen wir zur Tanzstunde und ich sah meine Liebste wieder. Ich wünschte, ich wäre größer und könnte sie weinen sehen. Jeden Abend im Bett stelle ich sie mir weinend vor und schlafe so ein. Mildred nennt mich einen Schlappschwanz, da ich ausgerechnet für sie schwärme. Sie trage alberne Kleidung und ihre Beine sehen aus wie Würste. Ich rächte mich damit, indem ich Mildred eine dumme Kuh schalt, da sie in unseren Geistlichen verliebt sei, der ein Gesicht wie ein Pferd hätte. Sie bezeichnete mich als Schwindler. Sie wäre gar nicht in ihn verliebt. Doch ich weiß es besser. Danach tat mir alles leid, und ich fragte sie, ob sie mir beim Rechnen helfen könne. Sie verneinte, sie müsse zur Toilette. Wenn Mildred zur Toilette geht, hält sie sich dort stundenlang auf. Sie wäre schon sechs Tage nicht auf der Toilette gewesen, da sie die gräßlichen Sachen verabscheut, die Mama uns einnehmen läßt. Sie gibt vor, sie nicht nötig zu haben. Ich bin sicher, Mama wäre ärgerlich, wüßte sie davon. (Ich glaube, daß B. irgendwo sagt, man könne die Charakteristika einer Nation mit der Art ihrer Ernährung in Zusammenhang bringen. Falls dies wahr sein sollte, hat er gewiß auch einige scharfsinnige Feststellungen über die Viktorianer und ihre Ernährung getroffen. Alle Bewohner unseres Hauses litten unter Verstopfung, mit Ausnahme des Katers und des Papageis. Die Folge davon war, daß meine Mutter und ich sich oft in gedrückter Stimmung befanden, mein Vater ständig unter Leber- und Verdauungsbeschwerden litt, die Köchin mit Dyspepsie zu tun hatte — was auch auf ihre Arbeit zurückgeführt werden mochte — während das Stubenmädchen unter schrecklichsten Blähungen litt. Der Wildfang meiner Schwester kam von uns allen am besten weg; allerdings blieb sie später als hübsche junge Frau auch nicht davon verschont.)

19. Februar

Ich hatte gestern abend keine Lust, etwas in mein Tagebuch zu schreiben. Nachdem Mildred und ich von den Arnolds zurückkamen, wo wir zum Tee eingeladen waren, unterhielten wir uns noch mit Mama im Ankleideraum. Dort sah ich Onkel Willie, der auf Vaters Stuhl saß und uns zulächelte. Genau in diesem Moment kam Vater vom Geschäft nach Hause. — Als er uns allen einen Kuß gegeben hatte, machte er Anstalten, sich niederzusetzen und ich rief: „Setz dich dort nicht hin, Onkel Willie sitzt bereits auf diesem Stuhl." Mama schaute sehr seltsam und bemerkte: „Ich weiß wirklich nicht, was wir mit diesem Kind tun sollen." Papa fragte verdrießlich: „Was erzählst du da, mein Junge? Unser Onkel Willie ist bereits seit zwei Jahren tot." Dann befahl er Mildred, mich sofort nach oben zu bringen. Wir betraten das Kinderzimmer, und ich wollte wissen, ob sie nicht auch Onkel Willie gesehen hätte. „Natürlich nicht, du kleiner Schwindler." Ich konnte mir keinen Reim darauf machen und fühlte mich miserabel. Nachdem ich im Bett lag, kam Mama herauf wie immer, um mich zu umarmen und ernsthaft mit mir zu reden. Sie setzte sich und sprach, daß freche kleine Jungen, die so furchtbar böse Geschichten erzählten, wie ich sie über den armen Onkel Willie erzählt hatte, niemals in den Himmel kommen. Ich mußte versprechen, solches nie wieder zu tun. Ich begann zu weinen und sagte, dies wäre keine Geschichte. Ich hätte tatsächlich Onkel Willie gesehen, und es wäre eine böse Geschichte, wenn ich ihn nicht gesehen hätte. Sie sah mich jetzt lange an, ohne ein Wort zu sagen, seufzte tief und verließ den Raum, ohne mich zu umarmen und mir eine Gute Nacht zu wünschen. Dieses Benehmen machte mich sehr unglücklich. Ich weinte noch mehr und wünschte, ich möge sterben. Kaum hatte ich jedoch meine Augen an meinem Schlafanzugärmel abgetrocknet, sah ich plötzlich Jesus an meinem Bett stehen. Er strahlte wie die Sonne. Er lächelte so sanft und schien sagen zu wollen „vergib ihnen, denn sie wissen nicht, was sie tun." Mir war, als ob er sehr sanft fortfuhr, „Friede sei mit dir." Ich war wieder glücklich und schlief bald ein. Heute hat Mama jedoch kaum ein Wort mit mir gewechselt. Es hat den Anschein, sie hat mich nicht mehr lieb. Ich wollte, ich wüßte, was das alles bedeutet. Ich versuche, mich nicht aufzuregen. Ich weiß, daß Jesus mich liebt und zufrieden mit mir ist.

21. Februar

Henry kam zum Tee und wir spielten zusammen. Ich denke, daß Mama Henry allen meinen Freunden vorzieht, da der Pfarrer sein Vater ist. Wenn Henry kommt und Janet geöffnet hat, begibt sich Mama fast immer in die Halle. Ich höre ein bestimmtes Lachen, wenn sie fragt: „Wie geht es deinem Vater und deiner Mutter? Sind alle deine Brüder und Schwestern gesund?" Wenn Henry gegangen ist, kommt sie ins Kinderzimmer und erkundigt sich, was Henry erzählt hat. Falls er etwas über den Vater erwähnt, will sie immer alles wissen. Mildred sagt, Mama liebt Skandale. Sie übernahm dieses Wort von Ethel, die es wiederum von ihrem Vater gelernt hat. Doch glaube ich, daß sie kaum weiß, was man darunter versteht. Als ich sie nämlich fragte, was es zu bedeuten hätte, wurde sie frech und schickte mich zur Großmutter. Ich sah im Wörterbuch nach; darin stand "Anstößigkeit durch die Fehler anderer". Diese Worte klangen seltsam für mich, und ich beschloß, unter Fehler nachzuschlagen. Darunter war zu lesen: "Fehler, der durch falsches Placieren des Balls beim Rasentennis entsteht", und noch vieles andere. Ich bat Mildred, mir zu erklären, was das Wort Kanon mit dem Pfarrer zu tun hätte. „Weißt du nicht, daß der Pfarrer ein Domherr ist und hast du noch nie das Wort Kanonikus gehört, du Dummkopf?" Sie schnitt eine Grimasse und lachte. Ich wünschte, Mildred wäre nicht so ein Quälgeist.

1. März

Wir gingen heute zur Kirche; das Orgelspiel war wirklich schön. Es wäre gut, man würde in der Kirche nur Musik hören und keine traurigen Predigten, die mich zum Weinen bringen. Papa geht selten am Sonntag in die Kirche. Falls es draußen schön ist, geht er gerne spazieren und ist das Wetter schlecht, so liest er gerne in seinem Arbeitszimmer. Wenn Mama und wir Kinder heimkommen, erzählt sie ihm beim Sonntagsmahl, wer den Gottesdienst besucht hat und wer nicht und all das. Mildred meint, Erwachsene unterhielten sich manchmal über alberne Dinge. Heute gab es noch etwas anderes, das wir Papa berichten konnten. Die dicke Frau Aldridge wurde während des Gebetes ohnmächtig und eine Anzahl Herren waren nötig, sie hinauszutragen. Ich fühlte mich furchtbar, doch so geht es mir immer, wenn jemand krank ist. Ich fühlte mich innerlich leer. Nachdem Mama Papa alles über die arme Frau Aldridge berichtet hatte, fragte ich sie, warum sich ihre Lichter (Aura) in der Kirche oft blauer färbten. Wie lautete wohl ihre Antwort? „Ich frage mich, ob irgendetwas mit den Augen des Jungen nicht stimmt?" „Eher mit seiner Leber nicht," entgegnete Papa. Warum beantwortete Mama mir meine Frage nicht? Ich möchte endlich wissen, warum sich um Papas Kopf so viel gelb befindet, vergleichbar mit Butterblumen und nur blau um Mutters Kopf. Wenn sie mich fest umarmt, färben sich die Lichter rosa. Ich würde auch gerne wissen, warum Mildreds Lichter ein Durcheinander darstellen und so aussehen wie ein schmutziges Ei. Ich erzählte ihr davon, doch sie sprach: „Oh, halt deinen Mund, du bist verrückt." Natürlich meint sie das nicht ernst, doch es ärgert mich trotzdem. In diesem Moment würde ich ihr am liebsten eine Tracht Prügel verabreichen. Als ich sie bat, mir zu sagen, wie meine Lichter aussehen, entgegnete sie nur: „Rede keinen Unsinn, du hast gar keine Lichter." Ich weiß, daß sie schwindelt. Eines Tages fragte ich Janet, welche meinte, daß alle Farben vorhanden wären, vergleichbar mit denen des ausgestopften Vogels in Papas Glaskasten. (Es ist überflüssig zu erwähnen, daß Janet sich nur einen Spaß erlaubte. Eigentlich ist es ganz logisch, daß ich sie ernst nahm. Ich hatte bis dahin noch nicht entdeckt, daß meine Fähigkeit, die menschliche Aura zu sehen, in den Bereich des Paranormalen fiel. Ähnliches gilt auch für das Talent des Komponierens oder das Talent, wie ein Kreisler die Geige zu spielen. Nur der Ignorant sieht solche Gaben unter dem Aspekt des Pathologischen. Dies soll nicht heißen, daß ich meine eigenen bescheidenen Gaben auf die gleiche Stufe stelle wie die eines Genies — weit gefehlt.)

2. März

Ich wurde heute morgen vom Unterricht befreit. Mama nahm mich in die Stadt mit, um meine Augen untersuchen zu lassen. Ein lustiger kleiner Mann, ganz in Schwarz gekleidet, ließ mich eine große Karte betrachten, welche mit Buchstaben übersät war. Ich mußte durch verschiedene Gläser schauen. Nachdem ich dergleichen genügend lange getan hatte, hörte ich, wie er zu Mama sprach: „Sie brauchen sich keine Sorgen zu machen, Madam. Der junge Mann verfügt über ein ausgezeichnetes Sehvermögen." Anschließend begaben wir uns in ein Restaurant zum Essen, wo wir Tante Flo trafen; wir fuhren mit dem Zug nach Hause. Ich fahre gerne mit dem Zug, es wäre mir jedoch lieb, die Maschine (Lokomotive) würde weniger Lärm machen... Der Papagei hat gelernt, Susans unanständige Geräusche nachzuahmen. Ich mag Polly.

6. März

Ein neuer Arzt stattete mir heute einen Besuch ab und stellte mir allerlei seltsame Fragen. Er trägt einen Backenbart und einen Kinnbart, sowie eine große dicke Brille, welche ihm das Aussehen einer Eule verleiht. Auch wollte er wissen, ob ich Geräusche hörte, wenn niemand im Zimmer sei. Ich erzählte ihm, daß ich Mamas Stimme hörte, wenn sie die Bediensteten in der Küche ausschalt. Er lachte und sagte, dies hätte damit nichts zu tun. Er war sehr freundlich und hatte schöne Lichter, aber nicht halb so schöne wie Jesus.

Ich erkundigte mich, ob ich die gräßliche Medizin, die Dr. Bolton mir verschrieben hatte, noch nehmen sollte. Er verneinte. Ich würde einige hübsche kleine Pillen bekommen, welche wie Süßigkeiten schmeckten. Ich mochte ihn deswegen und war sehr froh. Er verließ das Zimmer mit Mama und ich hörte, wie sie in die Bibliothek gingen, die Türe schlossen und sich dort ganz schön lange aufhielten. (Meine verwirrten Eltern, die mit dem Okkulten nichts anfangen konnten, hatten einen weiteren Arzt zu Rate gezogen — ich glaube, es war ein Homöopath — mit der Hoffnung, von ihm zu erfahren, ob ich wirklich ein hoffnungsloser Lügner wäre oder mich auf dem Weg zur Nervenheilanstalt befand. Wenn sich meine Mutter nur für den Spiritualismus interessiert hätte — den sie jedoch bis zu ihrem Lebensende als etwas besonders Böses betrachtete — oder etwas über die Existenz von Hellsichtigkeit gewußt hätte, so wäre sie sicher zu dem Schluß gekommen, daß ihr kleiner Sohn kein Verrückter war und auch nicht unaufrichtiger als viele andere kleine Jungen, die in dieser Zeit voller Scheinheiligkeit geboren wurden. Wie dem auch sei, der neue Arzt empfahl eine Luftveränderung und Wasseranwendungen am Meer. Es ist wohl überflüssig zu erklären, daß dies meine Hellsichtigkeit nicht heilte.)

9. März

Ach, du meine Güte. Ich erfuhr heute von Mildred, daß Susan geht, und ich mich von ihr verabschieden muß. Ich weiß, ich muß dann wieder weinen und fühle mich furchtbar. Ich fragte Mildred, warum sie ginge und Mildred sagte, sie habe sich schlecht benommen. Dies sei alles, was Janet ihr erzählt hätte. Doch Mildred bettelte und bettelte. So erfuhr sie, daß Susan gestern abend sehr spät von ihrem freien Tag zurückgekommen wäre. Als Mama und Papa von einer Abendeinladung zurückkamen, erwischten sie sie dabei, wie sie auf dem Beet inmitten all der herrlichen Krokusse ihr kleines Geschäft verrichtete. Papa war sehr erbost, aber Susan schwieg nicht und ließ eine Menge ungezogener Bemerkungen vernehmen. Sie übergab sich vor Mama direkt auf dem Gehweg. Mildred sagt, Janet wäre froh, daß Susan geht, denn sie schaut zu tief ins Glas. Sie hätte genug davon, und dies sei auch der Grund für die unanständigen Geräusche. Ich wollte wissen, was "zu tief ins Glas schauen" bedeute. Mildred erklärte, dies sei der Fall, wenn Leute zuviel Bier, Gin oder ähnliches trinken und dann betrunken sind. Ich fragte: „Was wäre, wenn ich zu Susan ginge und sie ganz lieb bitten würde, nicht mehr zu trinken. Glaubst du, Mama und Papa würden sie behalten?" „Ach, du lieber Himmel," entgegnete Mildred, „tue das besser nicht." Wir dürfen nicht alles wissen und es gäbe ein Theater, wenn du hingingest und alles ausplappern würdest. Janet möchte, daß es ein Geheimnis bleibt." Heute abend geht es mir also wieder schlecht, denn ich mag die alte Susan. Sie ist immer sehr nett zu mir. Ihr Atem riecht jetzt jedoch etwas unangenehm. Ich verstecke mich auf der Toilette wenn sie geht. Dann muß ich mich nicht verabschieden.

19. März
Drei Geistliche erschienen heute zum Essen, Herr Wilcox, Herr Amery, der Mildreds Schwarm ist und ein Herr Finch. Herr Finch hat drei Haare über seine Glatze gekämmt und trägt Koteletten. Er redete so dummes Zeug, daß ich vor lauter Anstrengung nicht zu lachen, fast meine Hosen naß gemacht hätte. Er redete so, als ob er in der Kirche predigte. Vor jedem Satz, den er äußerte, ließ er ein "äh" vernehmen und wann immer er sich an meine Mutter wandte, nannte er sie "meine liebe Dame". Wenn sie ihn fragte, ob sie ihm noch etwas Hammelfleisch anbieten dürfe, antwortete er: „Nein danke, meine liebe Dame." Mildred kicherte und Herr Wilcox zwinkerte

mir zu. Mama bemühte sich, selbst nicht zu lachen. Während des Puddingessens wollte ich von Herrn Amery wissen, warum Geistliche immer schwarz trügen, da es doch so eine gräßliche Farbe wäre. Mildred sah mich düsteren Blickes an. Sie schwärmt für Herrn Amery und denkt, ich hätte solches nicht äußern dürfen. Aber die anderen lachten und Mama sprach „man sollte kleine Jungen nur sehen und nicht hören", was sie übrigens oft bemerkt und was mich ärgert. Ich frage mich wirklich, warum Geistliche schwarz tragen, denn ich habe diese Farbe nur um Menschen gesehen, die ich nicht mag. (Obwohl ich zu jener Zeit die Aura um die Menschen wahrnehmen konnte, war ich doch zu unerfahren, um zu wissen, was die verschiedenen Farben bedeuteten.)

23. März
Als Besonderheit erlaubte man mir gestern abend, mit Janet auszugehen, um Herrn Wilcox zu hören. Er predigte über das Beten. Janet meint, sie ziehe den Gottesdienst von Herrn Wilcox unserem Gottesdienst vor; er halte auch schönere Predigten. Mir gefällt der Gottesdienst von Herrn Wilcox auch. Nach Hause zurückgekommen wollte ich von Mama wissen, ob sie sich zum Gebet auf die Toilette zurückziehe. Sie schaute sehr erstaunt und sprach: „Natürlich nicht. Wie kommst du auf diese Frage?" Ich erzählte ihr, Herr Wilcox hätte gepredigt, wir sollten uns zum Beten auf die Toilette begeben.*) Ich beobachtete, wie sich Papa vor Lachen hinter seinem Buch schüttelte. Dann erfuhr ich von ihm, daß dieses Wort in alten Zeiten auch zur Bezeichnung eines kleinen Raumes verwendet wurde und ganz und gar nicht das WC gemeint war. Daraufhin fragte ich: „Warum beten wir dann in der Kirche, wenn doch Jesus selbst gesagt hat, wir sollten uns allein in einen kleinen Raum zurückziehen?" Papa sah Mama an mit dem Hinweis: „Ja, diese Frage darfst du beantworten." Mama wich aus. Ich würde alles nach und nach verstehen, wenn ich älter würde. Ich betrachte das Ganze als Herausforderung.

*) engl. closet = Arbeitszimmer, WC, kleiner Raum zum Beten

26. März

Mir ging es den ganzen Tag schlecht; ich hätte die ganze Zeit weinen mögen. Mama schaute sehr betroffen und fragte, was mit mir los wäre. Ich konnte ihr nur sagen, daß ich es nicht wüßte. Ich mußte die ganze Zeit daran denken, wie es sein wird, wenn sie, Papa, Janet, der Papagei und der Kater tot sein werden.(1) *) Ich kann heute abend nicht mehr schreiben.

23. April

Ich lag drei Wochen im Bett und Dr. Bolton mußte jeden Tag kommen. Er meint, ich wäre sehr krank gewesen, doch es ginge mir jetzt bereits besser. Ich sitze im Bett und mache meine Eintragungen mit Bleistift. Wenn ich wieder aufstehen kann, will ich alles in Tinte nachtragen. Herr Wilcox besuchte mich dreimal und brachte mir herrliche Trauben mit. Der Pfarrer besuchte mich einmal und schenkte mir ein Buch mit Bildern von Jesus. Wenn ich Jesus sehe, sieht er viel wunderbarer aus als auf den Bildern. Susan ging, aber da ich krank war, mußte ich mich nicht von ihr verabschieden. Welch ein Trost! Ich höre auf zu schreiben, ich bin müde.

25. April

Arnold kam zum Tee zu mir und wir spielten miteinander. Ich fragte ihn nach seinem Tagebuch. Er habe schon lange aufgegeben, es zu führen. Es koste ihn zuviel Schweiß. Ich berichtete ihm, Mama habe mich gelehrt, nur das gemeine Volk schwitze. Die vornehmen Leute transpirieren. Arnold jedoch meinte, er habe schon oft beobachtet, wie sein Vater sich die Stirn wischte, mit der Bemerkung: „Ich schwitze wie ein Schwein." Da Arnolds Vater ein vornehmer Herr ist, glaube ich, daß Mama sich geirrt hat.

*) Die Zahlen verweisen auf die Anmerkungen von Cyrill Scott am Ende des Buches.

27. April
Ich habe herausgefunden, wo wir hinfahren, wenn es mir besser geht. Wir wären schon längst abgereist, wenn ich nicht so krank gewesen wäre. Wir fahren zur Wasserkur nach Birkdale. Ich wollte von Mama wissen, was man darunter versteht. Es handele sich dabei um ein Hotel, in dem die Gäste Wasseranwendungen erhalten, damit sie gesund werden. Mildred fährt zur Tante Jane nach Omskirk und Papa zu seinem Club nach Leeds. An den Sonntagen kommt er nach Birkdale. Ich erhalte für längere Zeit keinen Unterricht. Wie herrlich! (Zu einem späteren Zeitpunkt vernahm ich, daß der Homöopath – falls er einer war – erklärt hatte, meine geistigen Fähigkeiten wären auf Kosten meines Nervensystems und meines Körpers überentwickelt. Ausgedehnte Ferien würden mir gut tun.
Es ist wahr, daß ich für mein Alter ein schwächliches Kind war, aber immer erfreut, mich in Bücher vertiefen zu dürfen. Ich habe nicht den Eindruck, ein über alle Maßen begabtes Kind gewesen zu sein.) Mildred findet es ärgerlich, daß sie zu Tante Jane fahren soll. Es sei eine große Schande, denn von allen Tanten findet sie Tante Jane am seltsamsten. Papa ermahnte sie während des Frühstücks, sich in ihrem Haus gut zu betragen. Falls sie sich nicht entsprechend benehmen würde, würde sie es zu spüren bekommen. Mildred schmollte und schwieg. Ich kann nicht sagen, daß ich Tante Jane sehr mag. Sie hat so dunkle Lichter (eine düstere Aura) um sich herum; sie sieht immer angespannt aus.

29. April
Wir kamen heute hier an. Ich weinte sehr als ich mich von Papa und Janet verabschiedete. Danach ging es mir wieder besser. Ich fahre gerne mit dem Zug. Bald begann ich mich unbehaglich zu fühlen, weil ich zur Toilette mußte (Es gab keine Toilettenwagen). Es war ein liebliches Bild, die Kühe und Schafe auf den Feldern sowie die Bäume in ihrer Blüte zu betrachten. Ich mag Tunnels nicht; durch die Fenster zog jede Menge Rauch herein und verbreitete einen scheußlichen Geruch. Ich wurde verlegen, da ich dachte, die Leute könnten meinen, es käme von mir. Auf dem Platz mir

gegenüber saß eine alte Frau mit wunderschönen Lichtern in rosa und blau. Ich hätte mich so gern mit ihr unterhalten, meinte aber, Mama könnte deswegen ärgerlich werden, denn sie war eine Frau aus dem Volk (Was ihre Aura anbetrifft, so handelte es sich um eine fortgeschrittene Seele). Wir lächelten ab und zu einander an, wenn Mama gerade wegsah. (Bei dieser Gelegenheit tat ich meiner Mutter gewiß großes Unrecht. Obwohl sie, wie die meisten Viktorianer, beklagenswert standesbewußt war, war ihr doch auch Herzlichkeit zu eigen. Sie hätte bestimmt nichts einzuwenden gehabt, wenn ich mit einer armen Frau im Zug einige freundliche Worte ausgetauscht hätte.)
Wir erreichten Southport, wo wir am Bahnhof in eine Art Bus stiegen, der nach Birkdale fuhr. Tante Jane holte Mildred in Southport ab, so daß sie nicht allein mit dem Zug nach Omskirk fahren mußte. Ich weinte nicht beim Abschied von Mildred, da sie noch nicht erwachsen ist. Ich muß nur bei Erwachsenen weinen, wie Janet, Mama, Papa oder Herrn Wilcox. Der Abschied vom Kater und vom Papagei hätte mich aber auch fast zum Weinen gebracht.

Noch nie habe ich in einem so großen Haus gewohnt und meine Mahlzeiten mit so vielen Leuten eingenommen. Sie reden alle gleichzeitig und veranstalten mehr Lärm als Mama, wenn sie zu Hause ist. Anstelle von Mädchen wie Janet, servieren Männer das Essen. Sie tragen Kleidung wie Papa, wenn er groß ausgeht. Es gibt Dienstmädchen wie Janet, die die Betten machen und die Schüsseln leeren. Man nennt sie hier Zimmermädchen. Meines heißt Sarah. Auf ihrer Wange befindet sich ein kleines, braunes Mal, auf dem drei Haare wachsen. Mama sagt, dies wäre ein Muttermal; ich solle aber gegenüber Sarah, die Waliserin ist, nichts erwähnen. Ich wollte deswegen von Mama wissen, ob alle Waliser ein Muttermal hätten. Sie verneinte, fügte jedoch hinzu, daß viele Waliserinnen als Bedienstete arbeiteten. Die Herren, welche die Speisen servieren, nenne man Ober. Als ich Mama fragte, warum sie Gehröcke und eine Hemdbrust trügen so wie Papa, wenn er groß ausgeht, wußte sie keine Antwort. Mama kaufte mir einige Unterhemden und Unterhosen, die so beißen, daß ich mich am liebsten überall kratzen würde. Ich verabscheue es, ein kleiner Junge zu sein. Ich bin sicher, daß die Erwachsenen nur das anziehen, was ihnen gefällt.

4. Mai

Heute nahm ich ein türkisches Bad und schwitzte wie ein Schwein. Im Raum saßen viele alte, unbekleidete Leute, die recht eigenartig schauten. Dicke alte Herren sehen unbekleidet schrecklich aus. Ich hoffe, ich werde nicht dick, wenn ich erwachsen bin. Ich würde dann gerne einen Bart tragen, der bis auf die Brust reicht. Nachdem mir schon sehr heiß war, setzte mich ein Mann auf einen Tisch, frottierte meinen Körper ab und ließ mich unter einer Art von Schirm stehen. Aus den vielen kleinen Löchern floß jede Menge kaltes Wasser und verursachte bei mir eine Gänsehaut. Ich mag türkische Bäder nicht besonders, doch der Doktor ist der Ansicht, ich müßte ab und zu eines nehmen, um mich zu kräftigen.

8. Mai

Ich habe die Bekanntschaft eines kleinen Mädchens meines Alters, das Marjorie heißt, gemacht. Mir scheint, sie ist eine freche Göre. Ihre Lichter sehen aus wie dunkles Blut, und ich fühle mich fast krank dabei. Mama sagt, sie sei so ein liebes Kind, und ich bekam mit, wie sie der Mutter erzählte, ihre Tochter habe ein Gesicht wie ein Engel und mir, daß ich eine gute Spielkameradin hätte. Wenn sie wüßte? Wir spielen in den Sanddünen, wo niemand ist, zusammen und lassen Papierboote in den Pfützen schwimmen. Sie weiß, wie man Papierboote faltet. Heute morgen verlangte sie, ich solle meine Hosen ausziehen. Ich fragte sie, wozu dies gut sein sollte, und sie meinte, daß sie darauf bestehe. „Meine Mutter wäre sehr verärgert, wenn ich dergleichen tun würde," sprach ich. „Du wärest ja auch dumm, zu ihr zu rennen, um ihr alles zu erzählen. Ich laufe auch nicht zu meiner Mama, um ihr alles zu erzählen." Sie begann mich zu umarmen und sagte, sie würde nie wieder mit mir spielen, wenn ich ihr nicht gehorchte. Dies sei mir ziemlich egal, ich spiele sowieso lieber allein, antwortete ich. Sie begann zu weinen und nannte mich einen garstigen, kleinen Jungen. Ich bat sie, sich zu beruhigen; in meinem Innersten tat sie mir leid... (Dann folgen einige Sätze, die zeigen, daß das Kind für ihr Alter frühreif war und eine Exhibitionistin. Dies war der kleine Engel, von dem meine ahnungslose Mutter glaubte, sie wäre eine geeignete Spielkameradin für ihren fromm erzogenen Sprößling!)

Mama geriet heute nachmittag ziemlich aus der Fassung, weil ich zum Strand ging ohne auf Marjorie zu warten. Ein Herr benehme sich einer Dame gegenüber nicht auf diese Art und Weise. Sie schäme sich für mich, sprach sie. Ich erzählte ihr nicht, daß ich mich mit Marjorie nicht vertrug, welche ständig verlangte, ich solle meine Hosen herunterlassen. Stattdessen erzählte ich ihr, ich wolle alleine sein und die Elfen, die zwischen den Steinen und dem Seetang am Strand spielten — was ja der Wahrheit entsprach — beobachten. Da wurde sie sehr zornig. Sie wüßte nicht, was sie mit einem kleinen Jungen, der so unaufrichtig sei, tun solle. Sie würde mir verbieten, weiterhin Märchen zu lesen, wenn ich nicht aufhörte, solche ungezogenen und bösen Dinge zu sagen. Ich weinte fast, weil ich jetzt mit Mama zerstritten war. Es war nicht recht von ihr, zu behaupten, daß ich schwindelte. Sie war selbst noch nie am Strand gewesen, um sich von allem zu überzeugen. Ich sagte ihr das auch, und sie schickte mich zur Strafe für mein Vorlautsein eine Stunde eher zu Bett. Ich weiß nicht warum, aber ich fühlte mich erbärmlich. (Seit meiner Kindheit haben eine ganze Anzahl von berühmten Persönlichkeiten Bücher geschrieben, die die Existenz kleiner Naturgeister bestätigen. Sie sind im Volksmund als Feen, Elfen, Gnomen, Sylphen usw. bekannt, je nachdem was für eine Aufgabe sie im Reich der Natur verrichten. Der irische Dichter W. B. Yeats glaubte nicht nur an Feen, sondern er war auch imstande sie zu sehen.(2) Viele Kelten besitzen diese Gabe. Hätte meine Mutter das gewußt, so wäre mir vieles, das meinen jungen Geist verwirrte und quälte, erspart geblieben.) Es ist eine seltsame Sache, doch ich fühle mich erleichtert, über die Dinge, die mich quälen, in meinem Tagebuch zu schreiben. Warum nur? (Ohne, daß es mir bewußt war, hatte ich im Tagebuchführen eine Möglichkeit gefunden, mich von Belastendem zu befreien. Es hatte die gleiche Wirkung wie der Beichtstuhl für die Katholiken und der Psychoanalytiker für seine Patienten.)

17. Mai

Wir gingen heute morgen zur Kirche und Papa kam auch mit. In unserer Bankreihe befand sich eine Dame, aus deren Eingeweiden seltsame Geräusche ertönten, etwa so, wenn ich die Klospülung betätige, aber nicht so laut. Ich lachte und erschrak sehr, denn ich hatte gewagt, in der Kirche zu lachen, was ja ziemlich böse ist. Ein alter Herr in der nächsten Reihe roch immer an seinem Hut, wann immer wir zum Gebet niederknieten. Ich wunderte mich, warum er das tat und fragte Papa auf dem Nachhauseweg danach. Er habe nicht daran gerochen, sondern den Hut vor sein Gesicht gestellt. Warum er ihn nicht unter seinen Sitz gestellt habe, erkundigte ich mich. Vielleicht wäre er dann beschädigt worden, gab Vater zu bedenken. Dann hätte er ihn doch auf seinen Platz legen können, während er kniete, meinte ich. Papa rechnete damit, daß er, während er kniete, gewiß nicht mehr an den Hut gedacht und sich anschließend darauf gesetzt hätte. Jetzt war mir alles klar... Heute dachte ich viel über den Gottesdienst nach. Wenn ich Gott wäre, würde es mir nicht gefallen, wenn Leute an einem Ort zusammenkommen, um jeden Sonntag dasselbe aus den Büchern zu wiederholen. Ich finde es ziemlich dumm. Gott erschuf die Welt, also muß Gott klug sein und kluge Leute mögen keine dummen Sachen, sondern kluge Sachen. Außerdem erfuhr ich eines Tages von Herrn Wilcox, daß die Menschen, die wirklich klug sind, es nicht mögen, wenn man sie so nennt; es bereitet ihnen Unbehagen. Ich glaube, Gott muß sich an Sonntagen sehr unbehaglich fühlen.

20. Mai

Wir veranstalteten heute ein Picnic. Fräulein Wakeham, die Marjories Tante ist, kann eine Kutsche lenken. Sie mietete einen Ponywagen und suchte mit uns Kindern einen Ort namens Freshfield auf. Dort gibt es herrliche Wälder und wir tranken unter den Bäumen Tee. Ich mag Fräulein Wakeham, sie ist so fröhlich. Sie gerät niemals aus der Fassung oder schaut schockiert wie Fräulein Griffin, wenn irgendetwas passiert. Während wir im Wagen nach Hause fuhren, gab das Pony einige unanständige Laute von sich. Marjorie kicherte und ich dachte, Fräulein Wakeham würde deswegen empört sein. Sie verzog nur das Gesicht und sagte: „Manieren, Manieren." Sie erzählte uns, daß Pferde sich öfter so benehmen würden, falls man sie mit Gebäck füttere. Wir hatten das Pony nach dem Teetrinken gefüttert; es war uns eine Freude, wie es aus unserer Hand fraß. Nachdem wir damit fertig waren, beobachtete ich vier kleine Elfen, ähnlich denen in meinem Märchenbuch. Sie starrten uns eine Minute an, so als ob sie uns komisch fanden und entfernten sich. Ich stieß Fräulein Wakeham heimlich an und rief: „Sehen Sie sich die kleinen Elfen an." Sie wurde ganz aufgeregt und fragte "wo, wo", konnte sie aber nicht sehen. Vielleicht, weil sie eine Brille trug. (Überflüssig zu bemerken, daß dies nicht der Grund war.) Marjorie konnte sie auch nicht sehen; sie befand sich gerade hinter einem Baum, um klein zu machen. Ich wünschte, wir würden öfter hierher kommen, um noch mehr Elfen zu sehen. Sie sind kleiner als die am Strand von Birkdale, sehen aber genauso eigenartig aus.

21. Mai
Als Papa heute abend nach Hause kam, las ich gerade ein Buch mit dem Titel "The Pickwick Papers", von Dickens, das ich im Salon gefunden hatte. Papa nahm es mir mit der Begründung weg, ich würde daraus eine Menge schlimmer Wörter lernen. Statt dessen gab er mir ein Buch von Walter Scott. Mich ärgerte das sehr; ich fand in jenem Buch Bilder von Menschen, die einander töteten, was mir nicht sonderlich gefiel. Ich vermochte aber nicht, mich bei Papa zu beschweren. Ich frage mich, warum Menschen Geschichten über das Kämpfen schreiben müssen und darüber, wie sie sich gegenseitig mit dem Schwert töten. Wozu dient das? Außerdem bringen mich Bücher, in denen ich über Sterbende lese, zum Weinen. Ich weiß, dieses Verhalten ist dumm, denn mir ist klar, daß sie nicht wirklich sterben. Groß-

vater, Großmutter und Onkel Willie sehen jetzt viel schöner aus (als Geister) denn zu Lebzeiten... Ich hatte gerade diese Worte geschrieben, als ich plötzlich Großvater wahrnahm. Er nickte und sprach: „Ja, mein Junge, wir sind jetzt auch viel glücklicher." Dann fuhr er fort: „Gib das Tagebuchschreiben nicht auf, mein Sohn. Denke an meine Worte; eines Tages werden diese Zeilen gedruckt werden und dazu beitragen, die Dunkelheit zu erhellen. Vergiß nicht, was dein alter Großvater sagt!" Damit verschwand er. Ich weiß nicht, was er damit meint, "es würde dazu beitragen, die Dunkelheit zu erhellen". Ich werde mit meinem Tagebuch fortfahren, ganz sicher.

21. Mai

Meine Cousine Agnes kam für einige Tage zu Besuch. Mama muß nach Hause fahren, um eine neue Köchin zu finden. Meine Cousine wird sich um mich kümmern, bis Mama zurückkommt und wir alle zusammen nach Hause fahren. Ich mag meine Cousine, sie duftet so wunderbar.

Tante Jane und Mildred besuchten uns für einen Tag. Nach dem Mittagessen liefen Mildred und ich allein zum Strand hinunter, und ich sagte ihr, daß sie dort kleine Elfen sehen würde. Wir erreichten den Strand, sie konnte keine sehen und schimpfte mich einen dummen Esel. Irgendetwas muß mit Mildreds Augen nicht in Ordnung sein, denn dort sah ich die Elfen, so klar wie alles andere. Mildred sagte mir am Meer, sie hasse Tante Jane wie die Pest und bezeichnete sie als alte Hexe. Eines Tages habe sie beim Teetrinken festgestellt, daß sie Schauspielerin werden würde, wenn sie erwachsen wäre. Daraufhin wurde Tante Jane böse, und sie drohte ihr, falls Mildred wieder solche Worte in ihrem Hause verlauten ließe, es Mama zu berichten. Sie sagte, alle Schauspielerinnen seien ungebildete und verruchte Frauen; keine Dame würde gerne Schauspielerin werden. Diese Meinung brachte Mildred so auf, daß sie sich vergaß und sprach: „Nun denn, so will ich keine Dame sein." Aufgrund dieser Widerrede schickte sie Tante Jane aus dem Zimmer. Ich denke, Tante Jane ist im Unrecht. Von Papa weiß ich, daß Shakespeare, der Stücke schrieb, einer der klügsten Männer war, die jemals lebten. Wozu wäre es aber gut Stücke zu schreiben, wenn es böse ist, sie aufzuführen? Ich frage mich, was Jesus dazu gesagt hätte?

25. Mai

Heute morgen fuhr Mama nach Hause. Ich war am Meer und mußte mich so nicht von ihr verabschieden, worüber ich sehr froh war. Jetzt habe ich meine Cousine ganz für mich alleine. Eine eigenartig aussehende Tante namens Fräulein Salt*) — was für ein komischer Name — wohnt hier. Sie trägt kurze Haare, redet mit männlicher Stimme und hat in sich einen alten Herrn (natürlich in ihrer Aura). Mir erschien so etwas ziemlich sonderbar. Als wir vor dem Teetrinken alle zusammen mit meiner Cousine im Salon saßen, fragte ich sie, warum ein alter Herr an ihr klebe? Sie sprang auf und rief: „Gott stehe mir bei. Was meint der Junge überhaupt?" Meine Cousine errötete, so als hätte ich etwas Unanständiges gesagt und lachte (vor Verwirrung). Ich meinte, es wäre das beste, wenn ich Fräulein Salt erzählte, daß der Herr komische Kleidung trug, in etwa wie auf den Bildern von Herrn Pickwick, daß er jedoch nicht so heiter aussah und ein scheußliches rotes Mal auf der Wange hatte. „Gütiger Gott," rief sie aus. „Was, das ist Herr ..." und erwähnte einen Namen, an den ich mich nicht mehr erinnern kann. Sie sah unbehaglich drein, starrte mich an, so als ob sie etwas sagen wolle, das sie dann doch für sich behielt. Sie murmelte etwas, daß sie jetzt ihre Hände wegen des Tees waschen müsse und verließ den Raum. Nachdem sie gegangen war, erkundigte sich meine Cousine, warum ich solches zu der Dame gesagt hätte. Ich hätte sie sehr damit verletzt. Es sei doch wirklich seltsam, solche Dinge zu sagen. Was sollten die Leute über solche Dinge denken? Ich fragte, warum ich nichts sagen sollte; es wäre doch alles wahr. „Ich glaube, daß du dich eines schönen Tages damit in Schwierigkeiten bringen wirst." Da sie nicht ärgerlich reagierte, schien alles nicht so schlimm. (Um es genau auszudrücken, war Fräulein Salt vom Geist eines alten Herrn besessen, der von ihrer Aura Besitz ergriffen hatte und in beträchtlichem Maße Kontrolle

*) engl. Salz

über sie ausübte. Ich erinnere mich, daß sie mit tiefer Stimme sprach, eine gewisse Art Herrenkleidung trug, mit offenen Beinen zu sitzen pflegte und ihre Hände auf den Knien ruhten. Die Besessenheit kam durch vorgenannte Tatsachen zum Ausdruck. Wenn sie heute lebte, würde man wahrscheinlich diese Seltsamkeiten lesbischen Tendenzen zuordnen.)

26. Mai

Während ich William, den freundlichen Gärtner, beobachtete — er ist der Ansicht, die ganze Welt sei verrückt — kam Fräulein Salt vorbei. Sie unternehme gerade einen kleinen Spaziergang ans Meer, ob ich nicht mitkommen wolle. Um nicht ungezogen zu sein, war ich gezwungen, ja zu sagen. Wir erreichten den Strand, ließen uns im warmen Sand nieder und sie bat: „Sag mir, wie konntest du das mit dem alten Herrn wissen?" Ich berichtete ihr, daß ich sein Gesicht in ihren Lichtern zu sehen vermochte. Sie wollte wissen, was ich mit Lichtern meinte und ich fühlte Überraschung, denn die gute Dame ist nicht blind und trägt auch keine Brille. „Aber ja doch, die Farben, von denen die Menschen umgeben sind." Sie fuhr fort: „Was für Farben? Ich habe nie davon gehört." Ich konnte mir ihre Aussage wirklich nicht erklären und sagte ihr, sie müsse wohl kurzsichtig sein. Sie war es nicht, und ich fand alles so sonderbar, daß ich mich fragte, was wohl mit allen los sei. Ich fragte sie, ob sie einmal sehr unglücklich gewesen wäre. „Ja, aber wie weißt du das?" „Ich kann es nicht sagen, aber ich weiß es irgendwie. Ich weiß, daß du vor langer Zeit einen Liebsten hattest, den du heiraten wolltest. Er mußte weit fortgehen, wurde verletzt und kam nicht mehr zurück." Das alles versetzte sie in Aufregung und sie sprach: „Ich werde dir etwas sagen, mein Junge. Ich schwöre, du hast den sechsten Sinn." Weil ich nicht wußte, was sie damit meinte, erklärte sie mir, alle Menschen hätten den sechsten Sinn, welche Dinge wüßten, die man ihnen nie erzählt hatte. „Entschuldige, Fräulein Salt — ich hätte sie zum Spaß am liebsten Fräulein Pepper*) genannt — ich denke, Sie irren sich. Es gibt so vieles, das ich nicht

*) engl. Peffer

weiß, und ich muß dann Papa oder Fräulein Griffin fragen." Anschließend fragte ich sie, was eine Beschneidung sei oder was es bedeute, des Nachbarn Kuh oder Esel decken zu lassen und vieles andere mehr aus der Bibel. Solche Worte brachten Fräulein Salt zum Lachen und sie sagte, daß sie nicht diese Art von Dingen meine, sondern andere, wie zum Beispiel ihren Kummer. Sie zog aus ihrer Tasche ein altes Photo. „Weißt du, wer das ist?" „Ja, das ist der alte Herr." „Ganz richtig," antwortete sie und schenkte mir Sixpence, damit ich mir einige Lutscher kaufen könne. Wir sollten jetzt zurückkehren, da sich meine Cousine sonst wundern könnte, wo ich geblieben wäre. Das war das Ende jener Geschichte.

29. Mai

Mama hat eine neue Köchin gefunden und kam zurück. Ich selbst bin in Schwierigkeiten geraten. Fräulein Salt reiste ab und verbreitete zuvor Märchen über mich. Mama war sehr verstimmt. Sie sei mit ihrer Weisheit am Ende und wisse nicht, was sie noch unternehmen solle. Wenn sie noch mehr davon hörte, würde Papa zum Pantoffel greifen müssen. (Einige Jahre später erfuhr ich von meiner Cousine, die sich inzwischen auch für Spiritualismus interessierte, daß Fräulein Salt keine Märchen über mich verbreitet hatte. Sie hatte meine Mutter nur darauf aufmerksam gemacht, daß sie einen bemerkenswerten Sohn habe, der offensichtlich den sechsten Sinn besitze. Statt sich aber geschmeichelt zu fühlen, reagierten meine frommen und konservativen Eltern erschrocken.) Mama schloß mich eine Stunde im Schlafzimmer ein, da ich mir Freiheiten gegenüber Fräulein Salt herausgenommen hätte. Ich hätte besser daran getan, ihr nichts über den alten Herrn und die anderen Dinge zu erzählen. Es war aber alles gar nicht so schlimm. Während ich mich im Schlafzimmer befand, erschien Jesus wieder. Er lächelte mir zu. Ich bin sicher, er hätte es nicht getan, wäre ich wirklich böse gewesen.

1. Juni

Mamas Freundin, Frau Croft, die in Southport wohnt, besuchte uns heute in ihrem Zweispänner. Sie lud uns zum Mittagessen in ihr großes Haus ein. Sie ist sehr reich und beschäftigt einen Kellner. Mama erklärte mir, daß Männer, die in einem Privathaus servieren, nicht Kellner, sondern Butler genannt werden. Ich wollte wissen, warum wir keinen Butler hätten, und sie sagte, daß wir es uns nicht leisten könnten. Frau Croft hat ein Gesicht von der Farbe eines Nierenfettpuddings und redet sehr langsam. Sie spricht manche Laute undeutlich aus; ich dachte, nur das gemeine Volk tue das. An ihr klebt etwas, das wie eine Krabbe und außerdem scheußlich ausschaut, so daß ich die Gänsehaut dabei kriege.(3) Ich hielt meinen Mund, schon allein wegen der Schwierigkeiten, in welche ich wegen Fräulein Salt geraten war. Ich zog es vor, zu schweigen. (Die unglückliche Frau Croft starb 18 Monate später an Krebs.) Frau Croft besitzt eine Spieluhr, die ich nach dem Essen aufziehen durfte und die verschiedene Lieder spielt.

9. Juni

Wir sind jetzt bereits eine Woche zu Hause; ich schrieb nichts in mein Tagebuch, weil ich keine Lust hatte. Die neue Köchin ist so rund wie eine Kugel. Es macht keinen großen Unterschied, ob sie sitzt oder steht. Sie heißt Georgina. Ihr Gesicht ist derartig rot, daß Papa hofft, daß sie nicht eines Tages der Schlag treffe. Mama denkt, sie ist eine gute Seele und ich auch. Mildred und ich waren gestern im Pfarrhaus zum Tee eingeladen. Wir spielten im Garten Ball und Dora, Henrys Schwester, fiel hin, so daß ihre Schlüpfer sichtbar wurden. Wann immer wir den Pfarrer besuchen, ermahnt Mama uns, nichts über die Vorgänge zu Hause zu erzählen. Dies ist ungerecht, denn es gefällt ihr, wenn Henry bei seinem Besuch von zu Hause erzählt. Mildred hat sich entschieden, die Mädchenschule zu besuchen und glaubt, sie sei jetzt wer weiß wer. Ich selbst werde erst wieder nach den Sommerferien Unterricht haben ... Ab der nächsten Woche bin ich für zwei Wochen bei Tante Maud und Onkel John in Harrogate eingeladen. Ich freue mich darauf. Basil (mein Cousin) und ich werden beim Spielen viel Spaß haben, obwohl er ein Jahr älter ist als ich und etwas rauh in seiner Art.

11. Juni

Der komische alte Doktor besuchte mich heute wieder. Dank des Klimawechsels sehe ich jetzt gesünder aus; Mama ist auch dieser Ansicht. Nachdem wir uns etwas unterhalten hatten und er seine Untersuchung beendet hatte, verließ Mama das Zimmer und wir blieben alleine zurück. Dann fragte er, ob ich noch immer Dinge sehen würde. Natürlich bejahte ich, obwohl ich die Frage seltsam fand. Er fragte freundlich, was ich gesehen hätte. Ich berichtete ihm, daß ich Jesus gesehen hätte, eine Menge kleiner Elfen, eine Krabbe, die an einer Dame klebte und einen alten Herrn bei jenem Fräulein Salt in Birkdale und noch einiges mehr. Er machte: „Mm, mm, das ist ja eigenartig, nicht war?" Er meinte insbesondere den alten Herrn. Ich gab zu, es wäre wohl etwas seltsam. Er möge diese Dinge aber nicht Mama erzählen. Sie sei immer unangenehm berührt, wenn ich Bemerkungen über jemand machte. Er beruhigte mich, ich solle mir keine Sorgen machen. Ärzte können Geheimnisse bewahren. Er wollte wissen, ob ich gerade jetzt etwas sehen könne. „Ja, ich sehe eine alte Dame mit weißgelocktem Haar. Sie trägt eine Spitzenkappe und einen Spitzenschal. Sie nickt und lächelt uns zu. Sie hat ein liebes Gesicht, schöne Lichter und spricht zu mir: „Ich bin deine Mutter gewesen!" Diese Worte schienen den Doktor zu überraschen, daß er stotterte: „Hm, äh, hm, du meine Güte." Danach kam Mama ins Kinderzimmer und die beiden entfernten sich.

22. Juni

Ich befinde mich in Harrogate, und es gefällt mit gut bei meiner Tante und meinem Onkel. Tante Maud ist sehr lieb und auch der Onkel. Er scherzt mit uns und schaukelt mich manchmal auf seinem Knie. Wenn Tante Maud, die nicht sehr kräftig ist, einkaufen geht, nimmt sie immer einen Wagen. Ich darf immer mitkommen, was für mich etwas Besonderes ist. Allerdings werde ich unruhig, wenn sie sehr lange einkauft. Wenn wir am Morgen einkaufen gehen, lädt sie mich oft zu einem Glas Milch und einem Stück Kuchen in die Konditorei ein. Basil muß in die Schule gehen, doch wenn er nach Hause kommt, spielen wir zusammen. Er ist kein braver Junge. Er redet gerne ungezogene Sachen und erzählt gerne unanständige Witze, die er in der Schule gehört hat. Ich vermute, Mama wäre ärgerlich, wenn sie es wüßte. Natürlich erzähle ich ihr nichts, sonst erlaubt sie mir nicht mehr, hierher zu kommen, was doch recht langweilig wäre. Basil fragte mich heute, ob ich wüßte, wie die Kinder zur Welt kommen. Ich erzählte ihm, daß Fräulein Griffin sagte, der Doktor bringe sie in einer Ledertasche. Als er das hörte, lachte Basil auf herausfordernde Art und Weise. Ich sei ein Tölpel, da ich nicht wüßte, daß sie aus dem Körper der Frauen kämen. Ich fand diese Vorstellung schrecklich, ich kann es einfach nicht glauben. Es sei wahr, ein Junge hätte es ihm in der Schule erzählt.

23. Juni

In Onkel Johns Garten steht ein herrlicher alter Baum. Heute saß ich dort sehr lange, indem ich einen lustigen, alten Gnom beobachtete, der darin wohnt und aussieht wie die Gnome in meinem Märchenbuch. Er hat lange dünne Beine und trägt eine rote Mütze. Der Rest seiner Erscheinung ist von der Farbe des Baumstammes. Manchmal kommt er aus dem Baum hervor, stolziert im Gras herum und schaut so lustig drein, daß ich lachen könnte. Doch fürchte ich, ihn damit zu verletzen.(4) Ich erzählte Basil von dem alten Gnom; er machte sich lustig über mich und sagte, es würde keine derartigen Dinge geben. Ich wäre ein Esel, so einen Unsinn zu glauben. Mir ist das alles ein Rätsel; ich würde gerne wissen, was mit den anderen los ist.

24. Juni

Heute fragte ich James, den Gärtner, über den Gnom. „Ja, mein Junge, wenn ich in deinem Alter wäre, könnte ich ihn wohl auch sehen, aber ich werde alt und meine Augen sind nicht mehr das, was sie einmal waren."

26. Juni
Ein Geistlicher namens Herr Ramsbottom erschien heute zum Mittagessen bei Tante Maud. Was bin ich froh, daß Basil bei einem Freund eingeladen war. Ich bin sicher, daß wir sonst gelacht hätten. Dieser Herr Ramsbottom redete unheimlich viel. Tante Maud, die eine höfliche Dame ist, sagte ständig: „Oh ja, Herr Ramsbottom. In der Tat, Herr Ramsbottom. Wirklich, Herr Ramsbottom. Stellen Sie sich nur vor, Herr Ramsbottom," und ähnliches. Ich machte fast meine Hose naß, bemüht, nicht in Lachen auszubrechen. Als Herr Ramsbottom sich hin und wieder an mich wandte, dachte ich, es wäre ausreichend, ihn mit Sir anzureden. Es fiel mir schwer, ihn mit Herr Ramsbottom anzureden. Mama hat mich dazu erzogen, jemanden mit Namen anzureden, anderenfalls ist mein Benehmen unhöflich. Herr Ramsbottom sprach über die Kirchen, die er besichtigt hatte und in welchen er Chorbanden vorgefunden hatte. Ich konnte mir nicht vorstellen, daß es Banditen in der Kirche geben mochte, wollte aber auch keine Fragen stellen. Er empfahl Tante Maud, diese Kirchen auch zu besichtigen, falls sich ihr die Gelegenheit bieten würde. Ich muß mich wirklich wundern, daß es Banditen in der Kirche gibt. Das Komische ist, daß Herr Ramsbottom etwas weibisch wirkt. Er redet in der Tonlage einer Dame, bewegt seine Hände auf lustige Art und Weise und kichert, wenn es nichts zu kichern gibt. Natürlich möchte ich den armen Herrn Ramsbottom nicht beleidigen, aber er ist mir irgendwie nicht geheuer.

27. Juni
Ich kam auf die Idee, Onkel John über die Banditen zu fragen. Er lachte und lachte, daß ich befürchtete, er könne explodieren. Er klärte mich auf, daß Chorbanden nichts mit den Banditen zu tun hätten, sondern daß es sich dabei um die Abgrenzung des Chores in der Kirche gegenüber den Kirchenbesuchern, insbesondere in gotischen Kathedralen, handele. Also habe ich Herrn Ramsbottom mit meinen Gedanken Unrecht getan. Ich glaube, mein Onkel ist ein lustiger Mensch und wünschte, ich könnte länger blei-

ben. Leider kommt Mama morgen, um mich nach Hause zu holen. Es ist schon ein Kreuz mit den Erwachsenen!
Mama holte mich gestern nach Hause. Es war gräßlich, mich von Tante Maud und Onkel John zu verabschieden. Ich wollte, ich wäre anders. Andere Kinder weinen nicht, wenn sie sich von jemand verabschieden. Es ist traurig. Vielleicht hilft Jesus mir, wenn ich zu ihm bete... Arnold kam heute früh, um mit mir im Garten zu spielen. Wir aßen jede Menge Stachelbeeren. Ich bekam furchtbare Bauchschmerzen und machte in die Hosen noch bevor ich die Toilette erreichen konnte. Janet lachte nur, doch Mama wurde ungehalten. Ich hätte keinen Grund Stachelbeeren zu pflücken, ohne vorher um Erlaubnis zu bitten. Ich verabscheue es, ein kleiner Junge zu sein und bin froh, wenn ich erwachsen bin. Erwachsene müssen nicht um Erlaubnis bitten, wenn sie etwas möchten. Wenn sie Bauchschmerzen haben, werden sie nicht bestraft, sondern von allen bedauert... Mildred ist sehr stolz geworden, seit sie die Schule besucht. Sie hat sich mit einem kräftigen Mädchen namens Nancy Todd angefreundet und bringt sie auch zu uns nach Hause. Ich habe mich sofort in sie verliebt. Ich denke jetzt nicht mehr an Florrie, statt dessen denke ich immer an Nancy.

29. Juni
Stellt euch vor! Herr Wilcox kam heute in einem Wagen. Er ist krank und muß im Bett liegen. Da er niemanden hat, der sich zu Hause um ihn kümmert, lud Mama ihn ein, sich in unserem Hause zu kurieren. Es tut mir leid, daß er krank ist, ich freue mich jedoch, daß er da ist. Als ich Mama fragte, was er hätte, sagte sie nur: „Ach, nichts Ernstes," und ließ mich damit stehen. Mutter muß es Janet erzählt haben, die es wiederum Mildred berichtete und von der ich erfuhr, daß er irgendwo ein Karbunkel hätte. Ich wundere mich, was das ist. Ich weiß nur, daß Mutter eine Brosche mit einem Karfunkel trägt, die Papa ihr zu Weihnachten schenkte. Ich glaube, das Karbunkel von Herrn Wilcox muß sich an der Stelle befinden, worauf er sitzt. Als ich heute zu ihm ging, um mich nach seinem Befinden zu erkundigen, bemerk-

te ich dort eine schwarze Wolke in seinen Lichtern.(5) Ich zog es vor, zu schweigen, denn ich befürchtete, er könne verlegen werden.

1. Juli

Ich leiste Herrn Wilcox Gesellschaft, wenn er nicht zu müde ist, und er liest mir Gedichte vor. Ich mag Gedichte und würde gerne selbst welche schreiben, wenn ich älter bin. Ich mag keine Gedichte über Sterbende; sie bringen mich zum Weinen, obwohl ich weiß, daß in Wirklichkeit niemand stirbt. Heute sah ich Onkel Willie (seinen Geist) im Eßzimmer, sagte aber nichts zu Mama. Letztes Mal geriet sie ja derart in Zorn und hielt mir eine solche Predigt, von der ich bis heute nicht weiß, warum ich sie anhören mußte. Da wir gerade von diesen Dingen sprechen: ich vermag nicht zu sagen, warum es mich so berührt, wenn Menschen sterben. Vielleicht liegt es daran, weil alle trauern und weinen. Ich würde dann am liebsten auch weinen, genauso wie ich es tue, wenn ich mich von jemandem verabschiede... Das Karbunkel von Herrn Wilcox befindet sich auf seinem Gesäß; er vertraute mir gestern solches als ein Geheimnis an. So hatte ich also Recht. Er war trotzdem zum Scherzen aufgelegt. Er könne weder sitzen, noch aufstehen und auch nicht auf dem Rücken liegen. Wirklich ein schöner Zustand! Er meinte, er würde verschiedenen eingebildeten Leuten ein Karbunkel am Popo wünschen; vielleicht würden sie etwas bescheidener werden. Ich möge aber nicht herumerzählen, daß er solche Worte geäußert habe. Von allen Geistlichen, die wir kennen, mag ich Herrn Wilcox am liebsten. Er ist so liebenswürdig und manchmal hört man aus seinem Mund freche Dinge.

3. Juli

Der Doktor kam heute früh, um Herrn Wilcox Karbunkel aufzuschneiden. Mildred erklärte mir, daß das Schneiden Schmerzen verursacht. Deshalb begab ich mich hinaus in den Garten, damit ich nicht alles mitbekäme... Mama erhielt heute einen Brief von einer Cousine Agnes, und im Umschlag befand sich auch ein kleiner Brief an mich. Während ich ihn las, ich

weiß auch nicht warum, fühlte ich irgendwie, daß meine Cousine bald heiraten wird. Ich erzählte es Mildred, und sie bezeichnete alles als Unsinn. Ich fuhr fort: „Du magst sagen, was du willst, aber ich weiß, daß Agnes einen Liebsten hat, der sie lieb hat. Du wirst sehen, sie wird sich bald verloben."
„Nun, wenn du es genau wissen willst," warf Mildred ein, „Onkel Henry ließ Agnes nicht den Mann heiraten, den sie liebte und dies geschah erst vor zwei Monaten; sie kann nicht schon wieder einen Liebsten haben." „Sei nicht so naseweis," sprach ich, „sie war in jenen Herrn verliebt, ist in den zweiten aber noch viel verliebter." „Sei endlich still und höre auf über Sachen zu reden, von denen du keine Ahnung hast," meinte Mildred. Sie kenne jemanden, der in jemanden verliebt wäre. „Wen denn?" „Du bist in Nancy verliebt," sprach Mildred. Dies ärgerte mich. Falls Mildred alles Nancy erzählt, lacht sie über mich und wird mich einen kleinen dummen Jungen nennen. Ich bat Mildred, ihr nichts zu erzählen. Sie lachte und sagte, sie würde es mit Vergnügen tun. Sie ist gemein.
Seit das Karbunkel aufgeschnitten wurde, geht es Herrn Wilcox besser. Ich bin froh darüber. Ich erzählte Mama, daß Agnes bald heiraten wird. Sie schaute überrascht und fragte, wie in aller Welt ich dazu käme, so etwas zu behaupten. Ich hatte so eine Ahnung, entgegnete ich. Kleine Jungen sollten keine Ahnungen haben, wenigstens keine solchen. Ob sie etwas davon geschrieben habe? Ich beruhigte Mama, daß in meinem Brief darüber nichts zu lesen stand. Sie jedoch schickte mich nach oben, um ihn zu holen. Nachdem sie ihn gelesen hatte, entgegnete sie: „Du solltest keine solchen Dinge sagen; du könntest viel Verwirrung damit stiften." Mama ist unfair. Ich weiß, daß ich im Recht bin; sie will es nur nicht zugeben, und ich habe sie dabei ertappt. Tatsache ist, daß Papa aus geschäftlichen Gründen zwei Tage nicht da war. Als er heute abend heimkam, begab er sich mit Mama ins Arbeitszimmer. Er vergaß, die Türe zu schließen. Ich war gerade unterwegs, um Papa einen Begrüßungskuß zu geben und hörte so, wie Mama die Katze aus dem Sack ließ. „Du wirst sicher überrascht sein, daß Agnes sich verlobt hat. Die Verlobung soll aber noch nicht bekanntgegeben werden." Dann erblickte sie mich und schaute beunruhigt. Ich umarmte Papa, und sie wollte wissen, ob ich alles gehört hatte. Ich bejahte. „Nun," sprach sie, „ich bitte

dich, es nicht weiter zuverbreiten. Hörst du? Falls es sich herumsprechen sollte, werde ich böse und Agnes auch... Jetzt kannst du wieder gehen." Ich ging in den Garten und machte meine Eintragungen in der Laube. Wenn das Wetter schön ist, mache ich meine Tagebucheintragungen fast nur draußen. Ich mag den Duft der Blumen und den Hauch des Windes auf meinem Gesicht. Ich wünschte, ich müßte keine Kleider tragen und könnte den Wind am ganzen Körper spüren. Ich bin enttäuscht über Mama. Sie sagt, es wäre ungezogen, zu lügen. Dabei tut sie es selbst und schilt mich obendrein noch, weil ich Dinge sagte, von denen sie selbst weiß, wie sehr sie der Wahrheit entsprechen. Welche Ungerechtigkeit! Jetzt, nachdem ich alles niedergeschrieben habe, geht es mir wieder besser.

8. Juli

Wir erfuhren heute von Mama, daß wir nach Keswick ins Seengebiet fahren, um dort unsere Sommerferien zu verbringen. Herr Wilcox kommt vielleicht auch mit. Ich freue mich. Wir wollen am 28. fahren. Herr Wilcox darf wieder aufstehen; er ist bereits wieder imstande zu sitzen und hat mir heute auf dem Klavier vorgespielt. Wenn ich Musik höre, sehe ich liebliche Dinge und habe wunderschöne Träume. Ich bin sicher, daß es im Himmel viel Musik gibt. Ich glaube aber nicht, daß man dort den ganzen Tag herumsitzt und Harfe spielt. Wie hätte ich sonst Onkel Willie, Großvater und andere sehen können? Sie hatten keine Harfen — und weil wir gerade davon sprechen — sie hatten auch keine Flügel, wie die Engel auf den Bildern in den frommen Büchern. Georgina (die Köchin) — sie besucht immer die Kapelle — sagt, daß gute Menschen nach ihrem Tode zu Engeln werden und bei Gott für alle Ewigkeit Hymnen singen. Wie vermag sie solches zu behaupten, wenn sie doch schon Leute (Geister) gesehen hat, die nicht bei Gott sitzen? (Ich hatte immer noch nicht begriffen, daß nicht jeder Geister zu sehen vermochte oder besser gesagt, nicht den sechsten Sinn besaß.) Ich wollte weiterfragen, aber Mama kam in die Küche. Deswegen blieb ich lieber still; sie regt sich so auf, wenn ich über diese Dinge spreche. Ich frage mich, ob ich je wissen werde, warum? Sie sind ja nicht unanständig... Herr Wilcox ist ein so guter Klavierspieler, daß er imstande ist, alles auswendig zu spielen. Er kann sogar Stücke erfinden, wenn er spielt. Ich will Mama fragen, ob ich nach den Ferien nicht Musikunterricht nehmen darf.

Keswick, 4. August
Wir sind seit einer Woche hier und ich habe bereits so viele Feen, Elfen, Zwerge und Gnomen gesehen, daß es eine Freude ist. Papa unternimmt mit uns so lange Spaziergänge, welche mich manchmal so müde werden lassen, daß ich dem Weinen nahe bin. Mama sagte ihm, es wäre zuviel für mich. Er jedoch ist der Meinung, daß sie mir gut tun und es mir allein an Übung mangelt. Papa ist verrückt nach Bewegung. Er glaubt, er hätte keine Leberbeschwerden, wenn es ihm nur möglich wäre, sich ausreichend zu bewegen. Mildred ist es natürlich egal, wieviel sie läuft. Selbst wenn sie um die Welt laufen müßte, würde es sie nicht stören. Ich fahre am liebsten Boot auf dem See. Mir wäre es jedoch lieb, Papa würde nicht rudern. Er transpiriert dabei so sehr, daß er stinkt. Bei Herrn Wilcox ist das anders, und er riecht auch nicht nach Hammelfleisch. Vielleicht kommt das davon, weil Papa viel dikker ist.

8. August
Mein Schlafzimmer in unserer Unterkunft gefällt mir nicht; es läßt mich erschauern. Manchmal sehe ich eine schreckliche alte Frau, die mich im Bett betrachtet. Sie trägt altmodische Kleider und ähnelt ein wenig der Hexe in meinem Märchenbuch. Sie hat ein böses Gesicht. Ich würde gerne Mama bitten, sie wegzuschicken. Ich traue mich aber nicht, aus Angst, Mama könnte wieder ärgerlich werden. Als gestern abend Herr Wilcox nach oben kam, um mir etwas vorzulesen, erzählte ich ihm von der alten Frau und bat ihn, sie zu verscheuchen. Zuerst schien er erstaunt, meinte aber: „Ich werde dir etwas sagen. Laß uns ein Gebet sprechen. Wenn sie wirklich eine alte Hexe ist, mißfällt ihr das und sie verschwindet." Er kniete nieder und bat Jesus, uns vor allem Bösen und aller Angst zu verschonen, obwohl ich mich

nicht mehr genau an die Worte erinnern kann, die er sprach. Ich öffnete die Augen und sah Jesus, strahlend und wunderbar. Seine Lichter waren so hell, daß die alte Frau nicht mehr zu sehen war. Herr Wilcox schlug mir vor, ich solle zu Jesus beten, wenn ich glaubte, wieder etwas zu sehen, vor dem ich mich fürchtete. So würde ich jegliche Angst verlieren. Ich wundere mich, warum er sagte, wenn du glaubst, du siehst etwas, vor dem du dich fürchtest. Das heißt, er ist der Ansicht, alles sei auf meine Phantasie zurückzuführen, was jedoch nicht stimmt. Oder meint er vielleicht, ich solle es meiner Phantasie zuschreiben, wenn ich wieder Schreckliches sehe.

11. August

Eine Dame und ein Herr kamen gestern an. Sie wären auf ihrer Hochzeitsreise, sagt Papa. Er hätte den Herrn beobachtet, wie er das Gepäck hereintrug; es sehe alles ganz neu aus. Sie wohnen neben meinem Schlafzimmer und erschreckten mich eines Nachts ganz schön. Ich glaube, einer von ihnen muß aus dem Bett gefallen sein. Ich hörte einen Schlag auf den Boden und Geräusche als ob jemand Schmerzen hätte. Deswegen hatte ich ein gräßliches Gefühl in der Bauchgegend, vielleicht wie eine Dame, die in der Kirche in Ohnmacht fällt und hinausgetragen wird.

Ich erzählte die ganze Geschichte heute morgen beim Frühstück. Ich fragte, warum Leute, die heiraten, zusammen schlafen. Ob sie sich nicht sehr verlegen fühlten? Mama errötete und kicherte, Papa lachte und ließ ein langes französisches Wort vernehmen, das klang wie ofong terribl oder so ähnlich. Ich erhielt keine Antwort; ich würde alles verstehen, wenn ich erwachsen wäre. Ich wünschte, sie würden nicht immer solches sagen, es ist entmutigend. Sie mögen sagen, was sie wollen, doch wette ich, daß ich, wenn ich erwachsen bin, nicht im selben Bett mit einer Dame liegen möchte. Es wäre furchtbar...

23. August
Es gab viele Regentage, was sehr anstrengend war. Mama erlaubt mir nicht, nach draußen zu gehen, wenn es gießt. Heute nach dem Tee klärte sich der Himmel. Ich beobachtete durch das Fenster schöne Wolken mit wunderbaren Feen. Auf einem Hügel sah ich eine ganz große Fee in den Farben des Regenbogens. Die Feen befinden sich auf einigen der umgebenden Hügel, und ich finde sie entzückend, wie Tante Maud immer zu sagen pflegt, wenn ihr etwas gefällt. Herr Wilcox erzählte mir, es hätte in diesem Gebiet viele Dichter gegeben, wovon einer Wordsworth hieß. Er las mir einige seiner Gedichte vor. Ich wollte, wir würden hier wohnen. Ich habe keine Lust, nach Hause zu fahren. Ich hätte auch gern, daß Arnold, Henry und Herr Wilcox hier wohnten, sonst würde ich sie schrecklich vermissen.

28. August
Wir sind wieder zu Hause. Der Papagei macht Georginas Husten und ihr lautes Atmen nach. Es klingt lustig. Ich glaube aber, sie ärgert sich. Es klingt wirklich, als machte sich Polly über sie lustig. Mama will mich nächsten Monat in die Mädchen- und Knabenschule schicken, die von Fräulein Frampton geleitet wird. Ich erkundigte mich, ob es dort auch große Mädchen gäbe. Sie bejahte und fügte hinzu, daß keine großen Jungen dort wären. Ich frage mich, ob es mir dort gefallen wird. Lieber gehe ich zur Schule, als noch einmal von einer Erzieherin wie Fräulein Griffin unterrichtet zu werden. Mama fühlte sich heute krank und konnte nicht einkaufen gehen. Sie schickte mich zum Metzger, um zwei Pfund vom besten Steak zu kaufen. Ich hasse Steak, versprach aber, alles richtig mitzubringen. Mama mußte warten, weil ich zuerst zur Toilette gehen mußte. Sie ermahnte mich: „Wie oft habe ich dir gesagt, daß es unhöflich ist, dich so auszudrükken. Du solltest fragen, ob du hinausgehen darfst. Die Leute müssen sich sonst fragen, wo du groß geworden bist. Du kannst auch fragen, ob du deine Hände waschen darfst." „Was ist, wenn ich gar nicht meine Hände waschen will? Das würde bedeuten, ich lüge." „Ganz und gar nicht," fuhr Mama fort, „du sollst immer deine Hände waschen, nachdem du auf der Toilette gewe-

sen warst." Obwohl Mama sehr lieb, gut, fromm und all das ist, regt sie mich damit auf, was ich sagen darf und was nicht. Wenn ich die Wahrheit sage, wie damals bei Onkel Willie, gibt es Schwierigkeiten, wenn ich lüge, ebenso, also ist es wohl am besten, den Mund zu halten. Nancy besuchte heute Mildred zum Tee. Ich bin wirklich riesig verliebt in sie und habe ständig ihr Gesicht vor Augen.

30. August

Heute früh gingen wir zur Kirche. Da der Pfarrer Urlaub hat, predigte ein Herr Grube. Bin ich froh, daß ich nicht so heiße. Der Name läßt mich an Würmer denken. Er ist ein sonderbarer alter Mann. Er spricht einige Worte, schließt die Augen und verzieht das Gesicht, bevor er fortfährt.

Mir war nach Lachen zumute. Die Kirche wurde renoviert als wir weg waren, und es roch nach Firniß. Es war heute früh so heiß, daß das Kleid von Fräulein Wigan an der Kirchenbank klebte. Wenn Fräulein Mabel Wigan niederkniet, knarrt ihr Korsett. Bei Herrn Wigan lassen sich sonderbare Geräusche auf der Brust vernehmen. Mama sagte, er litte an Asthma, der Arme. Ich bin froh, daß der Pfarrer nicht da ist. Ich fürchte immer, er könnte eine traurige Predigt halten. Heute fiel mir auf, daß ich Jesus niemals in der Kirche sehe. Ich möchte wissen, warum? Ich vermute, er kann nicht in allen Kirchen gleichzeitig sein. Vielleicht kommen wir eines Tages auch an die Reihe?

Ohne Datum

Ich war heute wieder in der Schule. Es gibt drei Fräulein Frampton. Da ist einmal Fräulein Jessie, welche die großen Mädchen unterrichtet, dann Fräulein Enid, die die kleinen Mädchen und Jungen unterrichtet — ich bin in ihrer Klasse — sowie Fräulein Frampton, die Direktorin. Ein dicker Junge, Charlie Baines, erzählte mir, daß man sie kaum sieht. Wenn ein Junge sehr ungezogen ist, wird er zu ihr geschickt und bekommt Schläge mit dem Stock. Fräulein Enid war heute nicht so streng und auch nicht böse. Irgendwie mag ich ihre Lichter nicht; sie erscheint mir unheimlich. Ich habe das furchtbare Gefühl, daß ich die Schule hassen werde und daß Fräulein Enid sehr böse sein kann, falls sich jemand Freiheiten herausnimmt. Ein Mädchen in unserer Klasse mußte ein trauriges Gedicht aufsagen, und ich begann zu weinen. Fräulein Enid wurde ungehalten und fragte mich, warum ich so einen Lärm veranstalte. Ich könne nicht anders, entgegnete ich, das Gedicht wäre so traurig. Sie sagte barsch: „Sei nicht albern, oder ich muß dich bestrafen." Die anderen Kinder lachten mich aus, weil ich so ein Weichling bin. Die Jungen machten sich im Pausenhof über mich lustig und nannten mich eine Heulsuse. Ich glaube, Fräulein Enid ist eine harte, unfreundliche alte Jungfer. Sie ist immer schlechter Laune, und wenn sie in Zorn gerät, ist es entsetzlich. Mein Herz schlägt dann wie wild. Mildred und ich sollen Musikunterricht bei einer Dame, namens Froylein Hefner, erhalten. Sie ist Deutsche. Mama sagt, sie verstehe sehr viel von Musik. Ich freue mich, hoffe jedoch, sie ist kein so übel gelaunter Mensch wie Fräulein Enid. Ich wüßte nicht, was ich dann tue.

7. Oktober
Ich habe heute Geburtstag. Mutter schenkte mir jenes Kästchen, in das ich mein Tagebuch einschließen will. Von Vater erhielt ich eine Waterburg-Uhr, was phantastisch ist und von Mildred einen Werkzeugkasten. Ich denke, Mama hat ihn bezahlt, obwohl davon nicht die Rede war. Ich gab vor, mich mächtig zu freuen, daß sie einen Teil ihres Taschengeldes für solch ein schönes Geschenk ausgegeben hatte. Von Janet erhielt ich eine Schachtel Süßigkeiten und einen dicken Kuß. Die Köchin bereitete einen prächtigen Geburtstagskuchen in rosa für mich, welcher meinen Namen trug. Wir feierten und Henry und Arnold waren die Ehrengäste. Ich schwöre, es war recht vergnüglich und die Geburtstagsfeier ein Erfolg. Ich fühle mich jetzt etwas erschöpft und schreibe nichts mehr auf.

8. Oktober

Bevor ich gestern abend einschlief, dachte ich an Großvater. Plötzlich erblickte ich ihn am Fußende meines Bettes. Er lächelte und wünschte mir alles Gute zum Geburtstag. Ich fragte, wie er wüßte, daß ich heute Geburtstag hätte. Er antwortete, daß er es irgendwie durch meine Gedanken wüßte. Ich mag Großvater. Er ist so lieb, natürlich nicht ganz so lieb wie Jesus. Ich würde gerne wissen, wieviel tote Menschen wie Großvater mitbekommen? Ob sie uns sehen, wenn wir gerade ein Bad nehmen oder auf der Toilette sitzen? Ich bin überzeugt, Mama würde ganz schön die Fassung verlieren, wenn Großvater oder Onkel Willie erschienen, während sie sich an dem einen oder anderen Ort befindet. Ich denke, keiner von beiden würde solches tun, da es ungezogen wäre. Ich glaube nicht, daß freundliche alte Leute dort auftauchen, wo sie nicht willkommen sind. Nur die bösen tun so etwas, wie die schreckliche alte Frau damals.

15. Oktober

Ich ertrage die Schule nicht länger und habe solch tödliche Angst vor Fräulein Enid, daß ich meine französischen Verben oder ein Gedicht vergesse, wenn ich an der Reihe bin. Zu Hause weiß ich alles. Mein Herz rast in der Schule so schnell wie Janets Uhr. Manchmal ist Fräulein Enid so böse und gestattet uns nicht einmal, die Toilette aufzusuchen. Heute ereignete sich etwas, das mir Unbehagen verursachte, obwohl es für sie eine Strafe bedeutete. Ein Junge namens Jimmy Cole meldete sich: „Bitte, Fräulein Enid, darf ich hinausgehen?" Fräulein Enid, die heute morgen besonders schlechte Laune hatte, erlaubte es nicht. Nachdem wir eine Weile im Unterricht fortgefahren waren, verrichtete Jimmy Cole sein kleines Geschäft auf dem Boden des Klassenzimmers. Fräulein Enid war gezwungen, die Pfütze mit dem Lappen aufzuwischen, mit dem sie sonst immer die Tafel reinigt. Du lieber Himmel, hatte sie eine Wut. Sie konnte Jimmy nicht bestrafen, denn es war ihr eigener Fehler. Als wir ihr unsere Übungshefte zeigten, um zu erfahren, ob wir Fehler gemacht hatten, warf sie sie auf den Boden und wir mußten sie aufheben. Sie sagte, wir raubten ihr den letzten Nerv.

20. Oktober
Ich mag Froylein Heffner. Sie ist dick, erinnert durch ihr Aussehen an eine Köchin, doch ich muß mich vor ihr nicht fürchten. Ich tue alles, ihr zu gefallen. Sie hat Haare wie Stroh, rote Wangen, blaue Augen, einen mächtigen Vorbau und kleine dicke Finger, die mich an Würste denken lassen. Ich lernte von ihr, die besten Komponisten wären alle Deutsche gewesen und sie zitierte einige Namen. Vorläufig darf ich nur 5-Finger-Übungen und Tonleitern spielen, was mir eine Qual bedeutet. Mama erwähnte etwas von mütterlicher Ausstrahlung, und daß sie es nicht leicht hätte. Papa hat sie noch nicht gesehen, also weiß ich nicht, was er sagen würde. Obwohl er nichts dagegen hat, wenn ich Musikunterricht erhalte, ist er der Auffassung, Musik wäre albern. Er könne sowieso keine Melodie von der anderen unterscheiden. Wenn er zu Hause ist, dürfen weder Mildred noch ich üben. Es mache ihn nervös, und er könne aus diesem Grund nichts lesen.

2. November
Wie ich die Montage hasse, an denen ich wieder zur Schule muß. Bereits beim Betreten des Klassenzimmers rast mein Herz; dazu dieses Gefühl in der Magengegend. Wenn ich nach Hause komme, fehlt mir jeglicher Appetit. Mama wollte wissen, was mit mir los wäre, warum ich so blaß sei und keinen Hunger hätte. So vertraute ich ihr endlich an, daß Fräulein Enid die Ursache ist, die in mir Bedrücktsein hervorruft. Schließlich begann ich zu weinen, da ich mich nicht gut fühlte. Mama meinte, vielleicht bilde ich mir alles nur ein, und daß etwas anderes nicht stimmte. Ich weiß es besser. Gestern abend im Bett sah ich wieder Großvater, welcher sprach: „Du wirst bald zum Arzt gehen. Erzähle ihm von deiner Lehrerin. Es ist wichtig, daß du es tust. Vergiß es nicht!" Dann lächelte er und nickte, so wie er es zu tun pflegte, als ich noch ziemlich klein war. Anschließend verschwand er. Mama hat bis jetzt nicht geäußert, daß ich zum Doktor müßte.

5. November
Heute ist Guy-Faulkes-Tag. Papa war sehr freigebig und brachte eine Menge Feuerwerkskörper von der Arbeit nach Hause. Er brachte sie, bevor ich zu Bett ging, zum Explodieren. Mama, Mildred und ich beobachteten alles durch das Fenster des Arbeitszimmers und freuten uns.

6. November
Großvater hatte Recht. Der Doktor kam heute. Zuerst war Mama im Zimmer, und ich wagte nicht, etwas über Fräulein Enid zu sagen. Dann wurde sie aus irgendeinem Grunde gerufen und mußte das Zimmer verlassen. Ich erzählte dem Doktor von dem Gefühl in der Magengegend, von meinem Herz, das wie wild schlug und all dem, wozu Großvater mich ermahnt hatte. Ich spürte aber, ich täte gut daran, von Großvater selbst nichts zu erwähnen. Nachdem Mama alles erledigt hatte, kam sie zurück und schickte mich nach einigen Minuten nach oben. Der Doktor unterhielt sich sehr lange mit ihr. Ich weiß das, weil sein Wagen eine Ewigkeit draußen stand; ich sah ihn vom Kinderzimmerfenster.

7. November
Ich sah den alten Herrn (meinen Großvater) gestern abend wieder. Er lachte und sprach: „Wir richteten die Störung ein, um deine Mutter aus dem Zimmer zu holen. Du darfst darüber nichts sagen." Er fuhr fort: „Laß' den Kopf nicht hängen. Wir kümmern uns um dich und bald mußt du nicht mehr zur Schule gehen." Ich war glücklich und schlief ein. Froylein unterrichtete mich heute. Ich muß die Namen der großen Komponisten auswendig lernen. Sie schrieb sie auf einen Zettel; für den Beginn sind es vier. Anschließend spielte sie mir ein Stück eines jeden von ihnen vor. Ich fand es aufregend, denn als sie spielte, sah ich die herrlichsten Dinge. Froylein sagt, sie spiele mir Stücke vor, weil sie wünscht, daß ich gute Musik kennenlerne. Sie erzählte mir, der größte Komponist, der jemals lebte, wäre Beethoven gewesen. Ich mag den Musikunterricht und Froylein ist derartig liebenswürdig,

daß ich sie auch mag. Zur Abwechslung benahm sich Fräulein Enid heute ganz erträglich. Manchmal tut sie mir leid, denn es muß entsetzlich sein, immer so schlechte Laune zu haben. Ich selbst bin auch ungern schlechter Laune.

8. November
Hurra, ich muß nicht mehr zur Schule gehen. Welche Erleichterung. Ich könnte an die Decke springen. (Offensichtlich hatte der Doktor meine Mutter aufgeklärt, daß ich an Dyspepsie litt, welche wohl durch Fräulein Enids Strenge ausgelöst wurde. Er meinte weiter, daß ich ein schwaches Herz hätte und empfahl, mich von der Schule zu nehmen. Es scheint, daß sich verschiedene Eltern über Fräulein Enids unsanfte Methoden beschwert hatten und ihre Kinder ihrer Behandlung entzogen. Folglich war ich nicht der Einzige. Sie war wirklich nicht für den Lehrberuf geeignet. Sie mochte Kinder nicht und hatte sich aufgrund einer unglücklichen Liebesgeschichte zu einer harten und verbitterten Frau entwickelt. Der Doktor gab zu verstehen, daß er sich gegen meinen Schulbesuch ausgesprochen hätte, wenn ihn meine Mutter um Rat ersucht hätte. Heutzutage wäre Fräulein Enid sadistischer Anwandlungen verdächtigt worden. Vielleicht rächte sie sich am Leben, indem sie ihre unglücklichen Schützlinge unterdrückte?) Ich frage mich, was sich demnächst ereignen wird. Ich habe auch kein Verlangen, wieder von Fräulein Griffin unterrichtet zu werden. Sie versetzte mich zwar nicht in Angst wie Fräulein Enid, doch sie war ernst und lachte niemals über etwas.

17. November
Mit Mama stimmt irgendetwas nicht. Zum Frühstück ist sie im Bett geblieben. Als wir uns heute im Eßzimmer befanden, mußte sie sich in den Kohlenkasten übergeben. Sie hätte die Toilette nicht mehr erreicht. Wenn Mutter krank ist, habe ich immer Angst, sie könnte sterben. Doch Mildred meint, daß die Menschen abmagern, bevor sie sterben. So ist wohl alles

nicht so schlimm, denn Mama nimmt nicht ab. Sie wird, wie der Pfarrer, um die Taille herum immer dicker. Ich finde es schade; sie sieht jetzt nicht mehr so hübsch aus.

23. Dezember

Bald ist Weihnachten. Ich erledige vieles für Mama. Sie verschenkt Sachen an viele Menschen, die ich austragen muß. Sie schickte mich mit einem großen Paket zum Pfarrhaus. Mama sagt, sie ist froh, wenn Weihnachten vorbei ist. Ich aber nicht. Sie ist noch dicker geworden und scheint immer müde zu sein. Ich kann mir keinen Reim darauf machen.

26. Dezember

Gestern war Weihnachtsfeiertag und wir gingen am Morgen alle zur Kirche. Der Pfarrer hielt wieder eine traurige Predigt, und ich mußte weinen. Herr Wilcox erschien zum Weihnachtsessen und es gab Truthahn, Würste, Rosinenpudding, Mandeln, Trauben, Orangen und anderes. Ich bekam viele Geschenke und das schönste war eine Spieluhr von Herrn Wilcox, welche derjenigen von Frau Croft gleicht. Der Postbote kam um drei und Papa gab ihm einen Shilling als Weihnachtsgabe. Mama erhielt hunderte von Karten und befestigte sie alle am Kaminsims im Salon; auch ich erhielt einige schöne Karten. Janet, Mildred und ich schmückten am Weihnachtsabend die Zimmer mit Stechpalmenzweigen und hängten in der Halle einen Strauß Mistelzweige auf. Nach dem Weihnachtsessen spielte Herr Wilcox mit uns; es war für alle sehr vergnüglich. Am Abend verkleidete er sich als Weihnachtsmann und redete wie ein sehr alter Herr. Papa lachte viel und war heiterer Stimmung. Mama schien alles anzustrengen, sie konnte sich nicht so freuen wie wir. Herr Wilcox begab sich in die Küche und überreichte beiden Angestellten Weihnachtsgeschenke, auch Mildred und ich taten dies und sie schenkten uns beiden auch etwas. Da Weihnachten war, durfte ich länger aufbleiben und am Abendessen teilnehmen, bevor ich zu Bett ging. Nachdem Herr Wilcox uns Weihnachtslieder auf dem Klavier vorgespielt hatte, zeigte er uns Zaubertricks. Heute fühle ich mich etwas schlecht, doch lange nicht so, wie zu der Zeit, als ich noch die Schule besuchte. Wie dankbar bin ich, Fräulein Enid nicht mehr zu sehen. Genau in dem Moment, in dem ich mich gestern abend anstrengte einzuschlafen, sah ich Jesus. Er wäre gekommen, mir seinen Weihnachtssegen zu erteilen, sprach er. Ich fühlte tiefen Frieden und schlief ein.

1886

1. Januar

Ich habe jetzt einen Lehrer. Er kommt 15 Minuten nach neun und bleibt bis 15 Minuten vor eins. Um elf machen wir immer eine Viertelstunde Pause, um ein Glas Milch zu trinken und einige Kekse zu essen. Er heißt Herr Patmore und ist ziemlich alt. Ich mag ihn sehr gern und fürchte mich gar nicht vor ihm, denn er ist wirklich sehr lieb. Er trägt sein weißes Haar in der Mitte gescheitelt und hat einen kleinen Ziegenbart. Sein Blick ist sehr heiter; er ist ganz anders als Fräulein Enid. Seine Nase sieht ein wenig so aus wie die des Papageis, natürlich ist sie nicht schwarz, und er riecht nach Pfeifentabak. Er meinte, wir würden uns sehr gut verstehen, und ich stimmte zu. Er kommt nicht am Nachmittag, läßt mich aber Hausaufgaben machen, die er am nächsten Tag nachsieht. Ich will mein Bestes tun und möchte ihn nicht enttäuschen. Nachdem Janet die Milch und die Kekse gebracht hatte, bat er mich, ihm zu zeigen, wo sich das WC befinde. „Man sollte sich in der Geographie eines Hauses auskennen," was mich zum Lachen reizte. Ich hatte immer geglaubt, Geographie habe nur etwas mit Landkarten zu tun. Bevor er nach Hause ging, klopfte er mir auf den Rücken und sprach: „Halte die Ohren steif, mein Junge. Erledige gewissenhaft deine Aufgaben, und wir machen in kürzester Zeit einen Gelehrten aus dir." Ich bin so froh, Herrn Patmore als Lehrer zu haben. Ich weiß nicht, was aus mir geworden wäre, wenn Papa mich in eine andere Schule mit großen Jungen, die sich verprügeln, geschickt hätte. (Zu Fräulein Framptons Zeiten war ich manchmal das Opfer unverschämter, größerer Jungen, denen es Freude bereitete, mich zu peinigen.) Als Papa heute abend nach Hause kam, erkundigte er sich, wie ich mit meinem Lehrer zurecht käme. Ich hätte keinen besseren finden können, erwiderte ich. Mama und Papa lachten und Mama fragte, wo ich nur all diese Ausdrücke gehört hätte. Papa war erfreut, daß ich Herrn Patmore mochte. Er solle streng mit mir sein, doch nicht ärgerlich werden und mir keine Angst einjagen.

19. Januar

Ich wollte, der liebe Gott hätte nie den Winter erschaffen. Es war den ganzen Tag so dunkel, und wir mußten das Gas anzünden. Draußen herrscht dicker Nebel, ich habe Frostbeulen und weiß vor lauter Kälte nicht, was ich tun soll. Der einzige warme, gemütliche Platz ist die Küche, wo in einem Ofen ein großes Feuer brennt und es nach frischem Brot duftet. Ich wollte, wir könnten in der Küche wohnen; sie sieht etwa so aus, wie die Zimmer in einem Landhaus. Als Herr Patmore heute kam, sagte er: „Du meine Güte, das Wetter ist schrecklich. So eine Dunkelheit!" Wenn Herr Patmore etwas nicht mag, nennt er es schrecklich, und wenn ihm etwas gefällt, bezeichnet er es als zufriedenstellend. Selbst wenn er etwas schrecklich nennt, bemerkt man ein Funkeln in seinen Augen, als ob er es gar nicht so meine und nur scherze. Wenn ich in meinen Hausaufgaben viele Fehler mache, findet er das gar nicht lustig und schaut traurig, so daß ich ein schlechtes Gewissen habe. Wenn derartiges passiert, sagt er nur: „Hm, nun ja, etwas enttäuschend das Ganze. Wir sollten uns bemühen, weniger Fehler zu machen, nicht wahr?" Ist er erfreut, spricht er: „Ja, genau so — sehr zufriedenstellend." Dann freue ich mich jedes Mal. Fräulein Enid lobte uns nie, wenn wir keine Fehler machten. Warum sollten wir uns überhaupt anstrengen? Ich habe wirklich Glück, so einen Lehrer zu haben.

25. Januar

Heute sagte ich zu Mildred: „Es wäre schön, Mama wäre nicht so dick. Sie ist jetzt so dick wie Georgina." Mildred entgegnete, sie werde bald wieder schlank sein. Ich erkundigte mich, woher sie das wüßte. „Ach, nur so," sagte sie, „ich weiß es eben. Ein Mädchen hat es mir in der Schule gesagt." Ich bemerkte, daß auch Mutters Lichter komisch aussahen, obwohl ich den Grund hierfür nicht wußte. Ich wollte Mildred fragen, ob sie auch derartiges festgestellt hätte. „Was," rief sie aus, „willst du damit sagen, daß du immer noch diese albernen Lichter siehst. Ich glaubte, du hättest diesen Unsinn längst hinter dir gelassen. Du bist verrückt oder der größte Schwindler, der mir jemals begegnet ist." „Du bist selbst eine Schwindlerin oder so blind wie eine Fledermaus." „Ach, hau doch endlich ab," rief sie. Mildred hat in der Schule keine besseren Manieren gelernt. Sie hätte ein Fräulein Enid im Unterricht haben sollen, dann wäre sie eines anderen belehrt worden.

2. Februar

Es ist sonderbar. Ich soll eine Woche zu Tante Maud fahren, obwohl keine Ferien sind. Tante Maud holt mich am Donnerstag ab. Natürlich freue ich mich, nach Harrogate zu fahren. Ich muß bestimmt wieder weinen, wenn ich mich von Herrn Patmore verabschiede. Er denkt sicher, ich wäre ein Dummkopf. Ich wollte von Mama wissen, warum ich so plötzlich zu Tante Maud fahren solle. Sie entgegnete, eine Luftveränderung würde mir gut tun. Doch dies kann nicht der wahre Grund sein, denn Mildred bleibt auch nicht da. Ich hoffte etwas von Janet zu erfahren, hatte jedoch kein Glück. „Stelle keine Fragen und du vernimmst keine Lügen," lautete die Antwort. Auf jeden Fall erwähnte sie, daß ich bei meiner Rückkehr eine angenehme Überraschung vorfinden würde. Irgendwie habe ich das Gefühl, daß die Überraschung nicht so angenehm wird, wie Janet es darzustellen versucht. Da ich morgen nach Harrogate fahre, ist es wohl besser, Herrn Patmore zu sagen, wie groß meine Abneigung gegen das Abschiednehmen ist, daß ich meistens weine und mich schäme. Ich müsse mich nicht schämen, es ginge vielen Leuten so wie mir, ließ er vernehmen. Falls es mich doch zu sehr berührte, würde er sich nicht darum kümmern; vielleicht wäre dann der Abschied leichter. Es sei ja nur für eine Woche. Ich fühlte mich erleichtert und war froh, es ihm gesagt zu haben. Wir haben zusammen Auszüge aus der Literatur von Shakespeare und Dickens gelesen. Ich mag David Copperfield und weiß einiges davon auswendig.

8. Februar

Ich bin jetzt in Harrogate. Die Tante ist sehr lieb zu mir. In meinem Schlafzimmer brennt ein schönes Feuer, das ich gern betrachte, wenn ich im Bett liege. Manchmal sehe ich die Feuerwesen, wie sie in den Flammen tanzen.

Da gibt es einen lustigen alten Herrn, der sich schon seit zwei Tagen neben mir aufhält. Er erinnert etwas an einen großen Hund und gibt grunzende Laute von sich. Wann immer er sich setzt, grunzt er und manchmal auch anstatt ja zu sagen. Er heißt Herr Potts, spricht nicht viel, sondern sitzt da und zieht verdrießlich an seiner Zigarre. Ich mag den Duft. Er weiß, wie man Ringe in die Luft bläst; er beherrscht es wirklich sehr gut. Papa versucht manchmal auch, Ringe in die Luft zu blasen, hat jedoch wenig Erfolg dabei. Wir hatten heute Graupelregen, das Wetter ist einfach schrecklich. Ich wollte, der Winter wäre bald vorbei. Heute konnte ich überhaupt nicht nach draußen. Ich schrieb heute Herrn Patmore, da er einen Brief von mir erwartet. Er möchte, daß ich mir einen guten Briefstil aneigne. Ein guter Stil gehöre zur Bildung, sagt er. In diesem Haus ist es wärmer als in unserem, was sehr zufriedenstellend ist. Ich frage mich, was zu Hause los ist. Irgendetwas sagt mir, daß Mama sehr krank ist. Ich habe Angst, sie könnte sterben, doch ich weiß auch, daß sie nicht sterben wird. (An diesem Tag kam meine Schwester zur Welt, und meine Mutter hatte eine sehr schwere Geburt.) Gestern ging ich kurz in den Garten. Jener Gnom befindet sich immer noch im alten Baum. Er spazierte dieses Mal nicht über den Rasen. Vielleicht mag er die Kälte nicht? Wer weiß? Ich soll am Freitag nach Hause fahren. Nun, wir werden sehen. Ich glaube, wir bekommen noch Post, und ich bleibe bis zur nächsten Woche. Ich weiß nicht warum?

10. Februar

Tante hat mir erlaubt, auf einem alten Stuhl im Gewächshaus zu sitzen. Sie lachte und meinte, ich hätte mir da einen seltsamen Platz ausgesucht. Mir gefällt es dort sehr gut, es ist warm und ich mag den Geruch. Manchmal kommt der alte Gärtner und macht sich an den Blumen zu schaffen. Während er alles begießt, unterhalten wir uns. Ich erzählte ihm, daß der Gnom immer noch da wäre. „Was du nicht sagst." „Ja," fuhr ich fort, „er ist immer noch da, es gibt keinen Zweifel." Er meinte, die Zweige des Baumes müßten in nächster Zeit beschnitten werden. „Aber du sägst nicht den Baum ab?" fragte ich ängstlich und voller Unruhe. „Wenn du so etwas tust, machst du den kleinen Gnom sehr unglücklich. Er scheint stolz auf den Baum zu sein." „Beruhige dich, mein Junge, wir schneiden einige der obersten Äste ab. Umso schöner werden sie wieder sprossen." Ich war beruhigt, und er lachte. Tante berichtete mir gerade, daß Papa geschrieben hätte und ich bis nächste Woche bleiben müßte. Stellt euch vor! Ich habe jetzt eine kleine Schwester. Als Tante solches sagte, schien sie sehr aufgeregt. „Wie alt ist sie?" fragte ich. „Wie alt?" entgegnete die Tante und sah erstaunt drein. „Warum, sie ist doch noch ein winziges Baby." „Ach, ich wollte nur wissen. Falls die Ärzte die Babies wirklich in der Tasche bringen, warum haben alle das gleiche Alter? Warum können sie sie nicht behalten, so wie die Leute Eier aufbewahren?" Tante schien diese Frage komisch zu finden und lachte sehr. „Wie dem auch sei," sprach sie, „freust du dich nicht?" Ich sei dessen nicht sicher und müßte erst darüber nachdenken. Ich konnte mir kein Baby im Hause vorstellen. Sie sabbern, quäken und machen in die Windeln. Als Mama mich das Baby von Frau Schmuddelstecken küssen ließ, fand ich es widerwärtig. Tante nannte mich einen sonderbaren Menschen. Ich wundere mich, warum alle dieser Meinung sind. Was ist überhaupt ein sonderbarer Mensch?

11. Februar

Heute sagte Tante Maud, ich solle nach dem Frühstück gleich Mama und Papa einen Brief schreiben, um ihnen mitzuteilen, wie sehr ich mich über die kleine Schwester freue. Ich könne keinen solchen Brief schreiben, da ich überzeugt bin, daß sie so häßlich ist wie andere Babys, die ich gesehen habe. Außerdem bin ich nicht erfreut und könne solches also nicht behaupten. Diese Worte schienen die Tante zu verblüffen, doch sie blieb freundlich und wurde nicht ärgerlich. Nachdem sie ihren Kopf eine Minute angestrengt hatte, sprach sie, sie wolle mir etwas vorschreiben. Ich könne dann, wenn ich Lust hätte, noch anderes hinzufügen. „Ja, liebe Tante, das wird das Beste sein." Sie lachte, nahm Platz und begann zu schreiben. Zum Schluß gratulierte ich Mama und Papa zum Nachwuchs in der Familie. Ich schrieb, ich wünschte, die kleine Schwester werde ihnen immer eine Freude sein und ein Trost im Alter. Weiterhin schrieb ich, daß es mir bei Tante Maud und Onkel John gut gefällt, daß sie sehr lieb sind usw. Als ich Basil (meinem Cousin) von der kleinen Schwester berichtete, und daß Mama sehr kräftig gewesen war, spöttelte er: „Vielleicht glaubst du endlich, daß die Ärzte keine Babys bringen?" Tante Fanny (meine Mutter) sei nur dick geworden, weil sich das Baby in ihrem Bauch befand. Es tue höllisch weh, wenn es herauskommt. Deswegen schickten sie auch mich und Mildred weg. Es wäre ein Riesentheater, wenn ein Baby kommt. Ich finde das alles furchtbar, doch vielleicht hat Basil Recht? Warum aber hat mir jeder so üble Lügen erzählt?

17. Februar

Ich bin wieder zu Hause. Mama liegt im Bett und sieht sehr krank aus. Eine Krankenschwester betreut sie und eine andere das Baby. Ich erhalte jetzt Unterricht in Papas Arbeitszimmer, was mir recht gut gefällt. Mildred und ich finden das Baby häßlich. Janet, Georgina und die beiden Schwestern tun so, als ob es hübsch wäre und machen viel Aufhebens davon. Wie komisch benehmen sich Frauen doch wegen eines Babys, sie tun sogar so, als ob es gut riechen würde. Wenn ich erwachsen bin, heirate ich nicht. Ich habe mich bereits entschieden. Im Haus herrscht jetzt kaum Ruhe. Janet und Georgina streiten mit Mabel (der Kinderschwester). Sie beschweren sich, weil sie allerhand für das Kinderzimmer richten müssen; mir ist ganz schlecht davon. Jesus sprach: „Meine Kinder, liebet einander." Aber die Erwachsenen bemühen sich nicht sonderlich darum einander zu lieben. Heute wollte ich durch Mildred in Erfahrung bringen: „Wenn die Babys aus dem Bauch der Mutter kommen, wie kommen sie dort hinein?" Sie wollte es mir nicht sagen, ich sei noch zu klein. Ich denke, sie weiß es selbst nicht. Herr Wilcox besuchte uns heute, er unterhielt sich mit Mama, die noch im Bett liegt. Er brachte ihr Trauben und mir Süßigkeiten mit. Das Baby soll Gladys heißen und der Pfarrer wird es taufen. Herr Wilcox kommt auch. Nach der Taufe gibt es Champagner zum Wohl des Babys. Ich fragte, ob man den Champagner über das Baby gießen würde und bekam zu hören, daß man ihn lieber trinke. Champagner ist sehr teuer, bemerkte Papa. Dann wäre es Verschwendung, ihn über das Baby zu gießen, denke ich. Du lieber Himmel, wie es schreit. Ich vergaß zu erwähnen, daß Herr Wilcox, bis sie heiratet, ihr Taufpate und meine Cousine Agnes ihre Patin ist.

18. Februar

Heute morgen fand ich etwas sehr sonderbares heraus, das mich ziemlich in Schrecken versetzte. Herr Patmore brachte jenen Brief mit, den ich in Harrogate geschrieben hatte, um mich auf die falsche Orthographie und die Grammatikfehler aufmerksam zu machen; im großen und ganzen war er jedoch recht zufrieden. Er habe sich sehr über jenen Gnom amüsiert, den ich im alten Baum gesehen haben wollte. „Gesehen haben wollte," ereiferte ich mich. „Gesehen haben wollte. Ich habe ihn wirklich gesehen und sah ihn bereits zuvor, während ich mich bei meiner Tante aufhielt." Herr Patmore schaute sehr ernst und fragte, ob ich ein aufrichtiger Junge wäre. Ich bestätigte, daß ich in diesen Dingen immer aufrichtig bin und nichts erfinde. Er wollte wissen, ob ich nicht eine sehr lebhafte Phantasie hätte. Ich entgegnete ihm, ich wäre überzeugt, daß diese Dinge nicht meiner Phantasie zuzuschreiben sind. „Nun, nun," sprach er, immer noch ernst, „wir kümmern uns später darum," und wir fuhren mit dem Unterricht fort. Das war aber noch nicht alles. Heute hatten wir Geographie. Wir beugten uns gerade über die Karte von Kanada und Herr Patmore erzählte mir, daß er einmal dort gewesen war. Ich weiß nicht warum, doch befand ich mich heute morgen wieder in einem Zustand, in dem ich einfach bestimmte Dinge wußte. Während er seine Milch trank, fragte ich: „Versprechen sie, nicht ärgerlich zu werden, wenn ich ihnen etwas sage?" Er versprach es. „Als Sie mit einem großen Boot nach Kanada fuhren, verliebten Sie sich in eine junge Dame, nicht wahr? Sie hätten sie gerne zur Frau genommen. Dann erreichten Sie Kanada und verloren sie aus den Augen. Als ihr euch wieder begegnetet, waren Sie enttäuscht, denn Sie konnten sie sich überhaupt nicht als Ihre Frau vorstellen." Herr Patmore schaute überrascht und sprach: „Wie, um Himmels willen, weiß du das? Ich habe selbst lange nicht daran gedacht." „Ich weiß auch nicht, woher ich es weiß," antwortete ich. „Es wird mir eingegeben." Es schien, als käme er nicht so schnell darüber hinweg, und er begann erneut: „Das ist ja außergewöhnlich. Ich glaubte niemals an den sechsten Sinn, aber du scheinst ihn zu besitzen. Kannst du mir noch mehr sagen?" Ich wollte gerade verneinen, als ich einen sonderbar aussehenden Mann (seinen Geist), der einen großen Hut trug, sah. „Frage ihn, ob er sich noch an Sam North erinnert und an die Schwierigkeiten, in welche wir damals gerieten?" Ich fragte Herrn Patmore, er schien noch erstaunter und bemerkte: „Ich erinnere mich tatsächlich an ihn. Er war einer der besten Menschen, die mir je begegneten, mehr noch, er rettete mir damals das Leben." „Nun," sprach ich, „das ist er. Können Sie ihn nicht sehen?" „Wie sollte ich," sprach er halblachend, „natürlich kann ich ihn nicht sehen. Ich wollte, ich könnte es." Diese Worte schienen Sam North zu gefallen, und er machte ein lustiges Gesicht. „Sag ihm, daß er mich sehen wird, wenn er hierher kommt."

19. Februar

Ich muß schon wieder schlafen gehen. Es ist ein Kreuz mit den Erwachsenen. Ich mußte während des Schreibens aufhören, denn Mama wollte mir Gute Nacht wünschen. Jetzt kann ich weiterschreiben. Nachdem ich Herrn Patmore über all diese Dinge erzählt hatte, schien er überraschter als je zuvor und sagte, der Teufel solle ihn holen. Wann immer Herr Patmore überrascht ist, sagt er, der Teufel solle ihn holen, oder er werde verrückt. Anschließend bemerkte er, ich wäre ein außergewöhnlicher Bursche. Er wisse nicht, wie er sich alles zusammenreimen solle. Er wisse wirklich nicht, wie ich sonst etwas über die Dame auf dem Boot und über den Mann mit dem großen Cowboyhut gewußt haben könne... Ich fragte ihn, ob er jetzt endlich die Geschichte mit dem kleinen Gnom glaubte oder immer noch denke, ich erfinde alles. Er ist nicht der Ansicht, ich lüge. Er fragt sich nur, ob sich nicht alles auf eine andere Art und Weise erklären läßt. Dann begann er, mir die Geschichte zu erzählen, als er in Kanada fast sein Leben verloren hatte. Wir tranken Milch, aßen Kekse und ich fand alles schrecklich aufregend... Froylein kam heute nachmittag und erteilte mir Musikunterricht. Ich darf jetzt kleine Stücke spielen... Der Pfarrer besuchte uns und ging nach oben, um Mama, die noch im Bett liegt, zu begrüßen. Er überreichte ihr einen Blumenstrauß, und ich bin sicher, sie war sehr gerührt. (Ich vergaß offensichtlich, etwas Bedeutendes zu erwähnen, da ich gerade ins Bett geschickt wurde, als ich mit meinen Tagebucheintragungen beschäftigt war. Obwohl ich durch die vorhergegangenen Ereignisse eine bedeutsame Entdeckung gemacht hatte, hätte ich doch fast vergessen zu berichten, um was es sich dabei handelte. — Ich hatte letztendlich durch meinen Lehrer und das vorhergehende Ereignis herausgefunden, daß meine Fähigkeiten etwas Besonderes darstellten und nicht jeder sie besaß. Dies wird später offensichtlich. Zufällig war Herr Patmore über mein Talent so beeindruckt, daß er begann, sich mit Spiritualismus zu befassen. Er wurde schließlich überzeugter Spiritualist, zu einer Zeit, in der ich niemals etwas über diese Bewegung und ihre Erscheinungen gehört hatte.)

Ohne Datum

Mama sieht wieder aus wie früher. Sie ist nicht mehr dick um die Taille herum wie der Pfarrer. So muß es doch am Baby gelegen haben und das Gerede, daß der Doktor die Babys in der Tasche bringt, ist nichts als Unsinn. Zum Spaß wollte ich Froylein heute fragen, wie Babys zur Welt kommen. Sie lachte etwas unbehaglich und meinte, der Storch bringe sie. Als ich wissen wollte, woher die Störche sie bekämen, sagte sie: „Vielleicht fliegen sie zum lieben Gott und holen sie vom Himmel." Ich hätte dort aber keine Störche gesehen, widersprach ich zu ihrer Verblüffung. Nach einer Minuten fuhr sie fort: „Oh, sie kommen in der Nacht. Deswegen konntest du sie nicht sehen." Ich lachte darüber und sagte ihr, sie könne mich nicht beschwindeln. Sie lachte auch und erhob ihren Finger: „Mein lieber Junge, du weißt zuviel."

21. März

Heute sei der erste Frühlingstag gewesen, sprach Papa. Es war wunderschön, sonnig und warm. Auf mein Wort! Es ist herrlich, aufzuwachen und die Vögel wie toll singen zu hören, die Hähne, die bei Smiths im Garten krähen und das Locken der Hennen. Es ist schön, das Wachsen der Knospen zu verfolgen, welche ganz klebrig sind und aussehen als seien sie mit Lack überzogen. Da der März so stürmisch begonnen habe, werde er wohl sanft zu Ende gehen, glaubt Mama. Ich weiß nicht, was mit Janet los ist — irgendwie habe ich das Gefühl, sie ist verliebt. Ihre Lichter haben sich auch verändert; es gibt viel mehr rosa zu sehen. Ich mache mich aber nicht über sie lustig, ich mag solches Benehmen ja auch nicht, wenn ich verliebt bin. Im Moment bin ich kaum verliebt. Es ist sonderbar. Manchmal wache ich frühmorgens auf und bin plötzlich nicht mehr verliebt. Es ist wirklich verwirrend. Ich bin sicher, daß Mildred ganz anders ist. Ich könnte wetten, sie ist immer noch in ihren Herrn Amery verliebt, der ein Gesicht wie ein Pferd hat. Sie hat einen sonderbaren Geschmack; vielleicht empfindet sie Mitleid mit ihm. Papa sagt, er sieht aus, als ob er nicht viel Rückgrat hätte... Mamas Lieblingsfreundin, Frau Chambers, kam heute von York zum Essen hierher; sie hat mich für Ostern eingeladen. Ich würde gerne während der Osterferien zu ihr hinfahren. Das Gesicht von Frau Chambers sieht irgendwie komisch aus, was früher jedoch anders war. Zuerst fiel mir nicht auf, an was es liegen könnte. Danach stellte ich fest, daß es an ihren Augen lag. Sie hat Wimpern an den Oberlidern, aber keine an den Unterlidern. Es wäre eine schöne Geschichte, wenn es ihr erginge wie Herrn Chambers, welcher weder Wimpern noch Haare hat und eine Perücke tragen muß. Mildred sagt, sie leide an einer Krankheit.

Karfreitag

Ich kam am Mittwoch hier an; Mama brachte mich hierher. Während sie meinen Koffer mit meinen besten Kleidern packte, äußerte sie, ich solle keine persönlichen Bemerkungen von mir geben. „Du meinst die Sache mit Herrn Chambers Perücke!" „Alles," erwiderte sie. „Du sollst dich immer gut benehmen. Frau Chambers ist sehr eigen. Sei auch in der Kirche aufmerksam." Ich versprach alles. „Warum haben die Chambers keine Kinder? Ist Frau Chambers unfruchtbar, so wie einige Frauen in der Bibel?" Mama wollte ärgerlich werden, begann aber stattdessen zu lachen. Sie sagte, ich solle nicht immer Worte benutzen, die ich nicht verstehe. „Es steht doch in der Bibel." „Das stimmt schon," sagte sie, „es steht vieles in der Bibel, das du nicht verstehst."... Ich mag den Karfreitag nicht. Es ist furchtbar, daran zu denken, daß Jesus wegen der Sünden der Menschen gekreuzigt wurde. Ich mochte die Predigt des Geistlichen heute nicht, da sie mich so berührte. Die Chambers sind sehr fromm. Frau Chambers liest jeden Morgen nach dem Frühstück Gebete. Die Bediensteten und der Butler knien nieder und beten auch mit. Gestern wollte ich während des Gebetes das Zimmer verlassen, konnte dies natürlich nicht, was mich in eine mißliche Lage brachte. Da es hier nicht sehr viel zu tun gibt, lese ich sehr viel. Nach dem Mittagsmahl heute, machten Herr und Frau Chambers in ihren Sesseln ein Schläfchen. Sie schnarchte so laut, daß sie davon aufwachte. Sie versuchte, sich den Anschein zu geben, als hätte sie nicht geschlafen, schlief aber gleich wieder ein. Ich frage mich, warum Leute so tun, als ob es schlimm wäre, einzuschlafen. Warum versuchen sie sich den Anschein zu geben, nicht eingeschlafen zu sein? Es gibt keinen Grund, sich deswegen zu schämen. Einige Leute sind komisch. Eine Frau Thomas erschien gestern zum Tee und sprach so sonderbar, daß es mich zum Lachen reizte. Herr Chambers ist ihr Rechtsanwalt. Die Dame wäre Französin, berichtete er und hätte einen Engländer, namens Herrn Thomas, geheiratet. Sie spricht keine h's und auch kein s am Wortende, so wie es in Frankreich üblich ist — wenigstens meint das Herr Chambers. Sie nannte ihn ständig Herr Chamber, was in meinen Ohren ungezogen klang. Es bereitete mir Mühe, nicht zu lachen. (Ich vermute, sie war der Ansicht, das »s« werde nicht gesprochen, so wie man das »t« in pot de chambre wegläßt.) Die Chambers haben einen süßen kleinen Hund, mit dem ich im Garten herumtobe. Frau Chambers unterhält sich mit ihm auf alberne Art und Weise. Sie nennt ihn ihren Goldschatz, fragt, ob er Happi machen wolle oder Pippi machen müsse und ähnliches. Herr Chambers benimmt sich fast genauso schlimm. Ich vermute, er hat dieses Benehmen von seiner Frau übernommen. Ich wollte, wir hätten auch einen Hund, aber Papa mag nicht. Ich würde am liebsten zwanzig Hunde verschiedener Rassen und Größen haben. Vielleicht ist dies der Fall, wenn ich erwachsen bin und ein eigenes Haus habe. Ich möchte Hunde haben statt zu heiraten und Welpen statt Kinder.

Ostersonntag
Wir gingen heute zur Kirche und die Musik und der Gesang waren wunderbar. Der Bischof predigte. Er sah in seinem komischen Gewand wie ein großes, dickes Baby aus. Warum tragen Geistliche immer Gewänder, die an Nachthemden von Babys erinnern? Liegt es daran, daß sie glauben, sie sehen auf diese Weise unschuldig wie Kinder aus? Vielleicht rechnen sie, so leichter in den Himmel zu kommen, da Jesus sprach: „Werdet wie die Kinder, denn ihrer ist das Himmelreich." Ich weiß, es kann nicht daran liegen. Es muß andere Gründe geben. Während ich heute in der Kirche saß, beschäftigte ich mich in Gedanken mit vielen Dingen, die mit Gott zu tun haben. Mama bezeichnet dies als böse. Sie predigt uns immer, es wäre verkehrt, Dinge in Frage zu stellen, die man uns gelehrt habe. Plötzlich sah ich Jesus und er sprach: „Mein Sohn, es ist niemals verkehrt zu denken, doch es ist nicht immer klug, die Gedanken anderen mitzuteilen." Er lächelte sein wunderbares Lächeln und verschwand. Deswegen mußte ich noch stärker nachdenken. Wenn Jesus sagt, denken sei nicht böse, so kümmert es mich nicht, was andere meinen. Natürlich weiß ich, daß Mama lieb und gut ist, aber sie ist nicht so klug wie Shakespeare und weiß nicht alles. Ich würde gerne wissen, warum Gott, der die Welt erschuf, auch den Teufel erschuf, um die Menschen zum Bösen zu verführen. Es wäre besser gewesen, den Teufel wegzulassen. Heute nachmittag fand in der Kirche, welche die Chambers besuchen, ein Kindergottesdienst statt, und ich ging mit Annie, einer Bediensteten, hin. Der Pfarrer predigte über die Missionare und bat um eine Spende, damit auch die Heiden die Lehren Jesu hörten und nicht in die Hölle kämen. Er predigte, es gäbe Millionen Heiden in Indien, und falls wir nicht genügend spendeten, könnten nicht genügend Missionare ausgebil-

det werden. Es wäre doch traurig, wenn diese Heiden alle in die Hölle kommen.

Ostermontag

Mama hatte Frau Chambers gesagt, sie könne mich auch unbeaufsichtigt allein lassen. Heute morgen ging ich zur Kirche. Es fand kein Gottesdienst statt. Einige Leute liefen herum, um die Sehenswürdigkeiten zu betrachten. Nachdem ich auch eine Weile auf und ab gegangen war, fühlte ich mich müde. Ich setzte mich in eine Bank hinter einen Pfeiler, wo es sehr ruhig war. Ich mußte wieder an die armen Schwarzen denken und daran, was der Geistliche gestern über die Missionare gepredigt hatte, die sich zu den Kannibalen begaben und manchmal von ihnen gegessen wurden. Ich dachte weiter, es wäre nicht fair, daß Missionare sich zu den Schwarzen begeben und dort verspeist werden; Gott hat viele Schwarze geschaffen, die nichts von Jesus wissen. Plötzlich sah ich Jesus und hörte ihn sagen: „Sorge dich nicht, mein Sohn. Das, woran die Massen glauben, stellt nur den Schatten der Wahrheit dar. In der Bibel steht geschrieben: bitte und dir wird gegeben, klopfe an und dir wird aufgetan. Die Menschheit empfing ihr Wissen von denen, welche nicht darum gebeten hatten. Deswegen gibt es auch so wenig Wahrheit. Denke darüber nach und du wirst vieles besser verstehen." Dann bat er mich, nicht allen zu erzählen, daß er mir erschiene und was er mir sage. Ich könne jedoch alles niederschreiben, falls ich möchte. Er segnete mich und verschwand. (Es ist wohl unnötig zu erwähnen, daß mir alle Botschaften durch Gedankenübertragung zuteil wurden.) Mama und Mildred kommen am Mittwoch, um mich mit nach Hause zu nehmen. Schade, denn ich mag York. Ich mag alte Orte.

Ohne Datum

Arnold, Henry und ich durften heute in den Wald gehen und dort Glockenblumen pflücken. Es war wunderschön; ich beobachtete viele kleine Zwerge, die irgendetwas mit den Blättern einer alten Buche taten. Ich konnte nicht erkennen, was sie genau taten. Sie sehen sehr altmodisch aus und tragen merkwürdige Kleidung, wie die Leute vor langer Zeit. Sie lächelten ständig. Ich beobachtete auch viele Elfen. Ich erzählte Arnold davon, während Henry irgendetwas pflückte. Arnold meinte, er könne nichts erkennen. Da er soviel Anstand besitzt, mich nicht zu verspotten, erzähle ich ihm manches, aber nichts über Jesus. Henry habe ich nichts gesagt. Ich befürchte, er könnte seinem Vater (dem Pfarrer) davon berichten, welcher sich damit wiederum zu Mama begeben würde... Es gibt einen kleinen murmelnden Bach hier im Wald. Wir planschten darin; Henry und Arnold spritzten einander vollkommen naß. Henry kann schreckliche Grimassen schneiden. Er sagte, sein Papa habe ihn eines Tages dabei erwischt. Er drohte, sein Gesicht würde in der Grimasse erstarren, wenn er nicht achtgeben würde. Henry glaubt selbstverständlich nicht daran. Er kann auch gut rülpsen und führte es uns zum Spaß vor. Er übertrieb etwas und hätte sich dabei fast übergeben. Er sagt, daß der Pfarrer nach dem Essen rülpst und danach so tut, als habe er gehustet. Arnold kann auf dem Kopf stehen. Ich versuchte es ebenfalls, hatte aber wenig Erfolg. Henry versuchte den Kopfstand gegen einen Baumstamm und fiel in die Dornen, was ziemlich unangenehm war. Wir aßen unsere Brote und pflückten noch mehr Glockenblumen; wir kamen rechtzeitig zum Tee nach Hause. Mama wollte wieder wissen, ob Henry etwas über den Pfarrer berichtet hätte. Ich konnte nichts über das Rülpsen erzählen, da ich Mamas Mißbilligung fürchtete. So erwähnte ich nur, daß Henry gesagt habe, der Pfarrer hätte manchmal nach dem Essen Verdauungsstörungen. Ich fand diese Antwort sehr gut, denn das Rülpsen kommt ja von Verdauungsbeschwerden.

1. Mai
Charlie Baine hat mich für heute nachmittag zum Tee eingeladen. Er ist, seit ich neben ihm in der Schule saß, nicht dünner geworden. Er besucht immer noch diese Schule und ich fragte ihn, wie er Fräulein Enids üble Laune ertragen könne. Charlie ist sonderbar. Ihre schlechte Laune berühre ihn weiter nicht, ließ er verlauten. Ich glaube, er hat so ein dickes Fell, daß er sich

über nichts aufregen kann. Fräulein Enid pflegte ihn einen dicken Faulpelz zu nennen, wenn sie boshaft war. Ich denke, dies geht zu weit; er kann ja nichts dafür, daß er so dick ist. Nach dem Teetrinken zeigte er mir Vogeleier. Einige von ihnen sind wunderschön, aber ich finde es grausam, den armen Vögeln ihre Eier aus dem Nest zu nehmen. Er war anderer Meinung und es wäre wenig sinnvoll gewesen, weiter darüber zu reden. Wenn man mit Charlie spricht, schaut er einen wie eine Kuh an, nur daß er nicht so schöne Augen wie manche Kühe hat. Mama fürchtet sich vor Kühen. Als wir in den Ferien waren, versteckte sie sich hinter einem Tor. Ich vermute, sie glaubt, sie könnten sie stoßen oder irgend so was. Charlie besitzt ein Buch mit Geistergeschichten. Er fragte mich, ob ich an Geister glaubte? Ich bejahte und er wollte wissen, ob ich jemals einen Geist erblickt hätte. „Jede Menge," lautete meine Antwort. „Ehrenwort," fragte er. „Ehrenwort." „Ich noch nie," sagte er. „Hattest du keine Angst?" „Nicht, wenn es sich um freundliche Geister handelte," erwiderte ich und fügte hinzu, daß ich böse Geister nicht mochte. „Die Bediensteten behaupten, daß es in diesem Hause spukt, doch Vater ist der Ansicht, es wäre Unsinn und wird wütend, wenn ich darüber spreche. Die Mägde behaupten, sie hörten jemand, der die Treppe hinaufgeht, doch ich sehe niemanden," sprach Charlie. „Ich glaube, sie haben Recht," stimmte ich zu. „Ich habe es selbst gesehen. Es ist eine junge Frau. Sie trägt ein Kleid, das weit absteht und deswegen Geräusche verursacht. Erzähle aber nichts weiter, sonst bekomme ich wieder Schwierigkeiten." Charlie versprach es. Er vergewisserte sich erneut, ob es stimmte oder ob ich ihn zum Narren hielte. „Natürlich nicht," entgegnete ich. „Du lieber Himmel, das alles ist wirklich komisch für mich," bemerkte er. „Ach, führ dich nicht auf. Sie tut dir nichts. Sie ist ein freundlicher Geist und tut niemandem etwas Böses." Danach war es Zeit, nach Hause zu gehen.

8. Mai

Das Baby wurde heute getauft. Es machte viel Spektakel als der Pfarrer es begoß. Meine Cousine Agnes besuchte uns; sie ist seine Taufpatin und sie bleibt bis Montag. Ich freue mich sehr darüber. Sie heiratet im Juli und Mildred wird eine der Brautjungfern sein. Mama sagt, daß Agnes strahlend aussieht. Ich glaube, der Grund dafür ist ihre Verliebtheit. Ich habe festgestellt, daß die Lichter bei Menschen rosafarbener werden, welche verliebt sind. Sie heißt nach der Trauung Frau Fred Hopkins. Dies ist schade, da Hopkins langweilig klingt. Mama sagt, ihr Bräutigam wäre ein liebeswürdiger, junger Mann. Er kommt am Montag, um sie nach Ilkly zu nehmen. So lernen wir ihn kennen und können selbst urteilen. Nach der Taufe begaben sich der Pfarrer, Herr Wilcox und die anderen zu uns nach Hause. Jeder erhielt ein Glas Champagner, um auf das Wohl des Babys anzustoßen. Im Glas perlten Blasen; der Pfarrer rülpste einmal und gab vor, gehustet zu haben. Ich wußte es besser. Mildred benahm sich ausgezeichnet. Sie war schüchtern, denn Herr Amery, ihr Schwarm, war auch anwesend. Ich weiß immer noch nicht, was sie an ihm findet. Der Pfarrer strich mir über das Haar und meinte, wie erwachsen ich doch schon wäre. Wie albern! Ich weiß selbst genau, daß ich noch weit davon entfernt bin. So, wozu das Ganze? Ich denke, er wollte mir schmeicheln. Das war nicht der Fall, und er hätte ebenso gut seinen Mund halten können. Das Baby ist nicht mehr so häßlich, aber das heißt noch nicht viel.

19. Mai

Seitdem ich Herrn Patmore die Geschichte von der Dame auf dem Schiff und dem Mann mit dem sonderbaren Hut erzählt habe, fragt er mich in der Pause immer alles mögliche zu diesem Thema... Er erkundigt sich, was ich noch gesehen hätte und überhaupt. Er erzählte mir, er habe über — und er nannte ein langes Wort, das mit Spirit (Spiritualismus) begann — gelesen, doch er könne mir nicht alles darüber erzählen. Er fürchtete, meine Mutter würde schockiert sein. Ich wollte wissen, ob es etwas Ungezogenes wäre. Er lachte. Es wäre ganz und gar nicht ungezogen, doch einige Leute seien der Ansicht, es wäre etwas Böses. Er wollte wissen, was meine Mutter von meinen Fähigkeiten hielte? Ich sagte ihm, daß ich nicht wagte, ihr mehr zu erzählen, da sie immer ärgerlich wird und behauptet, ich wäre ein Schwindler. Er habe dergleichen vermutet, sprach Herr Patmore. Er fuhr fort, daß viele kluge Menschen an Geister glauben, daß diese auch in den Stücken von Shakespeare vorkommen, daß er selbst sie, bis er mich traf, für Phantasiegebilde gehalten habe. Vorher hatte er oft gedacht, es wäre besser gewesen, Shakespeare hätte sie weggelassen. Herr Patmore holt mich am Samstag zum Tee ab, da seine Frau mich auch kennenlernen möchte. Danach begleitet er mich wieder nach Hause. Ich bin neugierig, wie seine Frau wohl aussieht. Ich weiß, daß Herr Patmore beides für mich ist — Freund und Lehrer. Wenn ich dagegen an Fräulein Enid denke, wird mir ganz anders. Mein armer Papa leidet unter Lumbago und läuft herum wie ein alter Herr. Mildred lacht hinter seinem Rücken und sagt, er sähe komisch aus. Das stimmt auch. Papa hat viel Pech. Mama meint, es schmerze fürchterlich.

Sonntag, 23. Mai

Es ist langweilig, daß Mama von mir verlangt, am Sonntag über heilige Dinge zu schreiben. Ich wollte eigentlich über die Einladung gestern bei den Patmores schreiben und muß jetzt bis morgen damit warten. Ich wollte, Mama wäre nicht so eigenartig. Mildred las heute einen Roman und Mutter erwischte sie dabei. Es wäre böse, am Sonntag Romane zu lesen und nahm ihr den Roman weg. Ich weiß, daß Papa am Sonntag Romane liest; ich habe ihn selbst dabei gesehen. Am Nachmittag ging ich zur Sonntagsschule. Ich mag die Sonntagsschule nicht, denn es kommen viele arme Kinder, die schlecht riechen. Manchmal erscheint der Pfarrer zum Schluß und spielt ein Lied. Ich glaube, er bildet sich etwas ein am Harmonium, obwohl er manchmal ziemlich falsch spielt. Froylein würde es einfach furchtbar finden und dumm schauen. Bevor ich es vergesse: Herr Patmore will nicht, daß ich diesen Ausdruck benutze. Es wäre in Ordnung, wenn jemand wie Hobbs (der Gärtner) solche Worte benutzt, sie hörten sich aus meinem Munde schrecklich an. Es soll nicht mehr vorkommen.

24. Mai

Da heute nicht mehr Sonntag ist, kann ich über die Einladung vom Samstag schreiben. Herrn Patmores Frau erinnert mich etwas an jene Frau Bird, die Mama als liebe, bescheidene Seele bezeichnet. Sie ist sehr zierlich und sehr lieb und freundlich. Ich mag ihre Lichter. Sie wohnen in einer Häuserreihe auf der anderen Seite der Stadt. Ihr Haus ist fast so groß wie unseres und sehr gemütlich. Zum Tee gab es Rosinenbrötchen, verschiedene Sorten Konfitüre und mit Zucker bestreutes Teegebäck. Frau Patmore forderte mich auf, soviel zu essen wie ich nur könne. Außer mir waren keine Gäste anwesend. Als Herr Patmore nach dem Teetrinken in seinem Sessel Platz nahm, seine Pfeife rauchte — was angenehm roch — bemerkte ich zu seinen Füßen einen großen, schwarzen Hund. Ich fragte, ob sie jemals einen großen, schwarzen Hund besessen hätten. Sie schauten beide bedrückt und erzählten mir, sie hätten einen Hund namens Jock besessen. Er wäre letzten Herbst gestorben. Sie wunderten sich, warum ich fragte. Ich beschrieb ihnen, daß ich ihn beim Sessel sitzen sah. Er wußte, daß wir über ihn redeten und wedelte mit dem Schwanz. Meine Worte schienen beide zu überraschen, aber auch Anklang zu finden. Frau Patmore sprach, ihr Mann habe ihr berichtet, ich hätte den sechsten Sinn. Ich fühlte mich verlegen; es kam mir vor als hätte er geäußert, ich sei ein kluger Junge, weil ich ohne Brille zu sehen vermochte. Irgendwie konnte ich ihr nicht zustimmen. Ich meinte nur, es wäre freundlich von ihr, so etwas zu sagen. Mama erzog mich dazu, für freundliche Äußerungen anderer zu danken; ich bin darin der gleichen Meinung. Herr Patmore sagte, er wüßte, daß Tiere auch eine Seele haben, obwohl die meisten Leute glauben, sie hätten keine. Er und seine Frau waren sehr erfreut, daß ich ihren Hund sehen konnte. Ich frage mich, warum die Patmores erfreut sind, wenn ich Dinge sehe, aber Mama stattdessen ärgerlich wird und behauptet, es wäre etwas Böses. Es ist wirklich befremdend. Bevor ich nach Hause ging, sah ich einen jungen Mann, der erzählte, er wäre der Vater von Frau Patmore. Als sie sich nach seinem Aussehen erkundigte, beschrieb ich ihr, daß ich sein Gesicht wegen der hervorstehenden Zähne sonderbar fand. Sie war überrascht und stimmte mir zu. Ihr Vater hatte wahrhaftig vorstehende Zähne gehabt. Er sei gestorben, als sie gerade zehn Jahre alt war. Er (der Geist) gab mir zu verstehen, daß er oft anwesend wäre und bedauerte, daß sie ihn nicht zu sehen vermochten. Er sei sehr froh über mein Kommen, denn ich könne ihnen Botschaften vermitteln. Er bat sie, sich weiterhin mit — das lange Wort begann mit Spirit (Spiritualismus) — zu befassen. Dergleichen würde eine Änderung (in ihrem Leben) herbeiführen. Die Geister würden sich deswegen sehr freuen; auch wußten sie seit langer Zeit, daß ich Dinge sehen konnte. Er sagte noch mehr, aber ich erinnere mich nicht mehr richtig. Auf jeden Fall waren die Patmores erfreut. Mir selbst tat es leid, nach Hause zu gehen. Ich finde es toll, anderen eine Freude zu bereiten. Ich wollte, ich hätte wenigstens vom Gebäck und von allem probieren können, doch ich hatte Bauchschmerzen. Sobald Herr Patmore mich nach Hause gebracht hatte, erschien Mama, dankte für seine Güte und fragte, ob ich mich auch gut benommen hätte. Er antwortete, er wäre sehr zufrieden gewesen. Du meine Güte! Wenn sie wüßte? Da sie sich immer so eigenartig verhält, geschieht es ihr recht. Janet hat gekündigt. Ich wußte doch, daß etwas nicht stimmte, denn ihre Lichter sehen anders aus, etwa so wie die von Agnes. Sie verläßt uns und heiratet Herrn Thingumibob, den Konditor. Sie wird mir sehr fehlen, doch so schlimm kann es nicht werden, da sie nicht weit weg wohnt. Ich sehe sie, wenn ich Süßigkeiten kaufe. Mama ist vollkommen aus der Fassung geraten, da Janet so lange bei uns gewesen ist und sie sich jetzt nach einem anderen Mädchen umsehen muß, das vielleicht nicht halb so nett ist.

15. Juni

Herr Patmore fand heraus, daß die Lichter, die ich sehe, Aura genannt werden, und er lehrte mich, das Wort zu buchstabieren. Während der Pause redeten wir viel über Auren. Das Thema schien ihm zu gefallen, da er Mengen Fragen stellte. Ich erzählte ihm, daß die Aura mancher Menschen mit einer schmutzigen Masse vergleichbar ist, während andere Menschen von schönen Auren in hellen Farben umgeben sind. Dann gäbe es Menschen, deren Aura plötzlich ende (d.h. deren Aura einen scharfen Umriß hat) so wie die von Mama und andere, deren Aurarand immer schwächer werde, etwa vergleichbar mit einer Wolke. (Ich entdeckte später, daß die Aura, welche ich als schmutzige Masse beschrieb, das Fehlen jeglicher emotionaler Kontrolle ausdrückte und eine Aura mit scharfen Umrissen Konservatismus bedeutete.) Ich sagte Herrn Patmore, daß seine Aura sehr schön sei, mit gelber, etwas rosa, grüner und blauer Farbe, und er war entzückt.

9. Juli

Wir waren in Ilkly, um an der Trauung meiner Cousine teilzunehmen und kamen gestern zurück. Wir wohnten im Hotel. Mama trug ein neues Kleid und sah sehr flott aus. Alle befanden sich in angeregter Stimmung. Nach der Trauung fand ein Festmahl statt, zu dem es einen mit Puderzucker bedeckten Kuchen gab. Er sah schöner aus als er wirklich schmeckte. Tante Susan weinte während der Trauung, obwohl ich nicht weiß, warum. Mama meint, daß Frauen oft weinen, wenn ihre Töchter heiraten, es ist als ob sie sie verlieren. Meine Cousine mußte versprechen, Herrn Hopkins zu lieben, ihn zu achten und ihm zu gehorchen. Etwas viel verlangt, finde ich. Es wäre eine schöne Geschichte, würde sich Herr Hopkins als Bösewicht entpuppen und meine Cousine bitten, jemandem die Börse wegzunehmen. Sie müßte ihm gehorchen. Ich möchte wissen, wer die Trauzeremonie erfunden hat? Ganz sicher nicht Gott oder Jesus. Ich denke, daß meine Cousine sich ganz schön verlegen gefühlt haben muß, als sie gestern abend mit Herrn Hopkins zu Bett gehen mußte. Sie verbringen ihre Flitterwochen in London. Herr Hopkins hat eine recht schöne Aura. Ich habe das Gefühl, sie werden miteinander glücklich werden. (Was sich als richtig herausstellte.) Irgendwie weiß ich aber, sie werden nicht alt werden. (Was sich ebenfalls als richtig herausstellte.) Sie wollen in der Nähe von Manchester ein Haus mieten, da Herr Hopkins dort seine Geschäfte leitet. Es ist eine sonderbare Sache, doch ich habe den Eindruck, daß einige Leute sich bereits irgendwie kannten, sich erneut treffen und Zuneigung füreinander empfinden... Ich kann es nicht genau erklären. Ich hatte diese Zeilen gerade niedergeschrieben, als Jesus erschien, mit den Worten: „Du hast Recht, mein Sohn. Du ahnst eine verborgene Wahrheit, über die du eines Tages mehr wissen wirst." Er lächelte und ver-

schwand. Ich wünschte, er wäre länger geblieben. Das Wetter ist derartig heiß, daß alle Kleider auf meiner Haut kleben. Mama empfindet die Hitze bedrückend und seufzt ununterbrochen. Mildred gibt vor, die Hitze zu mögen, nur um eine andere Meinung zu vertreten. Die Butter ist beim Teetrinken ganz weich geworden. Papa sagt, es wird bald ein Gewitter geben. Ich wäre darüber nicht erstaunt. Georgina erklärt, ihre Hühneraugen schmerzen, was ein sicheres Zeichen für Regen ist. Janet beobachtete, wie der Kater sich hinter den Ohren putzte, und dies sei auch ein sicheres Zeichen für Regen. Wir werden sehen.
Es gab ein Gewitter. Es ereignete sich des Nachts, und es gab einen schönen Lärm. Der Lärm gefiel mir nicht; ich konnte deswegen nicht schlafen. So stand ich auf, um aus dem Fenster zu schauen. Doch die Dinge (Naturgeister), die ich in den Wolken beobachtete, sahen so bedrohlich aus, daß ich mich ins Bett legte und unter der Decke versteckte. Papa kam in mein Zimmer, um nachzuschauen, ob ich Angst hätte, da es einen lauten Schlag getan hatte. Ich fand sein Benehmen sehr anständig. Georgina sagt, ein Gewitter bedeute, daß Gott über die bösen Menschen zornig ist. Papa meint, dies wäre alles Unsinn. Auf jeden Fall ist es heute viel kühler, wofür wir, Mama und ich, sehr dankbar sind. Arnold kam zum Teetrinken. Als Janet das Tablett brachte, machte er gerade auf dem Rasen einen Kopfstand. Sie fragte deswegen, ob er später Akrobat werden wollte.

12. Juli

Charlie Baines ist gemein. Er klatschte über mich und es gab Theater. Mama sagte, sie habe um mehrere Ecken gehört, ich hätte geäußert, daß es im Hause der Baines spuke und ich dort etwas gesehen hätte. Herr Baines sei ziemlich verärgert und erlaube Charlie nicht mehr, mich einzuladen. Mama war ziemlich zornig, da sie glaubte, ich wäre bereits über diesen Unsinn erhaben, wie sie es ausdrückte. Sie wisse nicht mehr, was sie mit mir tun solle. Nachdem sie mir eine lange Predigt gehalten hatte, meinte sie, sie werde Herrn Patmore bitten, mir eine Strafarbeit aufzugeben, so wie es in der Schule üblich ist. Obwohl ich mich unbehaglich fühlte, mußte ich innerlich lachen. Herr Patmore ist auf meiner Seite, und ich bin neugierig, was er dazu sagen wird?

13. Juli

Als wir heute im Sommerhaus Unterricht hielten, erschien Mama mit ernstem Blick und berichtete Herrn Patmore, ich hätte mich ungezogen und unaufrichtig benommen. Da ich ein Übeltäter sei, müsse ich bestraft werden. Herr Patmore schaute schockiert und antwortete, er finde solches bedauerlich. Ich wußte, daß er gar nicht schockiert war, da ich ihm zuvor alles erzählt hatte. Wie dem auch sei, Mama vertrat die Ansicht, er müsse mir eine Strafarbeit aufgeben, irgendetwas in dieser Art. Herr Patmore mußte ihr versprechen, mit mir ein ernstes Gespräch zu führen. Dann solle er entscheiden, was zu tun wäre. Nachdem sie gegangen war, verzog Herr Patmore das Gesicht, etwa so wie Henry. „Was nun?" Ich mag Herrn Patmore mehr und mehr. Er müsse mir irgendwelche Aufgaben geben, schon allein, um Mama zufriedenzustellen. Er war nicht verärgert, meinte jedoch, es wäre dumm von mir gewesen, einem Esel von Schuljungen, wie es Charlie Baines einer ist, davon zu erzählen, was ich sehen konnte. Er hätte wohl nichts anderes zu tun, als alles auszuplaudern und mich in Schwierigkeiten zu bringen. Wenn er ich wäre, würde er sich sorgfältig überlegen, wem er etwas erzählte und wem nicht. Er könne mich nicht bestrafen, da ich nicht gelogen habe. Doch wenn er mir nichts aufgeben würde, könnte Mama auf die Idee kommen, ihn zu entlassen und das wäre auch nicht gut. Nun, so weit, so gut, und er fragte mich, welches Gedicht ich gerne auswendig lernen wollte. Wenn er es mich dreimal niederschreiben ließe, könne ich es auswendig. Ich fand diesen Vorschlag wunderbar und suchte mir ein Gedicht aus. Am 23. ist der letzte Tag vor den Ferien und mir graut, mich von Herrn Patmore zu verabschieden.

20. Juli
Ich sah Großvater heute. Er erzählte mir, sie (die Geister) hätten dazu beigetragen, in Herrn Patmore meinen Lehrer zu finden; sie wären erfreut über meine Fortschritte. Großvater bemerkte, der Himmel sei nicht im geringsten so, wie die Menschen ihn sich vorstellten, sondern viel wunderbarer. Er sagte mir, daß im Laufe der Zeit immer mehr Menschen an Geister glauben werden, so wie sie jetzt an den Herrn Jesus glauben, daß sie dann viel glücklicher sein und sich nicht mehr vor dem Tod fürchten werden. Ich fragte ihn (in Gedanken), ob Leute, die alt sterben, auch im Himmel alt bleiben. Er lachte und verneinte. Er erwähnte, daß dort, wo er sich befinde, die Menschen so aussehen, wie sie es sich wünschten. Wenn sie in ihrer Vorstellung jung aussehen, so sei ihre Erscheinung auch jugendlich und umgekehrt. Wenn Großvater mir erscheint, sieht er alt aus. Wenn dies nicht der Fall wäre, könnte ich ihn nicht erkennen. Obwohl Arnold über meine Fähigkeit nicht mehr spottet, fragte er eines Tages, warum Gespenster, die doch Geister der Toten seien, Kleider trügen; Geister wären doch dazu wohl nicht imstande. Ich wandte mich an Großvater, warum er nicht nackt wäre und alle anderen Geister auch nicht. Dies schien ihn irgendwie zu verwirren, aber ich vermochte nicht, ihn hereinzulegen, er ist zu schlau. „Stellst du dir vor, daß du nackt herumläufst?" Ich verneinte. Er fuhr fort: „Wir auch nicht. Ich habe dir soeben gesagt, mein Junge, daß wir dem Bild unserer Vorstellung entsprechen. Deswegen tragen alle hier so unterschiedliche Kleidung. Ich selbst trage Sachen, die in eurer Welt gar nicht mehr modern sind. Du solltest deiner Mutter jedoch nichts von alledem erzählen, sie wäre sonst schockiert. Deine Mutter ist eine gütige Frau. Dir aber ist es gegeben, Dinge zu sehen, von denen sie nichts weiß. Achte darauf, mein Junge, daß du deswegen nicht zu stolz wirst, denn es gibt wiederum Dinge, von denen sie weiß und du nicht." Danach verschwand er.

21. Juli
Ich hatte gestern meine letzte Musikstunde (vor den Ferien) bei Fräulein (endlich richtig geschrieben). Sie drückt sich manchmal komisch aus. Sie

sagte mir, sie habe neulich allein ein Picnic veranstaltet. Ich war der Meinung, daß dies nicht allzu lustig gewesen sein konnte. Sie fuhr fort: „Wann immer ich wohin gehe, nehme ich Wurst, etwas Brot und Obst mit." Als ich lachte, fragte sie nach dem Grund. Ich erklärte ihr, "irgendwohin gehen" wäre gleichzusetzen mit dem Gang zum WC. Sie war erstaunt, lachte und meinte, die englische Sprache werde sie noch verrückt machen. Sie ärgerte sich außerdem noch über die Schreibweise, woran ich gar nicht gedacht hatte. Ich möchte wissen, wer die Orthographie erfunden hat. Dieser Mensch muß ein Dummkopf und ein Schwindler gewesen sein. Als wir uns eines Tages mit der Grammatik beschäftigten, erinnere ich mich, daß Herr Patmore von fünf Vokalen sprach. Im Wörterbuch steht jedoch zu lesen, daß ein Vokal ein Laut ist, der durch das Öffnen des Mundes geäußert wird. Das entspricht überhaupt nicht der Wahrheit. Ich denke, es gibt elf Vokale; ich sagte es auch Herrn Patmore. Wie ich dazu käme, wollte er wissen. „Nun, ja. Ganz einfach," begann ich, „ah, aw, a, e, eh, i, o, oo, ow, oy, usw." „Hm," brummte Herr Patmore, „daran habe ich noch gar nicht gedacht. Alle diese Laute sind in unserer Sprache zu finden, wie du sagst. Ausgezeichnet. Gibt es sonst noch etwas?" „Ja, Fräulein möchte wissen, warum es in unserer Sprache Worte gibt, die verschieden geschrieben und gleich ausgesprochen werden." „Weiß der liebe Gott," antwortete Herr Patmore. „Er hat es mir nicht verraten. Das Ganze ist überhaupt etwas albern. Bestelle Fräulein von mir schöne Grüße, warum in ihrer Sprache ein Mädchen ein Neutrum ist? Das ist genauso albern."

23. Juli
Welch riesige Überraschung. Ich werde meine Ferien mit Herrn und Frau Patmore in Harlech in Wales verbringen. Wir fahren im August dorthin. Mildred wurde von ihrer Schulfreundin Ethel McKay eingeladen und Mama, Papa und das Baby reisen nach Buxton, da Papa unter Rheumatismus leidet und sich einer Wasserheilkur unterziehen möchte. Ich wundere mich, was Mama und Herr Patmore zu bereden hatten, da sie sich zweimal nach dem Unterricht zurückzogen. Herr Patmore erzählte mir heute, es ha-

be mit der Reise zu tun, die wir zusammen, er, seine Frau und ich, unternehmen. Papa will nicht, daß ich wochenlang ohne Unterricht bleibe und so werden wir während der Ferien jeden Tag eine Stunde Unterricht halten, mit Ausnahme der Samstage. Ich freue mich riesig darüber; so muß ich mich von Herrn Patmore nicht verabschieden. Ich bin gern mit ihm und mit seiner Frau zusammen. Vielleicht wird Henry auch für eine Woche eingeladen, doch Mama ist noch nicht ganz sicher. Es hängt davon ab, was der Pfarrer dazu meint. Ich hoffe, daß Henry kommt, freue mich aber auch, wenn er nicht die ganze Zeit da ist. Es macht mir Spaß, für Herrn und Frau Patmore Dinge zu sehen (hellseherisch). Ich bin gezwungen zu schweigen, wenn Henry anwesend ist, anderenfalls würde er glauben, ich sei verrückt. Janet heiratet, während wir weg sind. Sie verbringt mit ihrem Mann die Flitterwochen in Blackpool. Georgina fährt auch irgendwohin in die Ferien. Die alte Frau Prettyman kümmert sich inzwischen um das Haus, den Kater und den Papagei. Es tut mir nicht im geringsten leid, vom Baby wegzukommen; es quäkt soviel und ärgert mich, wenn ich meine Aufgaben für Herrn Patmore mache. Es wäre schrecklich, wenn Mama noch mehr Babys bekommen würde. Ich hätte sowieso lieber einen kleinen Bruder gehabt. Natürlich würde es mir nicht gefallen, wenn das Baby krank werden oder sogar sterben würde, jedoch wünschte ich, es hörte auf zu schreien.

29. Juli

Eine lustige Geschichte ereignete sich heute. Tante Maud kam für einen Tag zu Besuch und brachte ihre alte Mutter von 83 Jahren mit. Bevor sie ankamen, fragte ich Mama: „Wenn Tante Maud deine Schwägerin ist, dann ist Frau Kidd deine Schwiegermutter und meine Großschwiegermutter oder ist sie deine Schwiegertante und meine Großschwiegertante?" Mama lachte nur und schien sich nicht auszukennen; wahrscheinlich wollte sie ihren Kopf nicht anstrengen. „Du solltest lieber deinen Vater fragen," sprach sie. Sie erzählte uns (meiner Schwester und mir) die Alte habe ihr Gedächtnis verloren und falls sie seltsame Dinge redete, bat sie uns, nicht zu lachen. Natürlich reizte uns dergleichen erst zum Lachen, und ich erfuhr hinterher von Mildred, daß sie fast ihre Hosen naß gemacht hätte. Die Aura der Alten ist irgendwie sonderbar, eine schmutzige Masse, wie ich sie bei manchen Kindern beobachtet habe. Irgendwie scheint es mir, sie hätte gar keine Seele.(6) Ich kann es nicht begründen. Während wir auf das Mittagessen warteten, sagte sie ziemlich verstimmt: „Wann gibt es Frühstück?" „Aber wir haben doch gefrühstückt, meine Liebe," bemerkte Tante Maud liebevoll, „es gibt bald Mittagessen." Als Janet hereinkam, um uns auszurichten, das Essen wäre angerichtet, fragte sie Tante Maud, ob sie ein neues Mädchen hätte. Sie habe sie noch nie gesehen. Tante Maud mußte ihr erklären, daß sie sich nicht in Harrogate befanden, sondern einen Tag Mama besuchten. Ich war froh, als das Mittagessen zu Ende war, und ich gehen durfte. Doch das Schlimmste kam noch. Ich kam vom Garten herein, um zur Toilette zu gehen. Ich öffnete die Tür und mich traf fast der Schlag, als ich die Alte dort sitzen sah. „Willst du wohl verschwinden!" rief sie und erhob ihre Faust. Ich stolperte rückwärts zurück. Mildred und ich mußten danach ganz schön lachen. Mildred hat einen Preis in der Schule bekommen.

7. August

Wir befinden uns in Harlech. Wir kamen gestern im strömenden Regen an. Es war eine entsetzlich lange Reise, doch durch das Fenster gab es wunderbare Sachen zu sehen. Ich bin sehr gern mit Herrn und Frau Patmore zusammen, die sehr lieb sind. Harlech liegt auf einer Anhöhe, mit einem alten Schloß. Es ist nur ein kleiner Ort. Wir kamen hierher, da die Patmores hier eine Wohnmöglichkeit besitzen, und wir außerdem gern gesehen wären — wenigstens erzählten sie dies Mama. Seit wir hier sind, regnet es ständig — einfach tödlich. Also bringt Herr Patmore mir das Schachspielen bei. Er behauptet, es wäre das schönste Spiel der Welt, das man im Hause spielen könne. Die Leute hier reden in halb singendem Tonfall und manchmal ist mir nicht klar, was sie sagen. Frau Patmore strickt sehr viel. Dieser Ort unterscheidet sich sehr von zu Hause. Ich bin sicher, ich werde ständig Elfen und Gnome sehen. Ich wollte, der Regen hörte auf, da wir sonst im Haus herumsitzen müssen und ich nichts von der Umgebung erlebe.

12. August

Großvater erschien nach dem Teetrinken. Als ich Patmores sagte, er wäre im Raum, schienen sie erfreut und wollten wissen, was er zu sagen hätte. Er begrüßte die Patmores, und sie erwiderten seinen Gruß. Anschließend sagte er, er wäre froh, daß wir alle hierher gekommen wären. Dies sei ein sehr alter Teil der Erde, welcher früher zum großen Kontinent Atlantis oder so ähnlich gehörte, von dem jedoch der größte Teil in den Fluten verschwunden sei. Herr Patmore wollte wissen, ob er Fragen stellen dürfe. Großvater antwortete, er stehe ihm gerne zur Verfügung. Also holte sich Herr Patmore Bleistift und Papier, um niederzuschreiben, was Großvater sagte, genau genommen, was ich wiederholte. Zuerst wollte Herr Patmore wissen, wie Großvater unser Aussehen empfand. Wir würden wie Geister aussehen, antwortete er. Herr Patmore fand dies sehr komisch, da es doch den Anschein hatte, wir hätten feste Körper. Großvater lachte und sagte Herrn P., daß er gerade eine Pfeife rauche, was der Wahrheit entsprach. Weiter bemerkte er, wäre Herr P. der Sultan von — ich vergaß von wo — und würde eine Wasserpfeife rauchen, so wären diese Wasserdämpfe mit seiner Wahrnehmung vergleichbar. Die Geister seien wie Rauch und wir wie Wasserdämpfe. Sie könnten durch uns hindurchgehen und hindurchsehen, da unsere Teilchen (Atome) nicht sehr dicht sind, wir wüßten davon aber nichts. Großvater sagte noch viel mehr; ich vermochte mir das alles jedoch nicht zu merken. Er schlug vor, er würde morgen erneut erscheinen und uns noch mehr erzählen, wenn wir möchten.

13. August

Heute nachmittag unternahmen wir einen Spaziergang zum Schloß von Harlech. Ich war imstande, Herrn und Frau P. zu berichten, wie es vorher aussah, sogar die Möbel konnte ich ihnen beschreiben.(7) Die Patmores waren erstaunt und fragten sich, wie so etwas möglich wäre. Vielleicht glaubten sie, es wäre alles meiner Phantasie zuzuschreiben, was aber nicht der Fall war. Großvater erschien erneut nach dem Teetrinken und blieb bis jetzt. Für mich ist es Zeit zu Bett zu gehen. Ich kann jetzt nicht niederschreiben, was er sprach und hole es noch nach.

16. August

Das Wetter war einfach zu herrlich, um im Haus zu sitzen und Tagebuch zu führen. Heute gießt es in Strömen, und ich versuche aufzuschreiben, was Großvater sprach. Herr Patmore erkundigte sich, ob ich alles über ihn, Großvaters Besuche und anderes aufschreibe. Ich bejahte, und er verzog das Gesicht. Er habe das Gefühl auf glühenden Kohlen zu sitzen. Falls die Mutter eines Tages das Tagebuch entdeckte, würden ihm riesige Schwierigkeiten entstehen dafür, daß er mich ermutigte. Als ich ihn beruhigte, daß ich das Tagebuch in einem Kästchen verschließe und Großvater erfreut ist, daß ich ein Tagebuch führe, meinte Herr Patmore, er wolle das Beste hoffen. Großvater ist immer so höflich, wenn er mit den Patmores spricht und nennt sie immer verehrtester Herr, verehrteste Dame, was mich zum Lachen reizt. Ich wünschte, er würde nicht immer so lange Worte benutzen, an die ich mich beim Niederschreiben nicht mehr erinnern kann. Ich wollte wissen, warum Großmama niemals erscheine? Er äußerte irgendetwas über gedankengebundene Geister, vergleichbar mit Vögeln, die auf ihre Eier fixiert seien und brachte uns damit zum Lachen; es schien uns irgendwie seltsam, sich so auszudrücken. Er sagte, daß Großmutter zu ihren Lebzeiten überzeugt war — wie viele andere Leute auch — daß sie und einige andere gleicher Ansicht, die einzigen wären, die errettet werden würden. „Nun," fuhr er fort, „lebt sie in einer Welt der Gedanken, die sie und andere durch ihre eigenen trügerischen Überzeugungen geschaffen haben. In unseres Vaters Haus sind viele Wohnungen." Wir fragten Großvater, wie es mit ihm wäre. Er entgegnete, er habe an Gott geglaubt, sich aber nie zu viele Vorstellungen über das Jenseits gemacht. So müsse er jetzt nicht die Zeit mit Hymnensingen an einem eingebildeten Gottesthron verbringen, so wie Großmutter es tut. Großvater stört es nicht, Frechheiten zu äußern. Er berichtete, Großmutter sei eine alte starrköpfige Frau gewesen und sie wäre immer noch so störrisch. Nichts, was er sagte, könne sie ändern, bis sie selbst genug von allem hätte und sich eines anderen besinnen würde. Er sagte, es wäre ein großer Fehler, vorgefaßte Meinungen wie meine beklagenswerte Großmutter zu haben. Da ich dies nicht begriff, fragte ich Herrn Patmore. Er erklärte, es handele sich dabei um Leute, die sich einer Sache zu sicher seien, obwohl es keinen Grund dazu gibt. Ich bin müde und höre hier auf.

17. August

Ein weiterer regnerischer Tag. Da es nichts Neues gibt, will ich mit Herrn Patmores Hilfe noch mehr von dem niederschreiben, was Großvater sagte. Er erzählte, daß die Geistlichen eine Menge Unsinn über das Jenseits verbreiten, sie tun so, als ob wir bis zur Auferstehung die Zeit verschlafen würden. Aus diesem Grunde könnten viele Menschen (Geister), die die andere Welt betreten und sich dort lebend finden, gar nicht begreifen, daß sie gestorben sind. Es wäre äußerst mühevoll, sie davon zu überzeugen, daß sie ihre alten Körper abgestreift haben. Das gleiche gelte für Menschen, die nie an etwas geglaubt haben — die Agnostiker — und die Auffassung vertreten, der Mensch stamme vom Affen ab. Ich hörte einmal, wie Mutter über die Agnostiker sprach — Herr P. hat mich gelehrt, wie man das Wort schreibt — und sie als böse Menschen bezeichnete, weil sie behaupten, es gebe keinen Gott. Großvater meinte, sie wären nicht böse, sie hätten nur alles durcheinander gebracht. Sie bilden sich ein, besonders klug zu sein, da sie an die Evolution glauben. Ich mußte Herrn Patmore fragen, wie man dieses lange Wort schreibe. Herr Patmore erzählte mir, als Großvater gegangen war, daß er einen Agnostiker gekannt habe — er sei bereits tot — und daß er derjenige gewesen wäre, der ihn auf unsere Unterkunft aufmerksam gemacht habe. Ich bin zwar nicht sicher, habe jedoch das Gefühl, daß er demnächst hier erscheinen wird, um Herrn Patmore zu begrüßen. Wir spielten heute nachmittag Schach. Natürlich gewinnt Herr Patmore immer, obwohl ich ein einziges Mal seine Dame wegnahm. Er hatte es absichtlich so eingerichtet, weil er nett sein wollte. Er kann mich nicht zum Besten halten. Jetzt bringt er seine Dame immer rechtzeitig in Sicherheit, da es schwieriger ist, ohne sie zu spielen.

18. August
Ich erhielt heute einen Brief von Mama, in dem sie über Buxton berichtete. Sie schrieb, es wäre eine gute Musikkapelle dort. Ich wünschte, ich könnte sie hören, bin aber trotzdem froh, mit den Patmores hier zu sein. Mama beendete den Brief, indem sie schrieb, sie hoffe, ich hörte am Sonntag in der Kirche aufmerksam zu. Ich erzählte ihr nicht, daß wir niemals den Gottesdienst besuchten, daß Herr Patmore und ich stattdessen Wanderungen unternahmen, da er der Ansicht ist, wir sollten das schöne Wetter ausnützen. Herr Patmore sagt, man könne auch in der Natur zu Gott beten, ihm für alles Schöne danken, das er uns schenke; ich bin der gleichen Meinung. Frau Patmore besuchte allein den Gottesdienst. Irgendwie glaube ich, daß die Damen lieber den Gottesdienst besuchen als die Herren. Ich vermute, ich muß nächsten Sonntag doch hingehen oder es gibt Schwierigkeiten, falls Mama Fragen stellt.

20. August
Gestern abend, kurz bevor ich zu Bett ging, erschien Großvater für eine Minute. Falls es mir möglich wäre, einen Vorwand zu finden, um die Küche aufzusuchen, würde ich dort etwas sehen. Heute früh vergaß Frau Evans die Butter für das Frühstück; so begab ich mich in die Küche, um sie zu holen. Ich sah dort einen Alten (in Geistform), der in einem Sessel in der Nähe des Feuers saß. Ich hätte ihn gerne gefragt, ob er wüßte, was mit ihm wäre, konnte aber nicht wegen der Anwesenheit von Frau Evans. Heute nachmittag half Herr Patmore mir, ein schönes Sandschloß zu bauen. Ich habe mich in ein Mädchen verliebt, das wir hier öfter sehen. Ich würde sie gerne kennenlernen, doch es fällt mir keine Ausrede ein. Sie hat die herrlichsten braunen Augen, die ich jemals sah. Manchmal spielt sie mit einem Jungen – ich denke, es ist ihr Bruder – am Strand Ball. Sie wirft ihm einen Ball zu, während er gleichzeitig den anderen Ball zurückwirft. Sie sind wirklich gut darin. Wenn ihr nur einmal der Ball herunterfallen würde, könnte ich ihn aufheben und ihn ihr zurückgeben. Aber nichts dergleichen. Frau Patmore

scheint sich erkältet zu haben, sie hat Schnupfen. Henry kommt nächste Woche.

24. August

Wirklich komisch, was Großvater über die Geister sagte, die nicht wissen, daß sie tot sind, und daß ich derartiges jetzt selbst beobachten muß. Gestern sah ich nach dem Mittagessen einen Mann im Zimmer, und es war sehr lustig. Ich sagte Herrn Patmore, daß jemand anwesend sei, und er schlug vor zu fragen, was er wünsche. Er legte seinen Bleistift zurecht, um alles in Kurzschrift zu notieren, die er einigermaßen beherrscht. Heute zeigte er mir, was er als Diktat niedergeschrieben hatte, damit ich es in mein Tagebuch übertrage. Es wird phantastisch, wenn das Tagebuch eines Tages veröffentlicht wird, wie das von Herrn Pepys, obwohl ich warten muß, bis ich alt bin, da Mama sonst ein ganz schönes Theater veranstalten würde. Der Geist, der auftauchte, war jener frühere Freund von Herrn Patmore, doch nicht halb so nett wie dieser. Zuerst wandte er sich an Herrn Patmore. „Hallo, Patmore. Schön, dich zu sehen." Herr Patmore wollte wissen, wer er sei. Was für eine Frage, sprach er, sein Name sei Jimmy Cliff, und er sei überrascht, daß Herr Patmore ihn nicht erkenne. Herr Patmore erwiderte, er sei ebenfalls erstaunt, doch er könne ihn selbstverständlich nicht erkennen, da er nicht imstande sei, Tote zu sehen. Ich glaube, er drückte sich anders aus. Ich trage nun das Diktat, welches Herr Patmore mir gab, ins Tagebuch ein. Dies ist einfach, da Herr Cliff nicht so lange Worte wie Großvater benutzt. Herr Patmore sagt, ich könne Patmore mit P. abkürzen und Cliff mit C., falls ich Zeit sparen möchte. Ohne die Anrede Herr sieht es nicht sehr schön aus, doch ich kürze trotzdem die Namen ab.

C.: Was schreibst du dort?
P.: Ich notiere, was du sagst.
C.: Warum zum Teufel?
P.: Ich möchte im Gedächtnis behalten, was du uns erzählst.
C.: Welch ein Unsinn.

P.: Ganz und gar nicht, es interessiert mich. Ich freue mich, daß du gekommen bist. Doch wie kamst du auf die Idee?

C.: Ich mag den Ort und wollte ihn wiedersehen. Ich war derjenige, der dir von diesen Räumen erzählte.

P.: Ich erinnere mich. Sag, wie fühlst du dich?

C.: Ich fühle mich besser als je zuvor – physisch meine ich. Geistig – nun, ich glaube, ich bin etwas durcheinander. Es ist alles äußerst sonderbar.

P.: Du warst Agnostiker. Ich nehme an, du hast deine Meinung geändert?

C.: Natürlich nicht. Warum auch?

P.: Weil du erkannt hast, daß es ein Weiterleben im Jenseits gibt.

C.: Davon weiß ich nichts und glaube auch keinem, der mir solche Albernheiten erzählt. Wer ist übrigens dieser junge Bursche, und warum muß er alles wiederholen, was ich sage?

P.: Er kann dich sehen und hören, ich aber nicht.

C.: Bist du blind und taub?

P.: Natürlich nicht. Doch du bist jetzt ein Geist und ich vermag keine Geister wahrzunehmen.

C.: Ich bin kein Geist. Ich glaube nicht an Geister und habe es auch nie getan.

P.: Du denkst doch nicht, daß du immer noch auf der Erde weilst? Erinnerst du dich nicht?

C.: Ich erinnere mich, daß ich todkrank war. Dann verlor ich das Bewußtsein, wachte auf und fühlte mich besser als je zuvor.

P.: Ja und was geschah dann?

C.: Patmore, deine Fragen passen mir nicht und noch weniger, daß du alles aufschreibst wie ein Polizist.

P.: Tut mir leid, lieber Cliff, aber alles interessiert mich sehr. Du scheinst nicht zu bemerken, daß du tot bist. Ich stelle jedoch fest, daß du dich lebendiger fühlst.

C.: Ich weiß gar nicht, wovon du sprichst. Du tust so, als befände ich mich auf einer Wolke und du dich darunter. Ich habe nie so einen Unsinn gehört. Das einzige, das mir zu schaffen macht, ist mein Seh- und Hörvermögen.

P.: Vielleicht sehen wir für dich etwas blaß aus und unsere Stimme klingt wie von weit her?
C.: In gewissem Sinn, ja.
P.: Das liegt daran, weil du ein Geist bist und wir noch in physischen Körpern existieren.
C.: Ich weigere mich, zu glauben, daß ich ein Geist bin. Es gibt keine Geister. Der Tod bedeutet das Ende. Du gehst mir auf die Nerven. Du langweilst mich. Du weigerst dich, den Fakten ins Gesicht zu blicken. Du kommst an der Wissenschaft nicht vorbei und die Wissenschaft erklärt, daß wir von den Affen abstammen. Ich gehe jetzt. Ich habe genug von dieser nichtigen Auseinandersetzung. Wir werden einander nie überzeugen. Wozu dient unser ganzes Reden? Auf Wiedersehen.

Als er verschwunden war, verzog Herr Patmore das Gesicht auf komische Art, indem er feststellte, er habe sich nicht im geringsten verändert. Er benähme sich immer noch so wie zu Lebzeiten. Er sagte, Herr Cliff sei auf der Straße zusammengebrochen und im Krankenhaus gestorben. Frau Patmore war nicht anwesend, da sie sich nicht wohl fühlte. Sie hatte sich nach dem Essen in ihr Zimmer begeben. Herr Patmore erzählte ihr alles und las ihr vor, was er notiert hatte.

25. August

Henry ist hier. Wir schlafen im selben Zimmer. Wenn wir am Abend noch nicht müde sind, unterhalten wir uns noch. Frau Patmore bat uns, nicht zu lange wach zu bleiben und uns zu unterhalten. Sie hat nichts dagegen; sie ist sehr anständig. Henry tut komische Sachen mit sich im Bett und wollte sie mir auch beibringen. Ich teilte ihm mit, daß ein kleines Mädchen in Birkdale mir bereits alles erzählt habe, und er solle sich nicht einbilden, er könne mir etwas beibringen.
Heute morgen wollte er in den Sanddünen Tunnel graben. Herr Patmore erlaubte es nicht, da sie zusammenbrechen und wir so ersticken könnten. Während Henry hier ist bin ich unfähig, viel in mein Tagebuch einzutra-

gen; er möchte ständig etwas unternehmen. Er nennt den Pfarrer und seine Frau jetzt Pater und Mater. Ich beschloß, Papa und Mama auch so zu nennen. Papa und Mama klingt albern und Vater und Mutter mag ich auch nicht sagen.

Sonntag

Henry sagte im Bett, er habe keine Lust, zum Gottesdienst zu gehen; er würde nur gehen, wenn Herr Patmore darauf bestünde. Als er Herrn Patmore beim Frühstück darauf ansprach, meinte dieser, er halte nichts davon, jemanden zu zwingen zur Kirche zu gehen. Doch was werde er seinem Vater erzählen? Henry erwiderte, er werde Frau Patmore bis zum Portal begleiten. Falls der Pater fragte, könne er sagen, er sei in der Kirche gewesen. Diese Worte schienen Herrn Patmore zu belustigen und obwohl Frau Patmore vorgab, schockiert zu sein, mußte sie lachen. Henry ist schon ein verrückter Bursche. Ich glaube, Frau Patmore ist der Ansicht, ich sei sonderbar. Ich mußte Mater versprechen, jeden Morgen etwas in der Bibel zu lesen. Heute fragte ich während des Essens, was es bedeute, in seinem Herzen Verlangen nach einer Frau zu empfinden. Frau Patmore lachte und sah aus als wüßte sie nicht, wohin sie ihren Blick wenden sollte. Herr Patmore wandte seine Augen zur Decke und sprach, es gäbe in der Bibel einige seltsame altmodische Stellen, die er momentan nicht erklären könne. Ich vermute, es handelt sich um etwas Unanständiges. Als ich Henry fragte, meinte dieser, es müsse wohl etwas mit dem Kindermachen zu tun haben; er sei jedoch nicht ganz sicher. Ich möchte gerne wissen, was es bedeutet. Ich vergaß, daß ich am Sonntag nicht in mein Tagebuch schreiben darf. Es ist bereits geschehen, und ich wäre dumm, alles durchzustreichen. Auf jeden Fall habe ich die Bibel erwähnt und das ist auch schon etwas. Nachdem Frau Patmore sich zum Einkaufen begeben hatte und Herr Patmore sich sicher auf der Toilette aufhielt, wohin er im allgemeinen die Zeitung mitnimmt und eine Weile dort bleibt, beschlossen Henry und ich, das Wort Lust nachzuschlagen. Da wir jedoch nicht wußten, was die Worte im Wörterbuch bedeuteten, waren wir genauso klug wie vorher. Warum um Himmels willen erklärt das Wörterbuch nicht die Bedeutung, anstatt lange Wörter anzugeben, die niemand versteht und von denen ich schon nicht mehr weiß, wie sie geschrieben werden! Henry meint, das Wörterbuch wäre albern und er hätte keine Geduld damit... Ich erhielt heute Post von Fräulein. Sie hofft, daß es hier ein Piano gibt, und ich imstande bin, fleißig zu üben. Es gibt hier nur ein altes Harmonium, auf dem ich nicht spielen kann, da ich diese Dinger am Boden nicht erreiche, die den Wind machen. Wir unternahmen einen Ausflug in die Berge und beobachteten auf einem Feld schöne Schafe mit traurigen Gesichtern. Mir war fast schlecht, wenn ich mir vorstelle, daß sie geschlachtet werden und als Mittagessen auf den Tisch kommen. Herr Patmore sagt, es gibt Leute, die man Vegetarier nennt und die keine Schafe, Kühe oder anderes Fleisch essen. Ich möchte auch Vegetarier sein, doch ich glaube, Mater wird mich nicht lassen. Ich vermute, sie würde sagen, so wie sie es immer tut: „Was würden die Leute denken, wenn ich anders bin." Ich frage mich, warum Mater möchte, daß alle Leute sich gleichen, so wie eine Erbse der anderen.

30. August

Heute ist es derartig heiß, daß ich mir bald nicht mehr zu helfen weiß. Henry mag das heiße Wetter, beschwert sich jedoch, daß er schlecht rieche. Ich rieche ebenfalls und finde es unzulässig. Herr Patmore sieht lustig aus. Er erklärte, er habe einen Sonnenbrand auf der Nase; sie ist auf jeden Fall ganz rot. Henry und Herr Patmore nahmen heute morgen ein Bad. Ich versuchte es auch, bekam aber Herzklopfen und konnte nicht richtig atmen. Herr Patmore riet mir, es nicht wieder zu tun, wenn es mir nicht gut bekomme. Am Donnerstag fährt Henry nach Hause — das heißt nicht wirklich, da er sich noch irgendwo aufhält. Ich finde es schade, weil ich ihn sehr gern mag. Der einzige Nachteil ist der, daß ich meinen Mund halten muß, wenn Henry hier ist und Herrn und Frau Patmore nicht erzählen kann, was ich sehe. Ich fragte ihn zum Spaß, worüber sein Pater (der Pfarrer) im allgemeinen rede und er entgegnete über den Laden. Wenn Mater wüßte, daß Henry die Kirche als Laden bezeichnet. Selbstverständlich erzähle ich ihr nichts, das wäre gemein. Henry fragte mich, ob ich wisse, was ein Innuendo wäre. Ich antwortete, es müsse eine leisere Stelle beim Klavierspielen sein. Er verspottete mich und klärte mich auf, daß in diesem Fall etwas Höfliches etwas Ungezogenes bedeute. Ich wollte wissen, woher er das wüßte. Sein Pater bemerke während der Mahlzeiten häufig: „Bitte keine Anspielungen (Innuendoes)." Ich sah Großvater für einen Augenblick, während ich meine Hände wusch, aber er verschwand gleich wieder.

2. September

Henry fuhr heute früh weg. Gestern ertappten wir einen Mann, der in den Dünen auf einer Frau lag. Ich fand das sehr komisch. Henry bemerkte, daß das gemeine Volk dergleichen vor der Eheschließung tue. Er fuhr fort, daß selbst Damen und Herren es heimlich täten, er sich jedoch nicht vorstellen könne, warum es so angenehm sein soll. „Ich wette, mein Pater hat sich nie auf meine Mater gelegt," sagte ich, und er meinte, er könne sich seine Eltern so auch nicht vorstellen. Er habe Verliebte gesehen, die sich wie wild umarmt und geküßt hätten. Es ist heute viel kühler und das Wetter weniger mild. Ein Gewitter hielt uns heute nacht viele Stunden wach.

Ich hatte keinen Unterricht, als Henry hier war. Mater sagte, es wäre nicht notwendig. Großvater erschien nach dem Mittagessen. Herr Patmore bat ihn, ob er seinen Freund Jimmy Cliff finden und mit ihm reden könne, da er nicht wahrhaben will, daß er zu den Verstorbenen gehört. Großvater will es versuchen, gab aber zu, daß es schwierig sein könnte. Er erkundigte sich, ob ich den Alten in der Küche bereits gesehen hätte. Ich bejahte. Er bemerkte, der Alte sei im Sessel eingeschlafen (gestorben). Er sei so ans Haus gebunden, daß nichts ihn wegbewegen könne — törichter Alter — man bezeichne Menschen wie ihn als erdgebundene Geister. Er ist ein harmloser alter Geist und belästigt niemanden.

5. September

Wir machten gestern einen langen Spaziergang in den Hügeln und nahmen belegte Brote und Kuchen für das Picnic mit. Es war herrlich. Wir sahen einige große Steine an einer Stelle aufragen, und ich vermochte einige sonderbar aussehende Männer (die Gedankenformen) in langen Kleidern zu sehen. Sie beteten und vollführten seltsame Handlungen (unbekannte Zeremonien). Herr Patmore ist der Ansicht, es müsse sich um Druiden handeln.(8) Er und seine Frau wurden ganz aufgeregt. Sie waren überrascht, daß ich Dinge zu sehen vermochte, welche sich vor langer Zeit ereignet hatten. Wir befaßten uns mit den Druiden im Geschichtsunterricht. Im Buch steht wenig, und ich wollte damals meinen Kopf nicht anstrengen. Jetzt habe ich jedoch meine Meinung gewechselt und möchte mehr wissen. Herr Patmore versprach, in der En... — ich habe das Wort vergessen — zu Hause nachzuschlagen oder in anderen Werken. Ich erfahre dann, was er herausgefunden hat. Ich habe das Gefühl, daß die Druiden gute Menschen und sehr weise waren; sie wußten sehr viel, gaben aber das Wissen nicht weiter.(9) Nachdem wir unsere Brote gegessen hatten, gingen Herr Patmore und ich austreten; Frau Patmore wollte anschließend austreten. Ich erinnere mich, daß Arnold mir einmal gesagt hatte, daß die Damen es viel länger aushalten als die Herren. Das muß ein großer Vorteil sein. Ich wollte, ich wäre ähnlich obstipiert (konstituiert). Auf dem Rückweg machten wir bei einer Farm Halt und konnten dort sogar Tee trinken. Himmel schmeckte mir der Tee bei meiner Müdigkeit gut. Frau Patmore liebt ihren Tee. Wenn der Nachmittag naht, kann sie es kaum mehr erwarten bis es soweit ist. Mir ist aufgefallen, daß es bei Mater ähnlich ist. Sie behauptet, daß eine Tasse Tee den Geist anregt. Sie benutzte irgendein langes Wort, an das ich mich nicht erinnern kann. Es sei angenehm, wie der Tee Müdigkeit und Schwere vertreibe.

7. September

Wie schön! Die Patmores erhielten von Mater heute morgen einen Brief. Sie schrieb, sie würde mir erlauben, eine Woche länger zu bleiben, falls es den Patmores angenehm wäre. Sie habe für Janet immer noch keinen entsprechenden Ersatz gefunden. Ich freue mich unbeschreiblich. Janet heiratete vor einem Monat und schickte mir etwas von ihrem Hochzeitskuchen. Ich vergaß, dies in mein Tagebuch einzutragen. Ich vermute, dies war Großvaters Überraschung.(?). (Die Aussicht auf Verlängerung meiner Ferien bewirkte sogleich ein Meisterwerk eines nachlässigen Schulaufsatzes.)

10. September
Ein sonderbar aussehender Mann mit Glatze und einem langen Bart, ganz in schwarz gekleidet, tauchte gestern auf (in Geistform) und hielt uns eine Predigt. Er hielt eine großartige Predigt im Stil der Bibel; mir gefiel aber seine Aura nicht. Zuerst bat er mich, meinem Lehrer zu sagen, daß er seinen Bleistift bereit halten solle, da er uns etwas Wichtiges mitzuteilen hätte. Wir warteten. Er betonte, daß er Pfarrer sei — er sah auch so aus. Heute früh diktierte mir Herr Patmore, was er aufgeschrieben hatte.
Pfarrer: Seid ihr bereit?
Herr P.: Ja.
Pfarrer: So achtet gut auf meine Worte. Ihr seid auserwählt, die Stimme des Geistes zu hören. Dankt deshalb Gott für seinen Segen, den er euch durch seinen Diener zuteil werden läßt. In früheren Zeiten wurde die Stimme des Geistes von den Gerechten gehört. Heute sind es ihrer viele, die von Gott abfallen und den Weg des Unrechts und der Falschheit gehen; sie haben taube Ohren und blinde Augen für diejenigen, die ihnen beistehen. Da Gott der Gott der Gnade ist, schickt er den Menschen Trost. Die Zeit ist nicht mehr fern, da alles, das bislang verborgen war, denjenigen offenbart wird, die nicht durch Hochmut geschlagen sind. Dieser Junge wird viele Wahrheiten ans Licht bringen und dieses Licht wird leuchten in der Dunkelheit.
Wahrhaft, da ihr demütig wart, anzuklopfen, wird euch aufgetan. Möge sich dieser Junge vor Stolz hüten und seine Bescheidenheit bewahren; möge er sein wie ein reiner Kristall, und möge er das Wissen verkünden, das ihm durch uns zuteil wird. Möge sich dieser Kristall niemals durch Hochmut trüben, denn der Preis des Stolzes ist die Dunkelheit und der Lohn der

Demut Wahrheit und Licht. Gott segne euch.

Nachdem er gegangen war, seufzte Herr Patmore. „Was für eine schwülstige Rede. Ich kann nicht behaupten, daß er uns etwas mitgeteilt hat, das wir nicht bereits wüßten." Ich stimmte ihm zu. Ich hätte fast über seine Predigt gelacht. Soeben erschien Großvater und verkündete uns, dies sei sein Werk gewesen. Zum Spaß habe er den Pfarrer gebeten, zu erscheinen und uns eine Predigt zu halten. Er sagte, es gäbe viele dieser Art drüben, die noch im Erdenleben verhaftet seien. Der Pfarrer sei zu Lebzeiten Prediger gewesen und mache in der Geistwelt keinerlei Anstalten, das Predigen aufzugeben. Wir sollten nur nicht glauben, daß Menschen sich nach dem Tod plötzlich ändern. Einige Geister benötigten lange Zeit, sich zu ändern (ihre Denkmuster). Jemand ändere sich nicht, wenn er seinen Mantel ablege, und das Gleiche gelte für den sterblichen Körper. Herr Patmore erkundigte sich bei Großvater, ob der Pfarrer wieder erscheinen würde. Großvater bejahte. Er würde wieder erscheinen, falls wir ihm Gelegenheit dazu gäben. Falls wir von dem genannten Herrn nicht gestört werden wollten, sollten wir uns bei seinem Wiedererscheinen nicht um ihn kümmern. Er werde dann nicht mehr erscheinen.

Ohne Datum

Der alte Pfarrer tauchte heute mehrere Male auf. Ich gab vor, ihn nicht zu bemerken und sprach erst wieder mit Herrn Patmore, als er gegangen war. Herr Patmore meint, wir hätten jetzt genug von seinen spirituellen Platitüden. Ich weiß zwar nicht, was Platitüden sind, doch es wird schon seine Richtigkeit haben. Morgen ist unser letzter Tag hier. Ich finde es traurig, weil ich gerne noch bleiben möchte. Mater hat jemanden als Ersatz für Janat gefunden; also besteht keine Möglichkeit für mich, länger zu bleiben.

20. September

Ich bin nun wieder zu Hause. Es war furchtbar, von Harlech abzureisen, doch ich konnte nichts dagegen tun. Ich denke immer noch an das Mädchen mit den schönen Augen, das ich am Strand sah. Ich glaube, sie reiste eher ab als wir. Wahrscheinlich werde ich sie in diesem Leben nie wieder sehen. Gestern schrieb ich ein Gedicht über sie. Ich ging heute in die Konditorei und sah Janet. Sie küßte mich und zog mich an ihre Brust. Sie sieht sehr glücklich aus; ein Strahlen geht von ihr aus. Sie sagte, sie hätten schöne Flitterwochen verlebt und hoffte, daß der Hochzeitskuchen mir geschmeckt habe usw. Ich mag das neue Mädchen nicht so sehr wie Janet. Sie scheint verbittert und spricht nicht viel. Vielleicht ändert sich das im Laufe der Zeit? Man weiß nie. Ihre Aura sieht nicht allzu gut aus; irgendwie düster. Es scheint, daß die dicke alte Georgina von ihr auch nicht begeistert ist. Sie heißt Henshaw und will auch so genannt werden, obwohl sie einen Vornamen hat. Pater meint, sie sei eine bessere Person. Ich denke, er wird noch enttäuscht sein. (Mir war damals nicht klar, daß "bessere Person" kein Kompliment darstellte, sondern in der Bedeutung von "hochmütig" benutzt wurde.) Mildred ist ziemlich liebenswürdig. Vielleicht deswegen, weil ich noch nicht lange zu Hause bin. Bis zum Montag gibt es keinen Unterricht. Mater hat einen Furunkel auf der Nase, was sehr unangenehm ist. Pater macht Witze darüber. Sie sagt, es schmerze ziemlich. Der Doktor behauptet, der Grund hierfür sei ihr unreines Blut. Wahrscheinlich geht sie nicht oft genug zur Toilette. Papa klärte mich auf, man bezeichne es als Obstipation, wenn jemand nicht zur Toilette gehen könne. Das Ganze sei äußerst unangenehm. Man sollte jedoch über derlei Dinge nicht in Gesellschaft sprechen. Als ob ich das nicht wüßte.

23. September
Heute las ich in der Bibliothek eines von Vaters Büchern von George Elliot. Mater kam herein und nahm es mir weg, obwohl es ein gutes Buch zu sein scheint. Mildred sagt, ein Mädchen in der Schule berichtete ihr, daß George Elliot in Wirklichkeit eine Frau gewesen sei und sich hinter einem Männernamen verbarg. Einige Leute halten sie für verrucht, denn sie lebte im selben Haus mit einem Mann namens Lewes, mit dem sie nicht verheiratet war. Ich antwortete, daß sie ihn nicht habe heiraten müssen, wenn sie keine

Lust dazu gehabt habe. Mildred fuhr fort, sie hätten Dinge miteinander getan, die ungehörig seien. Ich sei zu klein, um mehr darüber zu erfahren. Ich habe genug davon, ständig zu hören, ich sei zu klein für dies und das und wollte unverschämt werden, nahm mich dann aber zusammen. Wenn ich nicht nett zu Mildred bin, erlaubt sie sich wieder einiges.

25. September

Mater wurde beim Essen über eine meiner Bemerkungen unwillig. Ich wollte sie überzeugen, doch sie meinte, es werde mir eines Tages nach ihrem Tode alles leid tun. Für mich war das alles zuviel. Ich behauptete, es gebe keinen Tod, kein Ableben. Die Menschen sterben, doch sie gehen nicht auf die Art und Weise wie sie es sieht. Natürlich würde mir meine Bemerkung leid tun, meinte ich später, da sie sich schrecklich ärgerte. Ich sei ein böser, undankbarer Junge, obwohl Papa soviel Geld ausgegeben habe, um mir eine gute Erziehung zuteil werden zu lassen und ähnliches. Sie fuhr fort, sie müsse mich ins Internat schicken, wenn ich mich nicht zusammennehmen würde. Dort würde man mir schon jeglichen Unsinn austreiben. Das ist das Damoklesschwert oder wie es heißt, das jetzt über meinem Kopf schwebt. Ich werde in Zukunft aufpassen müssen. Es war gemein von Mater über Tod und Ableben zu sprechen, da sie weiß, daß ich Beerdigungen verabscheue, es nicht mag, wenn Leute die ganze Zeit weinen. Wenn ich einmal sterbe, möchte ich nicht beerdigt werden. Die Totengräber können mich des Nachts zum Fluß fahren, um mich dort hineinzuwerfen. So würde es all das Theater nicht geben. Meine kleine Schwester schreit immer noch sehr viel, aber sie ist nicht mehr so häßlich, was ich als Vorteil empfinde.

28. September

Heute begann wieder der Musikunterricht bei Fräulein. Sie spielte mir etwas von Beethoven vor. Während sie spielte, bemerkte ich einen Herrn im Zimmer, von dem ich sicher war, er müsse ihr Vater sein. Er schien gekommen zu sein, um zuzuhören. Er nickte mir zu und sagte etwas, das ich nicht verstehen konnte, da er nicht Englisch sprach. Ich wollte, ich wäre imstande gewesen, ihr von seiner Anwesenheit zu erzählen. Ich fürchtete, erneut in Schwierigkeiten zu geraten. Mater erzählte Mildred und mir als wir die ersten Musikstunden hatten, daß der Vater von Fräulein bereits tot wäre. Sie müsse nun Musikunterricht geben, um ihre alte Mutter zu ernähren. Mir schien, er wollte ihr durch mich mitteilen, daß er anwesend sei. Ich wagte nicht, etwas zu sagen. Ich sollte mich schämen. Ich erzählte Fräulein, wir seien im nächsten Monat zu einem Kinderfest eingeladen. Sie entgegnete, daß sie schon öfter während eines Kinderfestes auf dem Klavier gespielt habe. In einigen Häusern weigern die Leute sich sogar, die Teppiche zusammenzurollen, was sie sonderbar finde. In Deutschland tanzten die Leute auf dem blanken Hintern. Sie erkundigte sich, warum ich so lache und ich erklärte ihr, daß Hintern die Stelle wäre, auf der wir sitzen und sie mußte ebenfalls lachen. Sie verbesserte sich und sagte, sie habe das falsche Wort gewählt. Heute nachmittag wollte ich Arnold besuchen, aber das Mädchen ließ mich nicht zu ihm, da er Mumps hat.

12. Oktober

Draußen weht ein kräftiger Wind und die Bäume sind fast schon ohne Laub. Du meine Güte, der Gedanke an einen langen Winter ist bedrückend. Wir haben Mühe mit dem Feuer im Arbeitszimmer. Es raucht und riecht furchtbar. Pater denkt, im Kamin könne sich ein Vogelnest befinden. Mater wurde mißmutig. Sie sagte ihm, dergleichen sei wohl Unsinn, da der Kamin gekehrt worden sei. Heute nachmittag schickte sie mich zum Pfarrer, damit ich mich nach seinem Befinden erkundige. Er ist erkältet und nieste bei der Sonntagspredigt, was ich erheiternd fand. Ich begegnete Henry; er berichtete, sein Vater sei krank und glaube, auf der Stelle sterben zu müssen. Herr Patmore meinte, daß gerade die Menschen, die soviel über das Jenseits sprechen, gar keine Eile hätten, dorthin zu gelangen. Ich finde, er hat Recht. Georgina und Henshaw (das neue Mädchen) hatten einen Wortwechsel, sie sind sich feindlich gesinnt. Ich habe keine Lust, in die Küche zu gehen, da die Stimmung dort schrecklich ist. Sie reden kaum miteinander. Ich wußte,

daß es so kommen würde. Wenn jemand solch eine Aura hat, wie Henshaw? Doch hätte ich entsprechende Bemerkungen gemacht, wäre ich nur getadelt worden. Mater ist vollkommen aus der Fassung geraten. Sie sagt, Bedienstete bedeuten solch eine Plage. Sie wisse nicht, was sie tun solle. Zuerst sprach Georgina, sie werde gehen. Dann kam Henshaw und sagte das gleiche. Mater schimpft mit beiden und weiß nicht, wer die Schuld trägt. Ich bin sicher, sie weiß tief in ihrem Innersten, daß die Schuld bei Henshaw liegt.
Die Kinderschwester ergreift Partei für die Köchin und meint, Henshaw wäre oft hochmütig und verdrehe die Worte. Ich hoffe, die alte Georgina bleibt bei uns. Sie ist solch ein gutmütiger Mensch, der im Grunde seines Herzens Auseinandersetzungen ablehnt.

19. Oktober
Während der Pause heute früh dachten wir an Großvater. Er erschien plötzlich, um uns verschiedenes mitzuteilen. Wir besprachen im Geschichtsunterricht gerade die Abspaltung der Protestanten von den Katholiken und fragten uns, was Großvater und andere Geister darüber dachten. Dann erschien plötzlich Großvater. Er sagte, es wäre verkehrt von den Protestanten, nicht für die Toten zu beten. Selbstlose Gebete seien wunderbare Gedankenformen und bildeten ein herrliches Licht um die Geister. Unsere Gebete seien hilfreich für sie und zeigten ihnen, daß wir an sie denken. Großvater teilte uns mit, es wäre der Fehler der Pfarrer, wenn so viele Menschen (Protestanten) nicht für die Toten beteten. Die Pfarrer vertreten die Ansicht, daß wir nach dem Tod bis zum Tag der Auferstehung in eine Art Schlaf fallen. Dies sei alles Unsinn. Er fuhr fort, er habe sich zu Lebzeiten im Vergleich zum derzeitigen Zustand weniger von Leben erfüllt gefühlt. Wenn Mater über unsere Gespräche wüßte, wäre sie der Ansicht, es müsse der Teufel in Großvaters Gestalt sein, der gekommen sei, uns in Versuchung zu führen. Es ist wirklich albern. Wenn Mater aufgeschlossener wäre, so wie Herr und Frau Patmore, wäre alles leichter. Ich wünschte, ich könnte Jesus wieder sehen. Ich wollte Großvater alles mögliche über Gott und Jesus fragen, aber er

schüttelte den Kopf. „Heute nicht, es ist zu schwierig." (zu erklären). Henshaw verläßt uns bald. Falls Mater nicht bald jemanden findet, bleibt Georgina allein. Ich habe Halsschmerzen und fühle mich gar nicht wohl. Es mag davon kommen, weil ich mit dem Kater geschmust habe. Pater tadelt mich deswegen oft, doch ich kann nichts dafür. Er ist so weich und warm.

8. November

Ich lag krank im Bett mit etwas, das Influenza genannt wird. Ich mußte Mater erst fragen, wie man das Wort buchstabiert. Ich liege immer noch im Bett, kann jedoch schon aufrecht sitzen und in meinem Tagebuch Bleistifteintragungen vornehmen. Mater ist immer sehr lieb und voller Mitgefühl. Es ging mir sehr schlecht. Nun ist Pater krank; der Doktor sagt, es wäre ansteckend. Herr Patmore besuchte mich zweimal. Einmal kam sogar Frau Patmore und brachte mir Gelee mit. Der liebe Herr Wilcox besuchte mich ebenfalls und versuchte, mich mit lustigen Geschichten aufzuheitern. Danach versetzte mich Mildred in Aufregung, indem sie mir erzählte, daß er unseren Distrikt in einigen Monaten verlasse; er werde irgendwo eine eigene Gemeinde betreuen. Wie werde ich ihn vermissen! Großvater erschien einige Male und wollte mich anscheinend trösten. Ich sah Jesus wieder. Er lächelte mich an, und es ging mir besser. Ich habe Schwierigkeiten, die Mitteilungen der Geister richtig zu vernehmen, wenn es mir nicht gut geht. Sie scheinen von weit her zu kommen, und in meinem Kopf habe ich das Gefühl, als wäre er voller Nebel. Ich bin müde und kann nicht mehr schreiben.

12. November

Es geht mir schon viel besser; ich darf jedoch noch nicht aufstehen. Während ich im Bett lag, träumte ich von Dingen, die sich vor Ewigkeiten ereignet zu haben schienen. Ich war jemand anders — und doch war ich es. Es war, als ob ich mich an Dinge erinnerte. Die Menschen, die ich sah, trugen alle altmodische Kleider, so, wie es in Bilderbüchern zu finden ist oder in

Erzählungen. Das Ganze war mir überhaupt nicht klar. Als ich gestern meinen Kopf darüber zerbrach, erschien Jesus und sprach — er schien weit entfernt: „Mein Sohn, dies ist nicht dein erstes Erdenleben. Jeder von uns hat schon viele Male gelebt. Was du gesehen hast, sind Erinnerungen aus der Vergangenheit, die die Seele aufgespeichert hat." Er sagte, ich würde mich bald an vieles mehr erinnern und solle nicht erschrecken, falls einiges davon schrecklich wäre. Er fuhr fort, daß die Menschen, die sich nicht an ihre Fehler erinnern, diese wiederholen und diejenigen, die sich erinnern, sich auf dem Weg zur Weisheit befinden. Er bemerkte weiter, daß das, was die innere Stimme einem befiehlt, eine Art der Rückerinnerung darstelle. Sie veranlaßt die Menschen, frühere Fehler nicht noch einmal zu wiederholen. Ich sei in dieser Hinsicht besser dran als andere Menschen, da ich mich in meinen Träumen (besser gesagt Visionen) erinnerte. Nachdem er diese Worte gesprochen hatte, segnete er mich und verschwand. Ich bin nicht erstaunt über seine Worte, denn tief in meinem Innersten fühlte ich, daß etwas von mir sehr, sehr alt ist. Ich darf nächste Woche aufstehen.
Fräulein besuchte mich heute, was ich sehr lieb fand. Nachdem wir uns etwas unterhalten hatten, schlug ich vor, ich würde gerne etwas Musik hören. Wir kamen zu dem Schluß, daß sie meine Schlafzimmertür offen lassen würde und auch die des Kinderzimmers, damit ich das Piano zu hören vermochte. Natürlich ist das Klavier im Kinderzimmer nichts Besonderes und klingt lange nicht so gut wie das im Salon. Während Fräulein spielte, hatte ich einen sonderbaren Traum, von dem Jesus gesagt hatte, er bedeute Rückerinnerung. Ich saß allein nackt in einer Höhle und hatte eine braune Haut, das Wetter (Klima) war schrecklich heiß. Das Wunderbare war der tiefe innere Frieden und der Einklang mit der ganzen Welt. Ich entschwebte in Träume, in denen ich das Gefühl hatte, im Himmel zu sein. Ich kann darüber nichts schreiben, weil ich nicht weiß, wie ich dergleichen in Worten ausdrücken könnte. Nach einiger Zeit war dieser Traum zu Ende, und ein Farbiger, mit einer Art Handtuch um seinen Kopf (wahrscheinlich ein Turban), verbeugte sich vor mir und reichte mir in einer Schale etwas zu essen. Ich muß bereits sehr alt gewesen sein; ein Junge kümmerte sich um mich. Er war jedoch nicht mein Sohn, sondern eine Art Schüler (Jünger). Dann er-

schienen einige Männer, ebenfalls mit Handtüchern bekleidet und verbeugten sich vor mir. Ich lehrte sie weise Dinge, doch erinnere mich nicht mehr, was ich sagte. Irgendwie vermischte sich alles mit dem, was Fräulein im Kinderzimmer spielte. Als sie zu spielen aufhörte, waren auch meine Träume vorbei, obwohl ich wünschte, es wäre weitergegangen. Ich erzählte Fräulein, ihre Musik habe mich in den siebten Himmel versetzt, und sie fühlte sich angenehm berührt. Ich sagte ihr nicht, was ich gesehen hatte, da sie sonst glauben könnte, ich sei verrückt. Ich will noch etwas lesen.

15. November
Ich durfte aufstehen; es geht mir noch nicht so gut und ich möchte mich immer hinsetzen. Wenn ich herumgehe, bekomme ich Herzklopfen und kann nicht richtig atmen. Pater liegt noch im Bett und Mater geht es nicht besonders gut. Es wäre kein Wunder, wenn sie auch an Influenza erkrankte. Warum gibt es Krankheit auf der Welt? Am Montag beginnt wieder der Unterricht; der Arzt erlaubt nur eine Stunde am Tag, bis ich kräftiger bin.

22. November
Ich hatte Unterricht von 10 — 11. Ich freute mich, daß Herr Patmore länger blieb und sich mit mir unterhielt. Mater liegt im Bett und der Doktor kommt täglich. Pater ist aufgestanden und hält sich im Arbeitszimmer auf. Wir haben eine neue Bedienstete. Henshaw ging als ich krank war, und die Kinderschwester ist froh über diese Befreiung. Das neue Mädchen heißt Lizzie Bucktrout, wir nennen sie Lizzie, da Bucktrout komisch klingt. Ich finde alle Namen, in denen uck vorkommt, schrecklich. Sie ist sehr hübsch, und ich könnte mich fast in sie verlieben, wenn sie nicht ein Häubchen, eine Schürze und diese seltsamen Schuhe tragen müßte. Irgendwie kann ich mich nicht in jemand verlieben, der solche Sachen trägt. Da trifft mich fast der Schlag, wie Arnold immer sagt. Ich möchte wissen, ob ich je imstande sein werde, Kricket zu spielen. Der Doktor meint, ich solle wegen meines Herzens nicht laufen, also werde ich wohl auch kaum Kricket spielen. Es

war heute den ganzen Tag sehr neblig, dazu diese Dunkelheit. Es ist kaum auszuhalten!

23. November

Gestern abend sah ich Jesus bevor ich einschlief, und er hatte eine Überraschung für mich. Er sagte, er würde kommen, wenn Herr Patmore auch da wäre. Er werde uns einiges mitteilen und hätte gerne, daß Herr Patmore es aufschreibt, um es mir zu diktieren. Es würden Sachen dabei sein, die Herr Patmore mir erklären müßte. Ich bin so froh darüber. Ich möchte gerne, daß Herr Patmore von Jesus erfährt. Ich erzählte ihm heute alles, und er schien überrascht und erfreut.

25. November

Es geschehen ständig Wunder. Ich habe mich mit Jesus geirrt und fand es gestern heraus. Es stört mich aber nicht. Wer immer er sein mag, ich liebe ihn. Selbst wenn er mich bitten würde, mich auf allen Vieren nach London zu begeben, würde ich versuchen, ihn zu erfreuen, doch ich weiß, daß er solch dumme Sachen nie von mir verlangen wird. Er sprach gestern folgende Worte. Ich wiederholte sie für Herrn Patmore, der sie in Kurzschrift niederschrieb und sie mir heute als Diktat gab.

„Mein Sohn, es ist an der Zeit, daß du von Dingen erfährst, über die du eher nicht wissen durftest. Sei bitte nicht traurig, wenn ich dir sage, daß ich nicht Jesus bin, sondern jemand anders, dessen Namen ohne Bedeutung ist, der dich jedoch als dein Lehrer viele Leben begleitet hat. Obwohl du eine fortgeschrittene Seele bist, besitzt du einen jungen Körper und einen jungen Geist. Es wäre wenig sinnvoll gewesen, dir eher zu sagen, daß ich nicht Jesus bin. Es wäre für deinen jungen Verstand eher verwirrend gewesen. Deswegen wisse jetzt, daß alle diejenigen, welche denen helfen und die unterweisen, die bereits die notwendige Reife besitzen, sich ältere Brüder nennen. Wisse, daß ich einer von ihnen bin und so du möchtest, nenne mich E.B. Urteile nach meinen Worten und nicht nach deiner Vorstellung, denn wie vermag ich dir meine Identität beweisen, der ich nicht mehr im Fleische bin. Wisse, daß ich einen östlichen Körper bewohne, den ich nach Belieben verlassen kann und denen als Geist erscheine, die die Gabe des Sehens besitzen. Diese Fähigkeit, mein Sohn, erwarbst du in früheren Leben, wovon du eines in Indien verbrachtest; du sahst es neulich in einer Vision. Wisse, daß die Bemühungen eines Lebens im folgenden als Kräfte oder Talente erscheinen. Wahrhaft, es ist keine Mühe verloren, und der Mensch erntet das, was er gesät hat, sei es gut oder böse. Glaube nicht, was die Ignoranten glauben, daß der Mensch in Kürze zur Perfektion gelangt. Im Universum ist alles ein Prozeß des Werdens (der Evolution). Dies gilt für die Natur als auch für den Menschen. In der Bibel steht geschrieben: „Was der Mensch säet, das wird er ernten." In diesen Worten liegt eine tiefere Wahrheit als der Mensch sie bis jetzt zu erfassen vermochte. Eines Tages, mein Sohn, wirst du die volle Bedeutung dessen erkennen. Inzwischen erbitte ich die Hilfe desjenigen, der jetzt dein Lehrer ist, um dir die Worte zu erklären, mit denen du nicht vertraut bist. Es würde mich zuviel Zeit und Kraft kosten, sie selbst zu erklären. Vielmehr wünsche ich, daß auch er teilhat am ewigen Wissen. Ihr beide, meine Söhne und ich, wir waren in vielen Leben miteinander verbunden, doch hat jeder einen anderen Weg eingeschlagen. Glaubt nicht, daß irgendetwas das Ergebnis eines Zufalls ist, alles unterliegt einem Gesetz. Diejenigen, die Zuneigung miteinander verband, treffen sich wieder und auch diejenigen, die sich haßten — sei es um des Leides willen oder um der Vergebung willen, wenn sie weise sind. Der Ältere von euch beiden ist da, den Jüngeren das weltliche Wissen zu lehren und des Jüngeren Aufgabe ist es, den Älteren über die geistigen Lehren zu unterrichten. Der Ältere ist deswegen eine nicht weniger weise Seele; in diesem Leben wurde ihm nur das Licht des Wissens vorenthalten. Wisset, meine Söhne, für die Höheren zählt nicht, was ihr glaubt, sondern was ihr seid. Sie sehen in eure Herzen und nicht in eure Köpfe, um das strahlende Juwel zu finden. Jemand mit einem glänzenden Verstand mag ein böses Herz besitzen, doch derjenige mit einem gütigen Herzen vermag nicht niederer Gesinnung zu sein. Wenn der Mensch das Ziel erreicht, wird er groß in allen Dingen... Lassen wir es genug sein für heute. Ich segne euch beide bis zu meiner Wiederkehr."

Wenn ich dem E.B. zuhöre (seherisch), klingt es mild und sanft und nicht im geringsten so wie bei dem Alten, von dem Großvater sagte, er wäre Prediger gewesen, und welcher brüllte wie ein Stier.

27. November

Großvater erschien heute wieder. Wir fragten uns, was er uns wohl über das Vorleben (die Reinkarnation) berichten würde. Stellt euch vor, er sagte, er glaube nicht daran und wolle auch nicht glauben, daß er wieder zur Erde zurückkehren müsse. Dies versetzte uns in Erstaunen. Wir fragten, ob er nicht den Älteren Bruder im Geistland, wie Herr Patmore es nennt, getroffen habe. Er antwortete, er wisse nichts von den Älteren Brüdern, doch es gäbe Geister, die man als Führer bezeichnete; vielleicht sei der Ältere Bruder einer von ihnen. Er sagte, einige von ihnen seien Indianer, welche durch Menschen Botschaften verkünden ließen und sie mit dem Spiritualismus vertraut machten. Nun, wenn E.B. wieder erscheint, frage ich ihn, warum Großvater nicht an viele Leben glaubt. Wenn wirklich alles wahr ist, so wie Herr Patmore sagt, ist es doch sonderbar, daß Großvater von allem nichts wissen sollte. Um damit fortzufahren: sogar Herr Patmore meint, daß man sich mit der Idee (der Reinkarnation) erst vertraut machen müsse und sie auch für ihn eine Überraschung darstellte. Für mich war es nichts Neues, ich wußte in meinem tiefsten Inneren, daß sie stimmt...
Mater ist immer noch krank. Als ich heute vor dem Unterricht zu ihr ging, war ihre Stimme sehr weich (schwach); ihre Aura ist vollkommen grau. Ich hoffe, sie stirbt nicht. Sie ließ Herrn Patmore herzlich grüßen. Ich richtete ihm ihre Grüße aus, und er bat mich, sie zu erwidern. Er habe ein schlechtes Gewissen, daß er mich zu Dingen ermutige, ganz besonders jetzt, da sie krank ist, die nicht ihre Zustimmung finden würden. Heute hatte ich auch ein schlechtes Gewissen deswegen und wünschte sehnlichst die Anwesenheit des E.B. herbei, damit er bestätigte, daß alles richtig sei, aber nichts geschah. Ich bin nun müde und gehe zu Bett.

28. November

Ich bin heute riesig erschrocken. Mein großes Geschäft war rot wie Blut, und ich dachte, ich müsse sehr krank sein. Das sonderbarste dabei ist: ich fühle mich gar nicht krank. Auf jeden Fall hatte ich das starke Bedürfnis, dies jemandem zu berichten — schon um mir Erleichterung zu verschaffen — und erzählte es Mildred. Hinterher wünschte ich, ich hätte es nicht getan. Sie wurde ängstlich und plauderte alles bei Mater aus, welche sogleich den Doktor kommen ließ. Er betrachtete und befühlte meinen Körper und stellte eine Menge Fragen. Er brummte hm, hah, ah, machte ein ernstes Gesicht, schien verwirrt und wußte wohl nicht, was er sagen solle. Es war alles ziemlich unangenehm. Nun bin ich gezwungen, mein großes Geschäft in einen Topf zu verrichten, damit er morgen sehen kann wie es aussieht, ob es immer noch rot gefärbt ist und dergleichen. Er hat mir noch mehr greusliche Medizin zum Einnehmen verschrieben... Ich sah plötzlich Großvater. „Du siehst beunruhigt aus, mein Junge. Was ist los?" Ich erzählte ihm die ganze Geschichte. Er erwiderte, er könne nichts Bedenkliches sehen. Ob ich rote Beete gegessen hätte? Ich bestätigte es. Daraufhin lachte er und sagte etwas über die Einfaltspinsel von Ärzten, welche immer nach Problemen suchen, wo keine sind. Was ich mit der schrecklichen Medizin tun solle, wollte ich wissen. Er empfahl, sie in den Ausguß zu schütten. Ich solle so tun, als ob ich sie genommen hätte. Lieber alter Großvater! Welch eine Erleichterung zu wissen, daß ich nicht ernsthaft krank bin.

30. November

Als ich mich heute zur Mater begab, um ihr guten Morgen zu wünschen, erblickte ich Onkel Willie und einen anderen Geist im Raum. Sie taten etwas mit ihr, damit es ihr besser ginge. Ich wollte gerne bleiben und zusehen, doch hätte ich wohl nur gestört. Außerdem war es Zeit für den Unterricht. Ich bin froh, daß Mater sich kräftiger fühlt. Nachdem wir die Milch und die Kekse zu uns genommen hatten, unternahm Herr Patmore mit mir einen kurzen Spaziergang — der Doktor hatte es empfohlen. Wir begegnetem einem Kind und dessen Mutter. Das Kind hatte einen Wutanfall und seine

Mater schien nicht zu wissen, was sie tun sollte. Herr Patmore machte eine Bemerkung und sagte, sie wäre bei König Lear zu finden. Der E.B. erschien gestern und ließ folgendes verlauten (mein Lehrer hatte es aufgenommen und diktierte es mir jetzt):

„Seid gegrüßt, meine Söhne. Ich, der ich viele eurer Gedanken empfange, weiß, daß ihr den Wunsch hattet, mit mir Verbindung aufzunehmen, da diejenige, die krank im Bett liegt, gewissen Gedanken nicht zustimmen kann. Ich frage euch: darf Ignoranz dem Weg des Wissens im Wege stehen und dürfen Vorurteile sich dem spirituellen Fortschritt als Hindernis darstellen? Dürfen Irrtümer über die Wahrheit die Oberhand gewinnen und sollen diejenigen, welche imstande sind zu sehen, ihre Sicht trüben, weil die anderen blind sind? Wisset, meine Söhne und vernehmt zu eurem Trost: mag der Verstand auch unnachgiebig sein, so prägen sich der Seele doch Eindrücke ein, die im nachfolgenden Leben zum Tragen kommen. Deine Mutter, mein kleiner Sohn, weigert sich, dein Wissen aufgrund ihrer Erziehung und ihres orthodoxen Glaubens anzuerkennen; dies wird bis zu ihrem Tode so bleiben. Aber die Zeit wird kommen und so sehr sie jenes Wissen jetzt noch beiseite schiebt, so wird es doch von ihrer Seele aufgenommen und sie zur endgültigen Erleuchtung führen. Glaubt nicht, meine Söhne, ich gehörte zu denen, die das Böse befürworten, damit sich danach das Gute daraus entwickeln kann. Aber ich sage euch, es mag oft richtig sein, etwas zu tun, das in den Augen der Menschen dem Bösen entspricht, damit daraus das Gute erwachsen kann. Dies gilt besonders für diejenigen, die irrtümlicherweise am orthodoxen Glauben festhalten. Frieden sei mit euch!... Gibt es noch etwas, das eure Herzen beunruhigt?"

Herr Patmore fragte, warum Großvater nichts von seinem Vorleben wisse. Der E.B. lächelte und sprach:

„Glaubt nicht, daß denjenigen, die die sterbliche Hülle ablegen, das gesamte Wissen zuteil wird. Wenn ihr ein fremdes Land aufsucht und dort lebt, erlangt ihr dann das Wissen über die dortigen Religionen und Philosophien? Nein, anstatt euch zu öffnen, haltet ihr an eurem Glauben und an euren Vorurteilen fest. Das gleiche gilt für diejenigen, welche sich auf den niederen Ebenen der Entkörperten befinden. Er, der früher der Großvater des

Jungen war, befindet sich auf einer Ebene, die eine Verbindung darstellt zwischen Realität und Illusion. Die Illusion ist ziemlich groß, da Wunschvorstellungen sich sofort in Materie verwandeln. Auf der Erde mag zum Beispiel ein Bildhauer die Vorstellung eines Gegenstandes haben. Doch dieser Gegenstand der Vorstellung verwandelt sich erst in ein Objekt, nachdem der Bildhauer den Stein oder das Metall bearbeitet hat. Dies trifft für die Astralebene jedoch nicht zu. Die Substanz dieser Ebene ist so beweglich, daß aus der Vorstellung unmittelbar die Materie entsteht. Aus diesem Grund scheint alles wahrhaftig zu sein. Die Völker des Ostens, mein Sohn, glauben an Reinkarnation, während sie noch die Erde bewohnen. Sie wissen von dieser Wahrheit, wenn sie sich ins Reich der Entkörperten begeben. Den Menschen des Westens ist dieser Glaube verlorengegangen, da ihre Pfarrer und Prälaten diesen Satz in früheren Zeiten aus dem Glaubensbekenntnis gestrichen haben. Doch wird man sich eines Tages wieder daran erinnern und die Bedeutung folgender Worte erkennen: 'mit welchem Maß ihr meßt, so wird euch gemessen werden.' Prägt diese Wahrheit in euren Herzen ein! Alles ist gerecht in Gottes vollkommener Welt. Jeder von euch hat sein gegenwärtiges Schicksal durch die Gedanken, Wünsche und Handlungen der Vergangenheit geschaffen — er erntet Gutes, wo er Gutes gesät hat und Böses, wo er Böses gesät hat. Dies entspricht der Gesetzmäßigkeit und hat mit Tugend und Belohnung, Sünde und Strafe nichts zu tun; es beruht auf dem Gesetz von Ursache und Wirkung. Ich verlasse euch jetzt. Doch erlaube mir noch ein Wort, mein Sohn: liebe deine Mutter, um so mehr, da es ihr Sorge bereitet, dich nicht zu verstehen und du wie ein Lamm bist, das nicht zu ihrer Herde gehört." (In späteren Gesprächen berichtete mir der E.B. mit wohlklingender Stimme, daß, wäre er mir nicht zur Hilfe geeilt, mich der Widerstand meiner Mutter gegenüber meinen seherischen Fähigkeiten entmutigt und meine Weiterentwicklung beeinträchtigt hätte. Schlimmer noch, sie hätte mich sogar überzeugen können, daß ich ein Opfer "pathologischer Halluzinationen" sei, was sich übel auf meine geistige Gesundheit ausgewirkt hätte. Es mag ungewöhnlich erscheinen, daß er mich in so jungen Jahren über die Grenzen meiner Mutter informierte und mich ermutigte, entgegen ihren Wünschen zu handeln. Ungewöhnliche

Fälle erfordern ungewöhnliche Methoden. Ich erfuhr von ihm, daß der Kontakt zu Herrn Patmore dazu diente, der Ignoranz bzw. den Vorurteilen meiner Mutter entgegenzuwirken. Wäre mein Lehrer nicht gewesen, so hätte es zu jener Zeit niemanden gegeben, der meine befremdenden Fähigkeiten verstanden hätte. Außerdem stellte die Tatsache, daß Herr Patmore die Mitteilungen des E.B. notierte, einen beträchtlichen Vorzug dar.)

30. November

Etwas Entsetzliches passierte heute und brachte mich vollkommen aus dem Gleichgewicht. Georgina brach in der Kirche zusammen. Die arme Alte mußte ins Hospital gebracht werden, da der Doktor meinte, es wäre das Beste. Lizzie benahm sich sehr unfreundlich. Sie weigerte sich, im selben Raum mit jemand zu schlafen, der so krank ist (die Bediensteten teilten ein Zimmer). Mater kann auch nichts machen, da es ihr selbst nicht gut geht. Die Kinderschwester mußte die alte Frau Prettyman bitten, zu kommen, sonst wäre niemand da gewesen, der sich um das Essen kümmert. Als ich heute morgen aufwachte, hatte ich das Gefühl, wir würden Besuch bekommen, kann es mir aber noch nicht erklären. Du liebe Güte, ich wollte, ich würde mir nicht um alles soviele Gedanken machen. Ich glaube nicht, daß Henry und Arnold sich halb soviele Gedanken machen, wie ich es tue. Pater bemerkte einmal, daß einige Leute mit einem Silberlöffel im Mund geboren werden. Ich kann solches von mir nicht behaupten. Vielleicht sollte ich so etwas nicht sagen? Nein, ich darf dergleichen nicht sagen. Wenn ich an all die Menschen denke, die die wunderbaren Feen und die Geister nicht sehen können und auch nicht den E.B., den ich so liebe. Dann gibt es noch Herrn Patmore.

2. Dezember

Schreckliche Neuigkeiten. Georgina ist von uns gegangen. Als ich es vernahm, mußte ich weinen. Ich weiß, es ist albern, denn sie ist nicht wirklich gegangen, und vielleicht sehe ich sie demnächst. Sogar Mildred weinte. Natürlich glaubt sie mit dem Tod ist alles zu Ende; es hat keinen Zweck, sie vom Gegenteil zu überzeugen. Falls die alte Georgina auftaucht, werde ich meinen Mund halten müssen. Ich wette, ich erzähle Herrn Patmore davon. (Ich hatte zu unserer Köchin nach ihrem Ableben niemals Kontakt. Wie meine Großmutter, so hatte auch sie ziemlich engstirnige Ideen über ein Leben nach dem Tod. Zweifellos begab sie sich in den Himmel ihrer Vorstellung.)

6. Dezember
Die arme Georgina wurde beerdigt und wir schickten einen Kranz. Ich bete für sie. Irgendwie mag ich jetzt gar nicht in die Küche gehen, es bringt mich fast zum Weinen. Ich finde es schrecklich, wenn der Papagei ihren seltsamen lauten Atem nachmacht, obwohl sie gar nicht mehr da ist. Ich denke, daß Tommy (der Kater), sie ebenfalls vermißt, denn sie hat ihn sehr gehätschelt. Pater sagt, wir werden Mühe haben, vor Weihnachten eine neue Köchin zu finden. Die Bediensteten bleiben so lange bis sie ihre Weihnachtsgaben erhalten haben und beweisen dann ihre Dankbarkeit, indem sie kündigen. Tatsache ist, daß Pater von Dienstboten, seit Janet ging, nicht mehr allzu viel hält. Er mochte Janet sehr. Ich erinnere mich, daß er eines Morgens bemerkte: „Wenn Janet geht, bricht mir das Herz!" Mater sieht wieder besser aus, kann allerdings das Haus noch nicht verlassen. Der Pfarrer erkundigte sich nach ihr, wollte aber nicht bleiben. Ich vermute, er hatte Angst sich anzustecken. Eine Menge Leute fragten nach Mater. Das kommt davon, wenn sie nicht in der Kirche gesehen wird. Wenn Pater krank ist, kommen nicht halb soviele Leute.

9. Dezember
Der E.B. erschien und Herr Patmore stellte ihm einige Fragen: falls Geister wie Großvater Inder treffen, die doch an die Reinkarnation glauben — ich habe dieses lange Wort jetzt gelernt — warum glaubt er dann nicht daran? Der E.B. lächelte und antwortete: „Wenn ein Christ auf Erden einen Hindu

trifft, wird er dann diesen Glauben des Hindu übernehmen?" „Wahrscheinlich nicht," antwortete Herr Patmore. Ob die anderen Geister nichts davon wissen, wenn sich ein Geist inkarniert? Der E.B. antwortete, sie wüßten es nicht, da die Geister in Großvaters Welt (d.h. auf Großvaters Ebene) sich für eine gewisse Zeit in höhere Welten begeben, bevor sie auf die Erde zurückkommen. Deswegen sind viele Spiritisten — welch ein langes Wort — der Ansicht, es existierte nur ein einziges Leben auf Erden, und daß danach die Seele höher und höher steige, ohne jemals wieder zur Erde herabzukommen. Anschließend wollte Herr Patmore wissen, was die Geister zur Rückkehr (auf die Erde) veranlaßte, nachdem sie sich in höheren Welten aufgehalten hatten. Aber E.B. sagte, er habe jetzt nicht die Zeit, uns solches zu erklären. Er würde statt dessen einen seiner englischen Schüler senden... So wartet eine neue Mitteilung auf uns. Ich möchte gerne wissen, wann er kommt, und wie er aussieht. Herr Patmore muß wieder alles aufschreiben, was er sagt und es mir hinterher erklären, falls ich nicht alles verstehe.

11. Dezember

Mater ist wieder gesund, doch sie scheint das Leben als eine unerträgliche Last zu empfinden. Der neue Geist erschien gestern, als wir Milch und Kekse zu uns nahmen. Herr Patmore diktierte mir, was er niedergeschrieben hatte. Einiges ging über meinen Horizont, aber Herr Patmore erklärte es mir sehr liebenswürdig. Ich habe jetzt mit Erlaubnis des Doktors eine Stunde länger Unterricht. Wir machen erst kurz vor Weihnachten Ferien. Als der neue Geist hier war, kam Mater ins Zimmer und brachte alles durcheinander. Sie kam, um sich nach dem Befinden von Herrn Patmore zu erkundigen, um ihm für seine Nachfrage zu danken und für die Blumen, die seine Frau geschickt hatte. Natürlich bekam sie Gott sei Dank von allem nichts mit, sonst hätte es wieder einen Aufstand gegeben. Glücklicherweise wartete der Geist bis sie ging. Er ist ein freundlicher Geist, sieht ziemlich jung und heiter aus und hat eine sehr schöne Aura. Er spricht auf andere Art und Weise als der E.B. und sagte folgendes:

„Mein Meister sandte mich, damit ich eure Fragen beantworte. Was darf ich euch mitteilen?"
Ganz einfach. Ich möchte wissen, was einen bestimmten Geist zu einer bestimmten Zeit veranlaßt, zurückzukommen (sich zu inkarnieren)?" fragte Herr Patmore. (Mein Lehrer schrieb im allgemeinen sowohl die Fragen als auch die Antworten nieder.)
„Um dergleichen zu verstehen, wisse, daß das Leben eine komplexe Angelegenheit darstellt. Du, mein Freund, besitzt einen physischen Körper, einen Astral-, Mental- und Geistkörper, die alle miteinander verbunden sind und deine menschliche Existenz bilden. Natürlich weißt du, daß du einen physischen Körper besitzt, da du ihn sehen und fühlen kannst. Du weißt jedoch nicht, daß es einen Astral-, Mental- und Geistkörper gibt, und daß alle diese Körper einander und den physischen Körper durchdringen. Es wäre dir bewußt, wärest du imstande Auren zu sehen. Um deinen physischen Körper zu erhalten, mußt du ihn ernähren und in Bewegung halten, sonst würde er immer schwächer werden, welken und sterben. Dies ist offensichtlich. Wie steht es nun mit den feinstofflichen Körpern? Da sie nicht aus grober Materie bestehen, kannst du sie nicht mit Steaks und Kartoffeln versorgen; also mußt du ihnen Energie auf andere Art und Weise zuführen. Wenn du keine Gefühle hättest oder alle unterdrücktest — so wie einige fehlgeleitete Menschen — hättest du einen schwachen Astralkörper. Würdest du deinen Verstand nicht entwickeln, stünde es schlecht um deinen Mentalkörper; das gleiche gilt für den höheren und noch feineren Geistkörper. Daraus resultiert, daß, nachdem du deinen physischen Körper auf der physischen Ebene abgestreift hast, deine feinstofflichen Körper nicht mehr fähig sind, noch länger auf dieser Ebene zu verweilen. Merkst du, worauf ich hinaus will?"
„Nicht ganz. Wenn meine feineren Körper aus Energiemangel vergehen, warum muß ich zur Erde zurückkehren? Verlöschen meine feinstofflichen Körper nicht wie die Flamme einer Kerze?"
„Da du eine unsterbliche Seele bist, erlöscht du niemals. Du denkst wie die Agnostiker, doch vergißt du folgendes: dadurch, daß die Flamme verlöscht, wird nicht die Kerze zerstört."

„Ich mag vielleicht dumm sein, denn ich erkenne immer noch nicht, warum die Seele in einem anderen Körper zur Erde zurückkehren muß?"

„So unorthodox du bist, wurdest du doch durch die Kirche beeinflußt, die das Ganze einfach umgedreht hat. Die Kirche vertritt die Meinung, Gott erschaffe eine neue Seele, wenn ein Kind zur Welt kommt. Vielleicht urteile ich zu kritisch über die Kirche, da es schwierig ist, zu erfahren, was die Kirche glaubt. Wie dem auch sei, so ähnlich wäre es zu behaupten, daß für einen neuen Mantel immer ein neuer Körper zur Verfügung stehen muß; dabei ist es genau umgekehrt."

Wir mußten beide lachen.

„Die Wahrheit ist genau umgekehrt. Nachdem die Seele sich von den feinstofflichen Körpern befreit hat und sozusagen in höhere Welten aufgestiegen ist, verschafft sie sich selbst und nicht irgendeine fremde Macht, ein neues Körperkleid, um die Wirkungen der Handlungen zu erfahren, die sie in früheren Erdenleben verursacht hat. Mit anderen Worten, sie muß ihr Schicksal erfüllen – zu diesem Zweck inkarniert sie sich in einer Familie, die sie ausgesucht hat. Warum wohl bleiben manche Paare kinderlos? Da es keine Seele gibt, die dieses Paar als Eltern wählt oder es keiner Seele gestattet ist, das Paar als Eltern zu wählen."

„Ich verstehe. Sehr interessant. Willst du damit zum Ausdruck bringen, daß wir sterben und zu gegebener Zeit wieder geboren werden für den Rest aller Zeiten?"

„Nein, nur solange wir Ursachen auf der physischen Ebene schaffen, welche wiederum Wirkungen auf dieser Ebene zeigen. Um ein alltägliches Beispiel zu geben: der gewöhnliche Mensch unterwirft sich geschäftlichen Zwängen, Familienbanden, tausend Pflichten und Verantwortungen, von denen er sich nicht zu befreien vermag und die ihn an einen bestimmten Ort binden. Er mag einmal im Jahr in die Ferien fahren, doch früher oder später ist er gezwungen, seinen geschäftlichen Aktivitäten wieder nachzugehen, seine Forderungen zu begleichen und einzuziehen und anderen Verpflichtungen nachzukommen. Da er all diese Verantwortlichkeiten geschaffen hat, muß er sie auf sich nehmen, ob er will oder nicht. Das gleiche gilt in einem weiteren Sinn für die Seele. Die Seele schafft Fesseln und Verpflichtungen durch ihr Begehren, Geld zu verdienen, eine Familie zu gründen, zu Besitz und sozialem Ansehen zu gelangen und nach anderweitigen Erdenschätzen zu streben. All diese Fesseln bringen sie zurück auf den Erdenplan, damit sie durch Erfahrung zur Weisheit gelange. Hat sie Missetaten begangen, so kommt sie zurück, um die Wirkung dieser Taten zu verspüren und ihre Schuld durch Leiden zu verringern. Hat sie Gutes getan, so kommt sie zurück, Gutes zu ernten. Sie hat beides gesät – Gut und Böse –, wie die meisten von uns und wird folglich die Wirkungen von Gut und Böse verspüren. Auf diese Weise bedeutet die Inkarnation eine Mischung von Glück und Leid."

„Was sollte die Seele tun, um überhaupt nie wieder zurückzukommen?"

Doch der Geist verschwand plötzlich, und ich war nicht imstande, Herrn Patmore eine Antwort zu geben. Aber wer weiß, wozu das gut war, wie Mater immer zu sagen pflegt; außerdem wurde ich allmählich müde.

14. Dezember

In meinem Schlafzimmer stinkt es furchtbar, mir dreht sich fast der Magen um. Pater glaubt, eine Maus sei unter der Diele umgekommen. Er kritisierte den Kater, daß er seine Pflicht nicht getan habe. Ich mag Mäuse, aber es wäre besser, sie würden nicht sterben und einen widerlichen Gestank verursachen. Im Moment befinden sich die Handwerker im Haus, um die Dielen zu zerhacken. Pater klagt bereits über die schöne Rechnung, die er zahlen müssen wird. Der freundliche Geist erschien gestern und entschuldigte sich, daß er so schnell entschwunden war. Er bemerkte folgendes und Herr Patmore notierte:

„Verzeiht, daß ich neulich so schnell verschwand; mein Körper rief mich zurück. Da ich euch keinen Hinweis gab, anderes anzunehmen, vermute ich, ihr glaubt, ich sei ein entkörperter Geist. Aber dies ist nicht der Fall. Um genau zu sein, bin ich ein sogenannter Anglo-Amerikaner. Ich kommuniziere mit euch, während mein Körper viele tausend Meilen entfernt schläft. Wenn es bei euch Tag ist, herrscht bei uns Nacht. Wäre dies nicht so, könnte ich gar nicht zu euch kommen. Ich habe gelernt, Astralreisen zu unternehmen, während mein physischer Körper schläft. Dein junger Freund besitzt dieselben Fähigkeiten, und ich treffe ihn oft auf dieser Ebene. Doch weder er noch ich erinnern uns, wenn wir des Morgens in unsere Körper zurückkehren. Vielleicht kommt dir solches seltsam vor, aber es ist ganz einfach. Ohne besondere Übung ist der Astralkörper nicht imstande, dem physischen Gehirn die Erinnerung an seine Erfahrungen einzuprägen. Später wird der Junge, der eine fortgeschrittenere Seele ist als ich, diese Fähigkeit bis zu einem gewissen Grad erreichen. So führen er und ich ein Doppelleben, unser Erdenleben während des Tages und unser Leben auf dieser Ebene zur Nachtzeit. Treten wir mit jemand, der sehend ist — es gibt noch nicht viele Menschen mit dieser Gabe — in Verbindung, so wie ich es gerade tue, besteht immer die Möglichkeit, daß wir in unseren physischen Körper durch einen Laut oder andere Umstände zurückgerufen werden. So kann es geschehen, daß plötzlich jemand verschwindet, wie ich neulich des Nachts. Was würdet ihr nach dieser Erklärung noch gerne erfahren?"

„Ich wollte wissen, was die Seele tun muß, um nicht mehr zur Erde zurückzukehren?"

„Sie sollte sich bemühen, die Reichtümer des Himmels zu erlangen, anstatt nach denen der Erde zu streben. Kurz, der Mensch muß selbstlos werden oder, wie es die indischen Weisen ausdrücken, er muß loslassen können. In erster Linie sollte er Missetaten vermeiden, um nicht im nächsten Leben für diese Schuld aufzukommen. Zweitens sollte er um seiner selbst Willen Gutes tun, ohne Verlangen nach Belohnung. Starke Wünsche und seien sie auch selbstlos, fordern früher oder später Erfüllung; sie sind Fesseln, die an die Erde binden. Starke Wünsche sind mit einem Bumerang zu vergleichen: sie werden in Form von Gedanken ins Universum ausgesandt und kehren in Form von Materie, d.h. Erfüllung zurück. Nehmen wir an, ein Mensch verspürt zu Lebzeiten ein starkes Verlangen nach Ruhm, doch die Umstände sind ungünstig, und er stirbt, bevor sein Wunsch in Erfüllung ging. Was geschieht? Durch seinen mächtigen Wunsch erschuf er feine Kräfte, die nicht einfach im Nichts verschwinden, genausowenig wie ein Bumerang verschwinden kann. Also muß der Mensch eventuell zurückkommen, um die Wunscherfüllung zu erleben. Dies gilt für alle Wünsche.

Die meisten Leute wollen reich werden, Macht erlangen, hohe Positionen erreichen oder in der Gesellschaft glänzen. Alle diese Wünsche, die aus Eitelkeit geboren werden, sind die Stricke, die die Seele binden und zur Inkarnation zwingen. Habe ich mich klar ausgedrückt?"

„Ja. Ist das so zu verstehen, daß all die Dinge, die du erwähnt hast, von Übel sind und niemand jemals reich oder berühmt werden sollte?"

„Sie sind in sich selbst weder gut noch schlecht. Es ist unser Verhaftetsein, das sie für uns zur Fessel werden läßt. Jesus sagte zum Beispiel, die Liebe zum Geld sei die Wurzel allen Übels. Mein Meister sagt das gleiche, nur drückt er es anders aus; das Anhängen am Geld ist die Wurzel allen Übels. Ich weiß, daß die indische Idee des Loslassens für dich befremdend ist. Doch sie ist eigentlich sehr einfach. Sie bedeutet praktisch, daß du dich von äußeren Dingen nicht abhängig machen sollst, um glücklich zu sein. Wahres und dauerndes Glück findest du in dir, d.h. in den feineren Körpern, vor allem im Geistkörper, der eins ist mit Gott. Ich gehe jetzt, der Junge wird müde."

„Ja, wir leben und lernen," bemerkte Herr Patmore, nachdem der Geist gegangen war. Es überrascht mich nicht im geringsten, daß ich mich während des Schlafes auf andere Ebenen begebe. Ich habe während des Schlafes oft das Gefühl, nicht im Körper zu verweilen.

15. Dezember

Beim Frühstück fühlten wir uns alle sehr bedrückt; Pater hatte gerade einen Brief erhalten, in dem zu lesen war, daß Onkel Robert sehr krank ist. So müssen Pater und Mater packen, um so schnell wie möglich nach London zu fahren. Er hat keine Frau und war, wie Herr Wilcox, immer ein Junggeselle. Ich vermute, er hat nie eine Dame kennengelernt, mit der er sich gerne verlobt hätte. Vielleicht wußte er auch nicht, wie man den Damen den Hof macht. Nun ist er sehr krank. Mildred sagt, falls er stirbt, vermacht er Pater in seinem Testament viel Geld, da Pater sein einziger Bruder ist, und er selbst keine Kinder hat. Ich hoffe, daß der arme Onkel Robert nicht stirbt, obwohl ich das furchtbare Gefühl habe, er wird sterben. Mildred meint, falls er wirklich stirbt, verdirbt sein Tod uns ein frohes Weihnachtsfest. Onkel hat Neumonia *) oder irgend etwas mit neu und Mildred sagt, viele Leute erholten sich nicht mehr davon. Mater war nicht begeistert, nach London fahren zu müssen. Sie glaubt nicht, daß sie sich nach der Influenza bereits so kräftig fühlt, um mit dem Zug so weit zu reisen. Pater schien auch nicht besonders erfreut. Sie hoffen, wir benehmen uns gut in ihrer Abwesenheit und machen keine Dummheiten. Das Abschiednehmen fiel mir dieses Mal nicht so schwer. Es ist besser geworden damit; das ist wirklich ein Segen. Am Freitag hört der Unterricht bei Herrn Patmore auf, was ich sehr bedauere.

17. Dezember

Mildred erhielt heute einen Brief mit schlimmen Nachrichten von Mater. Als sie in London ankamen, fanden sie Onkel Robert tot im Bett. Wenn er in unserer Nähe gewohnt hätte, so hätte mich alles sehr berührt. Um die Wahrheit zu sagen, sahen wir ihn nur alle hohen Festtage — Pater besuchte ihn immer, wenn er nach London kam. Natürlich tut es mir leid, daß Pater seinen Bruder verloren hat. Mater nennt es einen großen Verlust und bittet uns, gleich Pater zu schreiben, um unsere Trauer auszudrücken — so wie wohlerzogene Kinder dies tun. Mildred sagt, man nenne Briefe dieser Art Kondolenzschreiben — ich mußte die Schreibweise im Wörterbuch nachschauen. Sie seien schwer zu verfassen, und sie wüßte um alles in der Welt nicht, was sie schreiben solle. Ich auch nicht. Ich beschloß, Herrn Patmore zu bitten, mir einige Zeilen zu diktieren. Er lehnte ab. Ich solle den Brief auf meine Art verfassen, da meine Eltern sonst den Braten riechen könnten. Er half mir dabei und wir konnten ihn endlich abschicken. Mildred war natürlich sehr erpicht darauf zu lesen, was ich geschrieben hatte. Ich nehme an, um sich über mich lustig machen zu können. Aber Pech für sie, der Brief befand sich bereits sicher in Herrn Patmores Tasche, halb auf dem Weg zur Post. Ich hätte sie sowieso nicht lesen lassen, was ich geschrieben hatte. Mater und Pater werden mindestens bis Sonntag wegbleiben. Mater schrieb

*) — Pneumonie, d. Übers.

an Frau Prettyman, sie möge sofort die schwarzen Frackhosen von Pater schicken, da das Begräbnis morgen stattfinden würde. Ich vermute, Mater war so schlau, ihr bestes schwarzes Kleid einzupacken. Vielleicht wollte Pater nicht den Eindruck erwecken, er rechnete mit dem Tod Onkel Roberts. Es wird kein fröhliches Weihnachtsfest geben, nur lange Gesichter. Es trifft uns wirklich hart. Erst stirbt die arme Georgina und dann Onkel Robert.

18. Dezember

Ich hatte gestern keine Lust weiterzuschreiben; deswegen trage ich das Fehlende heute ein. Ich habe jetzt keinen Unterricht und fühle mich ohne Herrn Patmore ziemlich allein. Er versprach, vorbeizukommen und mit mir spazierenzugehen. Falls das Wetter es erlaube, würde er mich auch zum Essen zu sich nach Hause mitnehmen. Er bat mich, in den Ferien zur Übung eine Geschichte für ihn zu schreiben. Ich versprach es. Ich weiß nur nicht worüber. Am besten wäre wohl ein Märchen über ein kleines Mädchen, das mit einem Zwerg oder Märchenkönig lebt. Ich schreibe wohl doch lieber über ein größeres Mädchen, da ich kleine Mädchen nicht mag. Sie sind so albern und schwätzen dummes Zeug. Da das Wetter heute kalt und naß war, begab ich mich in Paters Arbeitszimmer und wühlte in seinen Bücherregalen. Ich las wieder etwas von Herrn Pepys. Er scheint eine Menge über Toiletten *) zu reden. An einer Stelle schreibt er, daß eine Frau Russel seiner Frau einen Hl. Georg aus Alabaster schenkte, damit er die Toilette schmücke. Ich frage mich, was mit Schmücken gemeint ist. Pater sagt immer "sich für ein Picnic schmücken", aber das hat wohl damit nichts zu tun. Genau genommen, verstehe ich nicht einmal die Hälfte von dem, worüber Herr Pepys schreibt, aber es gefällt mir, denn es klingt so lustig. Arnold kam heute nachmittag, und wir spielten Schach. Sein Vater hat es ihm nicht so gut beigebracht wie es Herr Patmore mir beibrachte. Er paßt nicht richtig auf, und ich nahm ihm die Dame, als er nicht bei der Sache war.

*) engl. closet = Toilette, Schrank, d. Übers.

19. Dezember
Das erste Mal zeigte Mildred heute kein Bedürfnis, den Gottesdienst zu besuchen. Wenn Mater morgen nicht nach Hause käme und fragte, so würde sie am liebsten gar nicht zur Kirche gehen. Dies scheint verdächtig. Sie ist wohl nicht mehr in Herrn Amery, den Pfarrer, verliebt. Wir gingen trotzdem, und ich genoß das Orgelspiel. Ich würde auch gerne eine schöne Orgel besitzen. Wenn ich erwachsen bin, kaufe ich mir selbst eine. Mildred nennt diesen Wunsch albern, da die Orgel den gesamten Salon einnehmen würde. Warum zerbreche ich mir eigentlich den Kopf... Mildred ist sehr aufgeregt, weil sie anläßlich des Todes von Onkel Robert ein neues Kleid bekommt. Ich werde wohl einen schwarzen Mantel und eine schwarze Hose bekommen. Ich frage mich, ob Mater ihren Trauerflor trägt. Es ist komisch, daß die Leute schwarz tragen, wenn jemand geht, um eine schöne Zeit im Geisterland zu verbringen. Ich nenne es idiotisch, aber wage nicht, es Mater zu sagen. All dieses Schwarz verursacht einem Unbehagen. Wenn es nach mir ginge, würde ich gerne gelb, blau und rosa oder irgendetwas Schönes und Helles tragen. Ich bin sicher, es wäre besser so. Großvater erschien und gab mir Recht. Stellt euch vor! Ich fragte ihn wegen Onkel Robert, und er antwortete: „Sorge dich nicht. Wir kümmern uns um ihn. Es gibt hier drüben jemand, der bereits seit langem auf ihn wartet. Er ist glücklich, sie wieder zu sehen. Achte auf meine Worte. Eines Tages wirst du davon hören und dich an meine Worte erinnern." (Einige Jahre später vernahm ich, daß mein Onkel eine tragische Liebesgeschichte erlebt hatte; die Dame seines Herzens war der Schwindsucht erlegen. Er war untröstlich und blieb Junggeselle, obwohl er ein Vermögen verdiente, welches so manche Dame gerne mit ihm geteilt hätte.) Mater und Pater kamen gestern nach Hause. Sie sahen beide etwas mitgenommen aus und sonderbar, die Aura beider sah heller aus als vor der Abreise. (Dies war nicht überraschend in Anbetracht der Tatsache, daß mein Vater ein Vermögen geerbt hatte und meine Mutter auch eine erfreuliche Erbschaft erhielt. Was mich anbetrifft, so sollte ich mit meinem 21. Lebensjahr ein kleines Einkommen erhalten und nach meines Vaters Tod das gesamte Vermögen erben. Doch von alledem wußte ich damals nichts.) Heute nahm Mater Mildred und mich mit,

um uns schwarze Kleidung zu kaufen. Ich trage jetzt die schrecklichen Sachen. Wir sehen furchtbar aus, von Kopf bis Fuß in Schwarz gekleidet. Das ganze Haus scheint von Schwermut erfüllt. Mater befindet sich in der üblichen Verwirrung hinsichtlich der Geschenke für das Pfarrhaus und dergleichen. Sie beschwert sich, daß schon fast Weihnachten ist und sie sich erschöpft fühle. Pater und Mater müssen kurz nach Weihnachten wieder nach London fahren, um die Angelegenheiten von Onkel Robert zu regeln und um seine Kleidung an die Armen zu verschenken. Mater sagt, es wäre anstrengend. Pater wird mit Rechtsanwälten verhandeln müssen, da Onkel Robert ihn bat, das Amt des Testamentvollstreckers zu übernehmen.

23. Dezember
Pater kam mit einer Schachtel teurer Zigarren nach Hause, die ich Herrn Patmore als Weihnachtsgeschenk schicken soll. Frau Patmore bekommt Blumen. Ich freue mich darüber; sie sind dessen würdig. Mater hat an Tante Maud geschrieben, ob sie kommen könne, während sie (meine Eltern) abwesend seien. Sie möchte uns mit den Bediensteten nicht allein lassen, aus Angst, wir könnten übermütig werden. Ich habe das Gefühl, sie wird mit Tante Maud kein Glück haben. Pater zeigte sich außergewöhnlich großzügig. Er gab Mildred und mir je 20 Shilling, um Weihnachtsgeschenke für die Bediensteten und füreinander zu besorgen und auch etwas für Herrn Wilcox, der, wie im letzten Jahr, zum Weihnachtsmahl kommt. Ich war wie vom Donner gerührt, weil Pater noch nie so großzügig gewesen ist. Ich hörte jemanden sagen, daß ein Tod in der Familie oft die Angehörigen erweicht oder so ähnlich – vielleicht ist das der Grund. Ich fand das Ganze sehr zufriedenstellend und habe überall Geschenke gekauft, obwohl ich meinen Kopf anstrengen mußte, um mir zu überlegen, was ich jedem schenken könnte. Ich habe jetzt alles und hoffe, jeder wird sich über sein Geschenk freuen.

28. Dezember
Weihnachten ist vorbei. Ich bekam schöne Geschenke... (Es folgen Einzelheiten, die für eine Veröffentlichung weder erbaulich noch interessant sind.) Ich war traurig, als der Plumpudding serviert wurde, er war die letzte von Georgina zubereitete Speise. Ich erinnere mich, wie sie mich an jenem Tage einlud, ihn umzurühren — die Masse sah sonderbar aus. Im Augenblick fällt mir ein, daß ich noch gar nicht Georginas Geist gesehen habe; sie macht sich wirklich rar. Vielleicht ist es mit ihr wie mit Großmutter und ich sehe sie deswegen nicht. Herr Wilcox war so nett wie immer, aber nach dem Tod von Paters Bruder nicht zu den üblichen Scherzen aufgelegt. Ich fühlte Traurigkeit bei dem Gedanken, daß Herr Wilcox, der bald eine eigene Gemeinde haben wird, vielleicht nie wieder Weihnachten mit uns verbringt. Gestern brachte ich den Großteil des Nachmittags damit zu, Dickens zu lesen. Sollte ich jemals gezwungen sein, mich von einer Krankenschwester betreuen zu lassen, hoffe ich, sie ist anders als Sarah Gamp.

29. Dezember
Ich hatte Recht, was Tante Maud anbetrifft. Sie kann nicht herkommen, da sie für zwei Wochen Gäste hat. Stellt euch vor, was geschah? Mater begab sich zu Frau Patmore. Sie und ihr Mann kümmern sich stattdessen um uns. Ich bin begeistert. Wir werden herrliche Zeiten miteinander verbringen, und ich hoffe nur, daß Mildred uns nicht zu sehr im Wege ist. Wir müssen aufpassen, daß sie uns nicht dabei ertappt (mit den Geistern Kontakt aufzunehmen.) Ich vergaß zu erwähnen, daß der E.B. zu Weihnachten erschien, um mir seinen Weihnachtssegen zu erteilen, aber er blieb nur einen Moment.

31. Dezember
Gestern reisten die Eltern ab und die Patmores kamen hierher. Sie übernachten im Gästezimmer, das in aller Eile hergerichtet wurde. Sie waren offensichtlich davon angetan zu kommen. Ein neuer Geist erschien gestern

und wie das Glück es wollte, wurde Mildred zum Tee eingeladen Auf diese Weise war Herr Patmore in der Lage zu notieren, was er sprach, um es mir danach zu diktieren. Großvater brachte den Geist mit und sprach: „Hier ist ein Ire, der zu euch sprechen möchte. Ich lasse ihn nun hier," und Großvater verschwand. Der Geist war sonderbar und redete auf seltsame Art, die ich nicht nachzuahmen vermochte, als ich das Ganze für Herrn und Frau Patmore wiederholte.

„Friede sei mit euch," sagte er. „Es ist mir eine große Ehre, mit euch armen Seelen Kontakt aufzunehmen, die ihr noch in euren Körpern gefangen seid wie Vögel in einem Käfig, die mal hierhin fliegen und dorthin, jedoch nicht weit kommen. Es ist mir eine große Ehre, einem Jungen mit dem sechsten Sinn zu begegnen, dessen Wahrnehmungsvermögen dem eines Adlers gleicht und der imstande ist, mich zu sehen und meine Worte zu vernehmen. Wenn die Blinden auf der Erde nur wüßten, daß wir mehr sind als Staub in einem dunklen Grab, sondern glücklich und so leicht wie ein Distelfink in der Luft eines Sommermorgens. Mein armer Vater trauert und erhebt wehklagend seine Hände gen Himmel: „Ich verlor meinen Sohn und werde vor Kummer auch sterben", während ich neben ihm stehe und ihm zu verstehen gebe, er möge aufhören mit seinen Klagen, ich wäre doch bei ihm. Er jedoch ist taub wie ein Stein und so blind wie eine Eule im Sonnenschein. Es ist bedrückend, die Söhne und Töchter Gottes in der Dunkelheit zu sehen, den Tod fürchtend, obwohl das Licht leuchtet. Aber solche wie du werden der Welt Trost spenden in den Tagen der Trübsal, welche von den Propheten vorausgesagt sind, sie werden Trost spenden den Müttern und Witwen, denen das Geschwätz der Pfarrer keine Hilfe bedeutet. Mag Gott sich ihrer Ignoranz erbarmen. Sie predigen über den Himmel und haben keine Ahnung wie es dort aussieht, noch sind sie imstande, seine Existenz zu beweisen. Sie predigen gerne über den Glauben und die Liebe des allmächtigen Gottes und säen den Samen der Furcht in den unsterblichen Seelen. Laßt uns beten, daß Gott und die Heiligen ihre Dunkelheit erhellen mögen und ihre Augen sich den goldenen Strahlen der Wahrheit öffnen. Sie erfüllten auf Erden meine Seele mit Düsternis und Dunkelheit. Da ich

unwissend war, glaubte ich, was sie sagten und lebte in Furcht vor der Hölle (wahrscheinlich war der Geist ein irdischer Protestant).
Doch es gibt keine Hölle, es ist der Mensch, der sie schafft. Gott erschuf nie eine. Wisset, dies hier drüben ist eine Welt der Freude und voller Lieblichkeit mit Musik, Blumen, Vögeln und Schmetterlingen, so wie es nie jemand auf der Erde erlebt hat und so wie es auf Erden nicht sein wird. Ich sage euch: die Schönheit der Erde ist nur ein Schatten im Vergleich zur Schönheit des Himmels. Es ist hart, für die Schönheit der Erde blind zu sein, aber es erfordert noch größeres Lernen, die Schönheit des Himmels wahrzunehmen. Gott vergebe mir, ich habe kein Recht euch derartiges mitzuteilen. Es ist eine große Ehre mit solchen Menschen wie euch zu sprechen, mit euch, die ihr die Liebe und die Wahrheit in euren Herzen habt, mit euch, die ihr euch nicht um die Predigten der Pfarrer kümmert und stattdessen den Stimmen der Geister Aufmerksamkeit schenkt... Ich muß nun gehen. Vielleicht komme ich wieder, falls ihr das wünscht. Möge Gott der Allmächtige euch Weisheit schenken und euren Körpern Gesundheit. Gott beschütze euch alle."
Nachdem der Geist gegangen war, sagte Herr Patmore irgendetwas Lustiges, daß der Geist ein gutes Mundwerk habe, daß nur ein Ire soviel reden könne, und daß er ihm gerne einige Fragen gestellt hätte. Er erkundigte sich bei mir nach der Aura des Geistes. Es sei eine schöne Aura gewesen mit viel Rosa und Blau, aber wenig Gelb... Mildred kam mit einem sehr roten Gesicht vom Teetrinken zurück. Sie hat schreckliche Frostbeulen, der Juckreiz mache sie fast verrückt, sagte sie. Frau Patmore tröstete sie und bestätigte, wie furchtbar sie wären.

1887

17. Januar

Mater kam am Samstag nach Hause und Pater kommt irgendwann im Laufe der Woche zurück. Die Patmores gingen, und ich war traurig, weil wir so angenehme Tage miteinander verbracht haben. Der Unterricht begann heute wieder. Herr Patmore war von der Geschichte, die ich in den Ferien geschrieben habe, angetan, gab mir aber noch einige Ratschläge. Er bemerkte, daß gute Schriftsteller für ein und dieselbe Sache nicht immer das gleiche Wort verwandten. Ich solle nicht immer schreiben "er sagte, sie sagte", sondern auch "er entgegnete, sie antwortete" und dergleichen. Man nenne dergleichen Synonyme und er sagte mir, wie man das Wort buchstabiert. Danach diktierte er mir eine Anzahl von Synonymen für "sagen", da mir selbst nichts anderes einfiel als "antworten, entgegnen, zu verstehen geben". Ich schrieb sie alle auf und weiß nun Bescheid. Mater benimmt sich anders als sonst, sie sieht aus als ob sie etwas beunruhige. Ich weiß aber nicht was und wage nicht, sie zu fragen. Ich habe das Gefühl, daß sie und Pater sich wegen etwas streiten. Falls dies wirklich stimmt, hoffe ich, es geht bald vorbei. Es ist bedrückend und die Stimmung im Hause leidet darunter.

24. Januar

Der freundliche Schüler von E.B. tauchte heute früh um 11.00 Uhr auf und teilte uns einiges mit. Er erklärte, daß Seelen, die genügend fortgeschritten seien und nicht mehr zur Erde zurückkehren wollen, Devas oder Engel werden können. Er erörterte, jedes Land (Nation) habe seinen eigenen Deva, der mit verschiedenen Angelegenheiten betraut ist, eine Sache, die wir bis jetzt nicht verstehen könnten. Er teilte uns mit, daß Lord Nelson, der die Schlacht von Trafalgar gewann, jetzt ein (National) Deva wäre. Falls ich jemals nach London käme, könnte ich ihn über dem Nelsondenkmal am Trafalgar Square sehen.(10) Er fuhr fort und berichtete, daß einige Devas sich sehr eng an den Körper eines Menschen binden und keine Devas mehr sein wollen. Sie nehmen menschliche Gestalt an, um in der Nähe des Menschen zu sein, zu dem sie sich hingezogen fühlen. Er bestätigte, daß die Geschichten über Feen, die sich in gewöhnliche Menschen verwandeln, keine Erfindung seien (sondern in gewissem Maße geheime Lehren enthalten). Anschließend kam das Sonderbarste. Er berichtete, daß ich vor ewigen Zeiten ein Deva gewesen wäre und so sehr den E.B. geliebt hätte, daß dieser mir half, ein gewöhnlicher Mensch zu werden, der geboren wird und stirbt. Aufgrund meiner Devaexistenz sei ich imstande, Dinge zu sehen, die andere Menschen nicht wahrnehmen können. Es sei für alle Menschen einfacher, Geister und Feen zu sehen, nachdem sie selbst einmal ein Deva gewesen sind. Dann mußte er gehen. „Nun, nun," murmelte Herr Patmore, „es ist alles recht eigenartig — wir leben und lernen." „Ja," warf ich ein, „wer hätte das gedacht?"

27. Januar

Ich bin sicher, es ist etwas im Busch. Seitdem Pater zurück ist, streiten die Eltern, aber nicht, wenn wir im Zimmer sind. Wann immer ich an der Tür der Bibliothek vorbeigehe, ist es zu hören. Ich könnte jedoch nicht heimlich lauschen. Ich habe das Gefühl, daß es Schwierigkeiten gibt und eine Veränderung; Mater und Pater scheinen sich über irgendetwas nicht einig zu sein. Mater redet kaum beim Essen und seufzt, während Pater sie verdrossen ansieht. Mildred meint, Pater wolle in London leben und Mater nicht. Wie kann sie dergleichen wissen, wenn sie nicht an der Tür gelauscht hat? Ich habe das Gefühl, sie hat Recht. Ich bemerkte: „Falls du meinst, du weißt soviel, kannst du mir vielleicht sagen, wer gewinnt?" „Wie soll ich das wissen," fragte sie. „Ihr Männer tut doch im allgemeinen, was ihr wollt." „Nun, du brauchst nicht beleidigend zu werden," erwiderte ich. „Ach, halt den Mund," sagte sie und vertiefte sich in ein Buch.

29. Januar
Die neue Köchin ist da. Sie ist niemand Besonderes und wirkt engstirnig, so wie Fräulein Griffin. Henry kam zum Tee. Er erzählte, daß der Pfarrer an Lumbago leide. In Wirklichkeit hätte er Hämorrhoiden, was ich jedoch niemandem sagen solle. Ich weiß nicht, was Hämorrhoiden sind; Henry sagt, sie hätten etwas mit dem Gesäß zu tun. Ich frage mich, warum Geistliche immer etwas am Gesäß bekommen. Ich erinnere mich, daß Herr Wilcox auch etwas am Gesäß hatte, als er bei uns zu Hause im Bett lag. Ja, ich erinnere mich, es war ein Karbunkel. Ich hätte eher gedacht, Pfarrer bekämen wunde Knie, da sie soviel knien müssen.
Ich habe Angst, wir könnten zuguterletzt nach London ziehen. Wenn ich mich von Herrn Patmore trennen muß, weiß ich nicht, was aus mir wird. Ich bin froh, daß Großvater erschien und mich beruhigte. Zuerst wollte er wissen, wie uns der irische Geist gefallen habe. Er habe uns gefallen, bestätigten wir. Seine sonderbare Art des Redens habe uns erheitert. Dann fragte ich Großvater, ob wir alle nach London ziehen? Gott sei Dank, ich erfuhr, es würde kein London geben (Dies stellte sich hinterher als Teilwahrheit heraus). Bevor er ging, bemerkte er, daß inzwischen mehr Geister erfahren hätten, daß ich sie zu sehen vermochte und Herr Patmore sich für Spiritualismus interessiere. Wir sollten nicht überrascht sein, falls jemand auftauche. Nicht alle seien fortgeschrittene Geister; deswegen sollten wir uns um ihre Rede nicht so sehr kümmern. Er behauptete, einige Geister seien sehr eitel und... (Ich kann meine Schrift hier nicht lesen, da das Manuskript verschmutzt und befleckt ist. Wahrscheinlich hatte mir Großvater mitgeteilt, daß viele unentwickelte Geister sich wichtig machen. Die Erfahrung bewies die Wahrheit seiner Worte.)

2. Februar
Während ich heute früh Unterricht hatte, kam Herr Wilcox vorbei, um sich von den Eltern zu verabschieden, da er nun seinen Dienst in der neuen Gemeinde antritt. Er verabschiedete sich nicht von mir, da er weiß, wie sehr mich dergleichen mitnimmt. Er ließ mir über Mater Grüße ausrichten, wo-

für ich ihm sehr dankbar war. Ich wollte, er bliebe hier. Er wird mir schrecklich fehlen. Wenigstens versprach er zu schreiben. Der neue Geistliche ist ein Herr Atkinson. Ich vermute, Mater wird sich bald mit ihm anfreunden und ihn zum Essen einladen; ich werde Herrn Wilcox nie vergessen. Lizzie wurde gekündigt. Mater behauptete, sie wäre böse und hätte etwas Entsetzliches getan, doch sie wollte mir nicht sagen, was. Ich wollte wissen, ob sie jemand umgebracht habe. Mater verneinte. Ob sie etwas gestohlen habe? Wieder verneinte Mater. Mildred tut so, als ob sie Bescheid wüßte und mir nur nichts sage. Da niemand mir etwas verraten will, hat es keinen Sinn, noch länger darüber zu reden. Die arme Lizzie tut mir leid; sie sieht so krank aus und es ist etwas Sonderbares mit ihrer Aura. Mater murmelte etwas über Bedienstete, die der Nagel zu ihrem Sarg seien.

9. Februar

Weil ich mich die ganze Zeit sehr müde fühlte und mir alles weh tat, kam der Doktor. Er verordnete mir Massagen oder wie das richtig heißt. Ich muß im Bett liegen, während eine Dame meinen Körper von Kopf bis Fuß massiert. Ich hoffe, es schmerzt nicht. Sie heißt Fräulein Ball — ein sonderbarer Name, wie ich meine. Ich bin neugierig, ob sie hübsch ist. Heute nachmittag hatte ich bei Fräulein Musikunterricht. Der Geist tauchte wieder auf und sagte, er wäre der Vater der Dame. Er konnte das "der" nicht richtig aussprechen und das Wort "Vater" ebenfalls nicht. Er bat mich, Fräulein zu sagen, daß er anwesend sei. Ich wußte nicht, was ich tun sollte und hatte Angst, sie würde wie Mater ärgerlich werden. Er nickte mir zu und er tat mir leid, da er begierig schien, mit ihr in Kontakt zu treten. Als sie ihren Mantel anzog, fragte ich sie, ob sie jemals etwas vom sechsten Sinn gehört habe. Sie wollte wissen, worum es sich dabei handele. Es sei die Fähigkeit, Geister zu sehen, erklärte ich ihr. Ich wäre zu jung, um mich mit solchen Dingen zu beschäftigen, zudem wäre es ungesund, rief sie aus. Ich sagte, daß ich anderer Meinung sei. Ich sei imstande seit frühester Kindheit Geister zu sehen. Ich hätte eine enorme Phantasie, antwortete sie. Sie benützt manchmal lustige Worte. „Darf ich etwas fragen?" „Wenn du möchtest," entgegnete sie. „Hatte dein Vater ein ziemlich rundes und dickes Gesicht und Haare, die wie eine Bürste hochstanden?" Diese Frage schien sie in größtes Erstaunen zu versetzen und sie rief: „Wie kannst du das wissen?" „Er hält sich hier im Raum auf und sagt, er wäre dein Vater." Sie errötete und blickte verdrießlich. „Es ist deine Phantasie. Falls mein lieber Vater wirklich anwesend wäre, würde er sich mir oder Mama bemerkbar machen und nicht einem Fremden. Ich bitte dich, nie wieder solche Worte auszusprechen. Es verdirbt die gute Erinnerung an meinen Vater." Danach fühlte ich mich aufgeregt und schachmatt, ich konnte nur noch sagen, es täte mir leid und ich hätte es nicht böse gemeint. (Ich bin zu dem Schluß gekommen, daß viele Geister schlechte Psychologen sind. Nachdem für sie die Beschränkungen des menschlichen Körpers nicht existieren, vergessen sie, daß in den Köpfen vieler Menschen Vorurteile bestehen und unvernünftige Emotionen, die äußerst schwer zu überwinden sind.)

11. Februar

Fräulein Ball kam heute zum ersten Mal, und es war alles halb so schlimm. Sie massierte meinen ganzen Körper. Sie hat rote Haare, Sommersprossen, eine große Nase und ist nicht besonders ansehnlich. Aber sie ist lustig und redet eine Menge über alles mögliche. Ich glaube, sie gibt mir etwas, wenn sie mich massiert. Ich kann sehen, wie es aus ihr herausströmt.(11) Pater geht es wieder schlecht, er klagt über Ischias und den schrecklichen Ostwind. Er behauptet, das Klima würde ihn noch ins Grab bringen. Weil wir davon sprechen, seine Aura sieht auch nicht gut aus. Wir haben ein neues Hausmädchen namens Edith. Sie kam gestern und ist schrecklich häßlich. Ich hörte Mater sagen, sie würde kein hübsches Mädchen mehr ins Haus nehmen. Sie bereiteten einem nur Schwierigkeiten und falls nicht, heirateten sie, wie Janet, und Mater hätte nichts als Sorgen. Als ich Arnold davon erzählte, bestätigte er, daß seinem Vater hübsche Hausmädchen gefielen. Fräulein Chadwick, die Wirtschafterin, meine jedoch, sie brächten Unannehmlichkeiten; die Arbeiter kämen und machten ihnen Komplimente am Hintereingang oder so ähnlich.

15. Februar

Der Pfarrer scheint keine Hämorrhoiden mehr zu haben, da er heute predigte. Nach dem Gottesdienst wollte ich beim Essen von Mater wissen, was Huren seien, warum sie dem Himmelreich näher wären als die Pharisäer. Pater verzog das Gesicht mit der Bemerkung, wie sie diese Frage zu beantworten gedenke. Mater wurde verlegen, schaute schockiert und sprach, ich solle nie wieder dieses Wort (Hure) benutzen, da es etwas Böses bedeute. Dies schien mir eigenartig. Warum sollte ich es nicht benutzen, wenn Jesus es auch tat? Nach dem Essen schaute ich ins Wörterbuch und alles, was dort geschrieben stand, war "eine Prostituierte"; ich war genauso klug wie vorher. Ich muß feststellen, daß das Wörterbuch eine Enttäuschung ist. Mildred wußte es auch nicht, glaubte jedoch, es müsse etwas mit niederlegen zu tun haben, da der Wortstamm soviel wie hinstrecken bedeute. Falls ich es nicht vergesse, frage ich Herrn Patmore.

24. Februar

Wir hatten einen Geist zu Besuch; sie sagte, ihr Name sei Saffow (Sappho) und sie sei eine große Dichterin gewesen. Sie bat Herrn Patmore, ihre Gedichte niederzuschreiben, um sie zur Veröffentlichung an Zeitschriften zu senden. Ich hielt nicht viel von ihrer Aura. Ich glaube, sie dachte nur an ihren Vorteil. Herr Patmore notierte folgendes, da sie meinte, es wäre sehr bedeutend.

Ich bin ein Geist im Geisterland,
umgeben von Licht und Helle.
In eure Schattenwelt
sei das goldene Licht gesandt.
Ich sende das Licht der Wahrheit,
damit sich erhebe eure Seele,
um zu trocknen der Waisen Tränen,
um zu trocknen der Witwen Augen.

Fürchtet euch nicht vor dem Sterben,
denn es öffnet die Pforte
zu einer Welt der Freude.

Bevor der Geist verschwand, erblickte ich Großvater, der in sich hineinlachte, so als ob ihn alles sehr erheiterte, doch er blieb nicht. Der Geist bat uns, das Gedicht an eine Zeitschrift zu senden. Herr Patmore bemerkte, er wolle sehen, was er tun könne. Als der Geist weg war, erklärte er, das Gedicht sei derartig albern, ob sie uns wohl zum Besten gehalten habe? Er war sicher, daß es sich nicht um Sappho gehandelt haben kann (ich habe die Schreibweise berichtigt), die bereits lange vor Christus lebte. Wir erinnerten uns, daß Großvater gesagt hatte, wir sollten manchen Geistern keine Beachtung schenken. Sie muß einer davon gewesen sein. Sie will wiederkommen und uns noch mehr Gedichte geben. Falls sie wirklich kommt, tun wir so, als bemerkten wir ihre Anwesenheit nicht, wie neulich bei dem Esel, der sich als Pfarrer ausgab. (Apropos "Sappho". Entkörperte Wesenheiten vergessen bis auf wenige Ausnahmen ihre Erdennamen; die Erinnerung daran ist meistens eine Sache des physischen Gehirns. So mag mancher Geist, der vorgibt, eine Berühmtheit gewesen zu sein, ein übler Spuk aus den niederen Ebenen sein.) — (12)

3. März
Mir geht es schlecht, ich kann mir nicht helfen. Mater seufzte heute beim Essen und sprach: „Nun, euer Vater hat sich entschlossen, in London zu leben, also ziehen wir bald um." Ich glaubte, bei diesen Worten keine Luft mehr zu kriegen. „Was ist mit mir und Herrn Patmore?" fragte ich. „Herr Patmore ist nicht der einzige Lehrer auf der Welt," entgegenete sie. „Außerdem sollte es möglich sein, eine geeignete Schule zu finden." „Ich will mich von Herrn Patmore nicht trennen," sprach ich. „Es geht nicht darum, was kleine Jungen wollen, sondern darum, was die Eltern für das Beste halten." Warum bezeichnet Mater mich immer als kleinen Jungen? Ich bin nicht mehr so klein. Selbstverständlich ist es mit Mildred anders. Sie möchte sich

von ihren Schulfreundinnen nicht trennen, doch sie ist überzeugt, das Leben in London mit den vielen Theatern, Konzerten, Partys und dergleichen müsse sehr angenehm sein. Ihr ist es ziemlich egal, wo sie lebt. Sie hat keinen solchen Lehrer, wie der meinige einer ist. Er versteht mich, wenn ich Dinge sehe und glaubt mir und nennt mich nicht einen Dummkopf, wie andere es tun. Ich fühlte mich den ganzen Nachmittag bedrückt und verspürte Verlangen nach der Anwesenheit des E.B., nach seinem Trost, doch nichts geschah. Plötzlich erblickte ich ihn nach dem Teetrinken. „Sei nicht verzweifelt, mein Sohn, es wird sich ein Weg finden." Danach ging es mir besser.

4. März

Ich sah gestern abend Großvater für einen Augenblick, als ich bereits im Bett lag, und er gab mir einen guten Rat. Ich solle Pater und Mater fragen, ob ich nicht als Kostgänger bei Herrn und Frau Patmore wohnen könne. Die Patmores wären imstande meine Eltern zu überzeugen, daß es fast so ähnlich wäre, als besuchte ich ein Internat. Für die Ferien könnte ich mich nach London trollen, damit wir alle zusammen wären. Ich fand diese Idee wunderbar. Als Pater heute abend heimkam, bittelte und bettelte ich, mich bei den Patmores zu lassen. Ich war sehr aufgeregt, weil ich nicht wußte, was sie sagen würden, ob sie ärgerlich werden würden. Aber ich schaffte es irgendwie. Zuerst schaute Mater verdrießlich und sagte etwas in der Art, ich hätte Herrn Patmore lieber als sie. Ich widersprach. Ich käme so gut mit Herrn Patmore zurecht und wer weiß, ob ich mit jemand anders auch so gut zurecht käme. Pater meinte, das wäre alles gut und schön, doch vielleicht wollten mich die Patmores gar nicht als Kostgänger haben. Mater schloß sich Paters Meinung an; vielleicht käme es den Patmores ungelegen. Mater redet immer über das Gelegensein. Sie fragt stets jeden — ausgenommen uns — ob etwas gelegen ist. Doch egal. Was ich hinzufügen wollte — nachdem wir die Sache durchgesprochen hatten, meinten sie, sie würden beide darüber nachdenken. Inzwischen solle ich Herrn Patmore gegenüber nichts erwähnen. Das war vorläufig alles. Ich habe Hoffnung und bete heute abend um Gottes Hilfe, daß er meine Eltern milde stimmen möge...

9. März

Ich sitze vorläufig wie auf Kohlen. Pater ist geschäftlich in Manchester. Aber vielleicht tut sich etwas? Mater schloß sich heute vor dem Unterricht mit Herrn Patmore lange Zeit in der Bibliothek ein. Ich hätte so gerne gewußt, was sie gesagt hat. Sie behauptet, es wäre ihre Privatangelegenheit, ich solle mich gedulden. Wozu diese Geheimniskrämerei? Als ob ich nicht wüßte, daß es um mich geht, ob ich nach London muß oder nicht. Beim Unterricht erblickte ich einen sonderbaren Geist im Matrosenanzug. Ich schenkte ihm keine Beachtung, da wir beschäftigt waren. Aber er wartete bis zur Pause und ich berichtete Herrn Patmore von seiner Anwesenheit. Wir fragten nach seinen Wünschen. Er erklärte, er sei vor kurzem ertrunken und jemand hätte ihm gesagt, wir könnten ihm helfen. Herr Patmore nahm Bleistift und Papier und wollte wissen, auf welche Weise. „Ich möchte meiner Mutter eine Botschaft übermitteln." „Wir kennen deine Mutter nicht," gab Herr Patmore zu verstehen. „Das spielt keine Rolle. Ich sage euch, wo sie wohnt." Herr Patmore notierte es, aber ich vergaß, wo es war. „Ich will sehen, was ich tun kann. Um welche Botschaft handelt es sich?" „Sagt ihr, sie soll zu weinen aufhören," sagte der Matrosengeist. „Ihre Trauer verursacht mir Mißbehagen; ich bin kein Körper am Grunde des verdammten Meeres." Wie wäre Mater über diesen Fluch schockiert gewesen. Ich kann nichts dafür. Sogar Herr Patmore verzog das Gesicht. Anschließend bemerkte er (der Geist), er wäre drüben recht glücklich. Wenn seine Mutter nur zu weinen aufhörte. Es bereite ihm Qualen, sie in diesem Zustand zu sehen. Er habe versucht, sie zu trösten, doch sie könne ihn nicht hören. Also hätte er es aufgegeben. Er bat uns, ihr zu sagen, sie solle wieder fröhlich sein, denn es ginge ihm gut. Wenn sie nur imstande wäre, ihn zu sehen. Herr Patmore versprach, sein Bestes zu tun; da sie in der Nähe wohnte, würde er am Nachmittag hingehen. Der Geist dankte und verschwand. Als er weg war, sprach Herr Patmore: „Es kommt mir vor, als ob ich mir etwas einfallen lassen müßte. Sie wird mich hinauswerfen..." Schade, daß ich Herrn Patmore nicht begleiten kann. Eigentlich bin ich doch froh, daß ich nicht mitgehe, es würde mich nur beunruhigen. Arme, alte Frau.

10. März

Mildred und ich unterhielten uns über vieles. Ich erkundigte mich, was aus Vaters Geschäften werde, wenn er nach London geht. Sie teilte mir mit, er wäre dann so etwas wie ein "stiller Teilhaber". Für mich klingt das komisch. Ich frage mich, ob sie weiß, was sie schwätzt. Onkel scheint uns ein großes Haus mit tollen Möbeln vererbt zu haben; dort wollen meine Eltern leben. Mildred ist sehr aufgeregt... Herr Patmore besuchte die alte Frau und erzählte mir alles. Er behauptete, sie wäre die engstirnigste Frau gewesen, die ihm jemals begegnet sei. Er hätte genauso gut zu einer Mauer sprechen können. Er habe sich als Herr Jones ausgegeben, der ihren Sohn gesehen habe. Er konnte nicht zugeben, daß ich es war, aus Furcht, sie könne klatschen und dieser Klatsch Mater zu Ohren kommen. Ich hielt es für eine gute Vorsichtsmaßnahme, obwohl es ein frecher Schwindel war. Dann habe er versucht, ihr die Botschaft zu übermitteln, daß ihr Sohn versucht habe, zu ihr Verbindung aufzunehmen und sie ihn nicht sehen konnte. Sie beharrte, daß dies alles ein Werk des Teufels wäre. Ihr Sohn sei tot und würde erst am Auferstehungstage erwachen. Herr Patmore stritt mit ihr, doch ohne Erfolg. Sie blieb bei ihrer Behauptung und nannte alles ein Werk des Teufels. Nachdem Herr Patmore sich fast den Mund fransig geredet hatte, äußerte sie, ihr Sohn würde wohl zu ihr kommen und nicht zu ihm, ähnlich wie Fräulein es getan hatte. Als er fast eine Stunde über die Sache geredet hatte, gab Herr Patmore auf und kehrte mit eingezogenen Schultern nach Hause zurück. Während er in der Unterrichtspause davon erzählte, erschien der Matrose. Er sei die ganze Zeit dort gewesen und hätte festgestellt, daß es aussichtslos sei. „Ich kann euch auch den Grund dafür nennen. Es liegt an den verdammten Pfarrern, die die Leute mit diesem verdammten Blödsinn vollstopfen, der solchen Schaden anrichtet wie bei meiner Mama." Zum Dank für unsere Freundlichkeit wolle er uns noch etwas sagen, doch vielleicht wüßten wir es schon. Es gäbe einige Pfarrer dort drüben, die all diese Lügen sehr bedauerten und alles wieder gutmachen wollten. Herr Patmore fand diese Mitteilung interessant und dankte ihm. Der Geist schien erfreut und ging. Ich frage mich, was der Pfarrer dazu sagen würde. Und auch meine arme Mutter? Ich glaube, sie würden in Aufruhr geraten wie die alte Frau Thingumybob bei Dickens.

15. März

Hurrah, hurrah! Ich darf als Kostgänger bei den Patmores bleiben. Welch große Erleichterung! Ich könnte vor Freude Purzelbäume schlagen. Es wird mir trotzdem nicht leichtfallen, mich von Mater und Pater zu verabschieden. Aber da ich in den Ferien nach Hause fahre, ist es nicht so schlimm. Es wäre schlimmer, mich von Herrn Patmore zu verabschieden. Offensichtlich erwähnte Herr Patmore Pater gegenüber, daß ich gute Fortschritte mache und es bedauerlich wäre, einen Wechsel herbeizuführen. Gestern hielten er und Pater sich sehr lange in der Bibliothek auf. Herr Patmore zeigte Pater einige meiner Hefte, so daß er sich selbst überzeugen konnte. Wahrscheinlich war Großvater in diesem Moment gerade dabei gewesen. Er zeigte sich am Nachmittag, schaute recht vorwitzig und sprach: „Wie du siehst, mein Junge, ist dein Wunsch in Erfüllung gegangen und auch der unsrige. Es wäre für dich nicht gut gewesen, dich von deinem Lehrer zu trennen." Ich bin dankbar, daß die Ungewißheit vorbei ist. Mir war deswegen schon ganz schlecht.

16. März

Ich denke, Herr Patmore ist genauso erfreut wie ich, daß ich bei ihnen bleibe. Wie wird es schön mit den Geistern. „Oh, mir fällt etwas ein. Ich bin doch ein Esel! Wir hätten den Matrosen noch Verschiedenes fragen sollen," rief Herr Patmore aus. Wir hätten ihn fragen sollen, wo er ertrank, was es für ein Gefühl war und dergleichen mehr. Ich schlug vor, ganz fest an ihn zu denken, vielleicht würde er dann kommen. Doch so sehr wir an ihn dachten, wir hatten kein Glück. Ich möchte wissen, warum?... Ich ziehe zu den Patmores, bevor alle nach London ziehen. Mater sagte, auf diese Weise stünde ich niemandem im Weg, wenn durch den Umzug das Haus auf den Kopf gestellt wird. Der Umzug scheint ihr immer noch Kummer zu bereiten. Es tut ihr wohl leid, den Pfarrer nicht mehr zu sehen. Wenn ich Mater wäre, würde ich um einen alten Pfarrer, der sowieso keine schöne Aura hat und Dinge verkündet, die nicht der Wahrheit entsprechen, nicht soviel Aufhebens machen. Natürlich wird sie ihre Freunde vermissen. Arnold und Henry würden mir auch fehlen, und so kann ich ihr alles nachfühlen. Für Pater ist es einfach; er scheint hier keine Freunde zu haben, da er gerne allein ist. Wenn man mich fragt, so denke ich, er mag seine Bücher lieber als irgendeinen Menschen. Es ist schön Bücher zu lesen, aber noch schöner, mit lieben Menschen zusammen zu sein. Ich habe weiterhin bei Fräulein Musikunterricht und bin deshalb sehr froh. Der Musikunterricht hätte mir in London gefehlt. Mir gefällt der Unterricht und ich kann bereits kleine Stükke von Bach und Beethoven spielen. Außerdem mag ich Fräulein, obwohl sie über meine Worte wegen ihres toten Paters beleidigt war. Er ist immer noch beim Unterricht anwesend und bedrängt mich, ihr von seiner Anwesenheit zu berichten. Warum sollte ich, wenn sie nur Anstoß nimmt? Er tut mir leid, aber ich glaube, er ist ein alter verstockter Geist.

6. April

Ich wurde gestern mit meinem Koffer in einem Wagen hierher gebracht. Der Rest meiner Sachen wird auf den Möbelwagen verladen und zum neuen Haus nach London gebracht. Ich hätte fast geweint, als ich vom alten Haus Abschied nahm. Ich versuchte, mich zusammenzureißen und es nicht zu zeigen. Ich mußte mich von Mater nicht verabschieden. Sie würde zu mir kommen, um mir Auf Wiedersehen zu sagen, bevor alle nach London fahren. Ich habe das Gefühl, sie überdenkt die Sache und kommt nicht. Pater will auch noch einmal kommen, auch um mit Herrn Patmore etwas zu besprechen. Ich habe mich von Mildred bereits verabschiedet. Ich bedauere nicht, die Dienstboten nicht mehr zu sehen, ich hatte sie nicht allzu gern gehabt. Ich werde den Kater und den Papagei vermissen... Mein Schlafzimmer hier ist ein gemütlicher Raum; hinter dem Haus gibt es einen kleinen Garten mit einem Baum und einigen Blumen. Mir gefällt auch das kleine Eckzimmer. Herr Patmore hat alles mögliche auf dem Kamin stehen und Bridget, das Dienstmädchen, sorgt dafür, daß alles glänzt und sauber ist. Da gibt es Kupferkrüge, Gabeln und Wärmflaschen, die alle so glänzen, daß man sich darin spiegeln kann. Ich freue mich auch, daß es hier eine Katze namens Fluffy gibt. Bridget ist sehr fröhlich; ihre Wangen sind wie Äpfel und sie hat dunkle Haare. Frau Patmore sagt, sie wäre Irin. Sie redet etwa so wie der Geist, der damals so eine lange Predigt gehalten hat. Sie ist immer guter Laune und nimmt sich gegenüber Herrn Patmore Freiheiten heraus, gegen welche er offensichtlich nichts einzuwenden hat und Frau Patmore auch nicht. Ich weiß, es wird mir dort gefallen. Ich mag die Stimmung des Hauses; sie wirkt wohltuend.

15. April

Mater und Pater verabschiedeten sich nicht von mir, was ich rücksichtsvoll fand. Ich erhielt eine Karte von Mater, auf der sie schrieb, daß alle gut in London angekommen und eifrig damit beschäftigt sind alles auszupacken. Mildred schrieb mir voller Begeisterung einen Brief und berichtete, daß das Haus groß ist und sie jetzt einen Butler haben — er war früher bei Onkel beschäftigt gewesen. Gestern nach dem Teetrinken erschien Großvater mit einem Geist. Er erklärte, jener Geist würde uns verschiedenes berichten, und Herr Patmore möge Papier und Bleistift bereithalten. Herr Patmore schrieb alles auf und diktierte es mir heute früh, damit ich es in mein Tagebuch eintragen könne. Er sprach folgende Worte:

(Ich habe den Stil mit der Zustimmung der Witwe des Tagebuchschreibers etwas geändert, jedoch nicht den Sinn. Die gesamte Rede ist im Original nicht so zusammenhängend. Es bestanden Unterbrechungen, es gab Belanglosigkeiten und fehlende Verbindungen, die den Fluß der Sprache störten und geeignet waren, die Bedeutung zu verwischen. — C.S.)

„Ich arbeitete auf Erden als Wissenschaftler. Ich sehe davon ab, meinen Namen bekanntzugeben. Je schneller man ihn vergißt, desto besser. Ich stellte verschiedene Thesen auf, von denen ich nun weiß, daß sie auf einem Irrtum beruhten. Ich vertrat die Ansicht, daß die Auflösung des Körpers mit dem Ende gleichzusetzen wäre. (Oder wie Schopenhauer es ausdrückte: wir werden zum Dünger für den Anbau künftiger Melonen. — C.S.) Einige meiner wissenschaftlichen Thesen entsprachen der Wahrheit, lediglich meine Negationen waren verkehrt. Ich hatte nicht gelernt, mich vor den Gefahren einer induktiven Logik in acht zu nehmen. Wir sollten uns klar darüber sein, daß die induktive Logik schon viele unachtsame Wissenschaftler zu Fall gebracht hat. Die Weglassung einer Tatsache, geschweige denn von hundert Tatsachen, verändert das ganze Bild. Nehmen wir z.B. die Evolutionsdoktrin. Sie stimmt als Tatsache, aber sie wurde ungerechtfertigterweise als Aufhänger für viele Negationen herangenommen; ich bitte, diese Metapher zu verzeihen. Da der Mensch gelernt hat, daß der physische Organismus das Ergebnis eines langen Evolutionsprozesses darstellt, haben viele den voreiligen Schluß gezogen, daß es kein Weiterleben nach dem Tode gibt. Um diese Negation zu bekräftigen, behaupten sie, alle Geister seien Phantasieprodukte. Befassen wir uns mit dem Neuen Testament. Da festgestellt wurde, daß die Berichte nicht alle übereinstimmen, kam man zu dem Schluß, die Erklärungen bezüglich des Weiterlebens entsprächen nicht der Wahrheit und nahm diese Abweichungen zum Beweis der Nichtexistenz eines Weiterlebens nach dem Tode. Man vertritt die Ansicht, die Evolutionstheorie ließe sich mit der Unsterblichkeit der Seele nicht in Einklang bringen.

Seht ihr nun, wie groß die Gefahren einer induktiven Logik sind, einer Logik, die angelegentlich die Tatsachen ausläßt, die, kämen sie ans Licht, die Schlußfolgerung null und nichtig werden ließen.

Welches sind nun die Tatsachen? Wir, mein lieber Herr, stellen diese Tatsachen dar. Wir sind sozusagen die schwarzen Schwäne, die den vorläufigen Grundsatz, alle Schwäne wären weiß, widerlegen. Wir sind der lebende Widerspruch zur vermessenen Leugnung der Unsterblichkeit; wir existieren, um die Negation des Weiterlebens zu widerlegen. Da viele nicht die Fähigkeit besitzen, uns wahrzunehmen, wird behauptet, wir existierten nicht.

Diese kurzsichtige Behauptung beruht auf der Ignoranz eines fundamentalen Prinzips, das das Universum beherrscht und das man als "Vibration" beschreiben kann.

Wenn die volle Bedeutung dessen verstanden wird — vielleicht dauert es weniger als ein Jahrhundert — wird auch unsere Existenz akzeptiert, wenigstens als rationale Möglichkeit. Unsere Geistkörper besitzen eine höhere Schwingung als eure physischen Körper. Dies ist der einzige Grund, warum ihr uns nicht wahrnehmen könnt. Wenn ich "ihr" sage, meine ich den gewöhnlichen Menschen, der nicht mit dieser besonderen Gabe geboren wurde, welche als Hellsichtigkeit bezeichnet wird. Mit anderen Worten: Hellsichtigkeit ist einfach die Fähigkeit, jene feinen, höheren Schwingungen der Natur wahrzunehmen, welche nicht mit den Augen wahrnehmbar sind. Dies haben eure Wissenschaftler bis jetzt nicht begriffen und anstatt die Natur der Hellsichtigkeit zu erforschen, verhalten sie sich voller Abwehr und erklären, es sei nicht wert, sich damit zu befassen.

Ah, meine lieben Kollegen. Wie gewissenhaft und wissenschaftlich sind sie, wenn es um ihre Angelegenheiten geht, und wie unwissenschaftlich und nachlässig werden sie, sobald es um Phänomene geht, die ihre spezielle Forschungsdomäne überschreiten! Spezialisierung ist nicht der Freund der Wahrheit, sondern ihr Feind. Die Fakten, die ein Fachmann sammelt, mögen wahr sein, doch die Schlüsse, die er daraus zieht, sind des öfteren falsch... Es sei mir erlaubt, einige Worte über das Universum hinzuzufügen. Der Mensch betrachtet das Firmament und meint, es sei leerer Raum mit einigen Sternen. Dies ist eine Illusion aufgrund der Beschränktheit der fünf Sinne. Es gibt keinen leeren Raum; er erscheint nur leer mangels Masse und aufgrund der Schnelligkeit der Schwingungen. Zum Beispiel erscheint ihnen, mein gnädiger Herr, der Raum, in dem ich mich befinde, leer, doch nicht so unserem jungen Freund, der die Gabe des Sehens besitzt und zu sehen vermag, wie ich den Raum ausfülle. Die Materie, aus der ich bestehe, ist zu fein, um von euch wahrgenommen zu werden, für ihn mit seinem breiteren Wahrnehmungsspektrum ist sie allerdings nicht zu fein. Ihr seht also, daß der Raum, welcher leer erscheint, gar nicht leer sein muß. Deswegen sage ich euch: genau wie sich bei einer Maschine ein Rad an das andere fügt, so fügt sich im Kosmos eine Welt in die andere; ich hoffe, meine Ausführungen erscheinen ihnen nicht unvernünftig oder sogar unakzeptabel. Es ist auch nicht unvernünftig von mir zu behaupten, daß ich in der Lage bin, den gleichen Raum auszufüllen, den Materie oder ein physischer Körper ausfüllt. Hier zum Beispiel steht ein Stuhl. Ich bewege mich jetzt etwas vorwärts und durchdringe diesen Stuhl, da die Atome, aus denen er besteht, nicht genügend Dichte aufweisen und mir folglich solches erlauben. Es ließe sich in etwa damit vergleichen, wenn ihr durch den Nebel lauft. Ihr auf der Erde kennt nur drei Dimensionen, doch wir hier kennen weitere Dimensionen, für die es in eurer Sprache keinen Begriff gibt. Bei euch gibt es Länge, Breite und Höhe, aber bei uns gibt es noch eine andere Dimension, die vielleicht als Quere bezeichnet werden könnte . . . Habt ihr noch weitere Fragen?" „Ich würde gerne wissen, auf welche Art ihr mit uns sprecht. Durch eure Seele?"

„Nein, es handelt sich dabei um, nun, darf ich es Gewand meiner Seele nennen? Später streife ich dieses Gewand ab, um in höhere Welten aufzusteigen, wo die Schwingungen noch schneller sind und die Masse noch geringer wird. Ich möchte noch folgendes bemerken. Jegliche Fortentwicklung bedeutet einen Schritt in Richtung eines größeren Glücks. Ihr in eurer Welt könnt nicht ermessen, was Glück bedeutet, euch wird kaum ein Funken wahren Glücks zuteil... Ich muß mich nun von euch verabschieden. Ich hoffe, ich habe euch einen Dienst erweisen können."

Damit verschwand er. Als er weg war, bemerkte Herr Patmore, er hätte alles sehr interessant gefunden und bedaure, daß seine Frau nicht da war.

23. April

Das Piano hier ist ein Alptraum. Frau Patmore sagt, es gehörte ihrer Großmutter, doch Herr Patmore meint, es müsse wohl vom Himmel gefallen sein. Wenn ich darauf übe, kommt Bridget ins Zimmer und fragt, ob ich nicht etwas Lebhafteres und Melodiöseres spielen könne. Die arme Bridget hält nicht viel von klassischer Musik. Als ich fragte, ob sie Klavier spielen könne, verneinte sie. Sie könne jedoch Ziehharmonika spielen und auf der

Mundharmonika. Als ich sie bat, mir etwas auf der Mundharmonika vorzuspielen, rief sie aus: „Ich werde dir ganz sicher nichts vorspielen, da du dem Klavier so wunderbare Töne entlocken kannst, die Gott und die Engel erfreuen." Bridget ist schon ein sonderbarer Mensch. Herr Patmore sagt, sie schmeichele mir... Ich muß mich nun zum Musikunterricht zu Fräulein begeben, da zu Herrn Patmore am Dienstag- und Freitagnachmittag Jungen kommen und sie mein Klavierspiel stört. Fräulein wohnt mit ihrer alten Mutter in einem sehr kleinen Haus. Ihre Mutter ist taub, sie leidet an Schwachsinn und kann sich nicht eine Minute lang ruhig verhalten. Ich glaube, sie hat den Schlagfluß gehabt oder wie immer das heißen mag; ich bin nicht sicher. Der alte Vater ist die ganze Zeit im Haus anwesend und gibt mir Zeichen. Ich wünschte, ich könnte ihm klar machen, daß es im Geisterland Besseres gibt als den lieben langen Tag an Fräuleins Schürze zu kleben. Ich werde Großvater bitten, ihm zu helfen.

27. April

Heute nachmittag — Herr Patmore hatte sich zum Unterricht außer Haus begeben — saß ich mit Heft und Bleistift im Garten und zeichnete Feen und Gnome auswendig, wie ich es oft tue. Bridget kam heraus und wollte sehen, was ich gezeichnet hatte. Ich ließ sie meine Zeichnungen sehen und sie ergoß einen solchen Wortschwall über mich, daß ich mich frage, wie so etwas nur möglich ist. Ich wollte, ich könnte auch einmal über eine Sache soviel sagen. Wenn ich Worte des Gefallens äußere, bleibe ich stecken und es fällt mir nichts mehr ein. Aber Bridget vermag eine halbe Stunde ununterbrochen zu reden, es ist mit einer endlosen Karussellfahrt zu vergleichen. Als Herr Patmore vom Unterricht zurückkam, zeigte ich ihm auch die Zeichnungen, und er äußerte, ich hätte Talent. Ich solle Zeichenstunden nehmen, falls Pater seine Einwilligung gibt. Er will an Pater schreiben und anfragen, ob ich Unterricht bei einem Fräulein Wilson nehmen könne, die hier in der Nähe wohnt. Danach würde man sehen... Der alberne Geist namens Sappho tauchte wieder auf. Nachdem wir uns schon einmal die Finger verbrannt hatten, zeigten wir ihr die kalte Schulter und gaben vor, sie nicht zu bemerken. Ich fand ihre Gedichte gar nicht so schrecklich schlecht. Natürlich wird Herr Patmore es wohl besser wissen, zumindest nehme ich das an. Frau Patmore geht es nicht sehr gut, sie hat einige juckende Stellen am Körper, die sie auf den Frühling zurückführt.

3. Mai
Pater antwortete und gab seine Zustimmung zum Zeichenunterricht. Mater fügte einen Brief bei, in dem sie schrieb, sie gestalte das Haus wohnlich. Sie hoffe, ich lese die Bibel und wäre beim Gottesdienst aufmerksam. Ich glaube, die arme Mater hat die Kirche im "Hirn". Ich mache mir nicht viel aus den Gottesdiensten, zu denen mich Frau Patmore mitnimmt; im Gottesdienst des Pfarrers war die Musik schöner. Ich fragte Herrn Patmore, warum der Geistliche manche Worte so seltsam aussprechen würde. Herr Patmore entgegnete, er wäre ein affektierter Esel. Ich möchte wissen, warum Frau Patmore ihm dann zuhört... Es gibt eine junge Frau hier; sie heißt Fräulein Swann und kommt öfter zu Besuch. Herr Patmore sagt, sie mache ihm das Leben schwer, da sie erwarte, er lese die Sachen, die sie geschrieben habe. Heute sah ich sie im Vorbeigehen. In ihrer Aura befindet sich ein Wesen (d.h. sie war von einem Naturgeist besessen) wie bei jener Frau Salt in Birkdale, nur daß es kein alter Mann ist, sondern eine Art großer Fee. Herr Patmore erklärte, sie wolle die Welt verändern (reformieren). Sie verfasse ihre Sachen in einem altmodischen Stil, vergleichbar mit einer schlechten Bibelfassung. Sie wäre ein großer Egoist und ich mußte ihn fragen, was man darunter verstünde. Er bemerkte, ein Egoist wäre ein Mensch, der sich selbst die größte Bedeutung beimißt und ständig an sich denkt, obwohl es keinen Grund dafür gibt. Als ich die Fee erwähnte, wurde er ganz aufgeregt und wollte mehr wissen. Ich vermochte nicht mehr dazu zu sagen, weil ich nie zuvor eine Fee gesehen hatte, die derartig mit einem Menschen verhaftet war.(13)

11. Mai

Zuerst kam Fräulein Ball, danach Fräulein Wilson; so war ich den gesamten Nachmittag beschäftigt. Es geht mir nach den Behandlungen von Fräulein Ball besser. Anfangs ermüdeten sie mich, obwohl von ihr etwas ausging (Energie), das zu meinem Wohlbefinden beitrug. Fräulein Wilson sieht etwas wie ein Sperling aus. Ihre Nase ragt hervor wie ein Schnabel. Sie hat kleine schwarze Augen wie die Knöpfe an Maters Stiefeln, welche ich immer zuknöpfen mußte, als sie sich nicht bücken konnte. Herr Patmore sagt, das Wort "Knopfaugen" wäre ein bekannter Ausdruck. Ich wußte das nicht. Fräulein Wilson brachte ein Buch mit verschiedenen Zeichnungen, die ich abmalen soll. Ich soll mit Blumen beginnen, aber ich würde viel lieber etwas auswendig zeichnen. Gestern abend erschien jener Geist wieder, der ehedem als Wissenschaftlicher tätig war und übermittelte uns eine Botschaft. Ich fand sie etwas langweilig und hatte keine Lust, sie in mein Tagebuch zu übertragen. Herr Patmore meinte, die Botschaft wäre interessant, und eines Tages würde ich ihm Recht geben. Ich solle alles eintragen und gewissenhaft aufbewahren, sonst könnte es mir eines Tages leid tun. Hier ist der Text:

„Da ihr mir die Ehre erwiesen habt, über das nachzudenken, das ich euch neulich mitteilte, bin ich wiedergekommen. Es bedeutet mir eine große Befriedigung, durch den Jungen eine Verbindung herzustellen, die mir gestattet, einige meiner trügerischen Erklärungen, die ich zu Lebzeiten verlauten ließ, zu widerrufen. Ich erwähnte bei meinem letzten Erscheinen die Evolution. Obwohl eure Wissenschaftler sie zur Wahrheit erhoben haben, bedeutet sie lediglich eine Halbwahrheit, so wie sie von ihnen verstanden und ausgelegt wird. Sie betonen viel zu sehr die Evolution der Form und übersehen die bedeutendere Evolution des Lebens. Sie behaupten, die Form wäre verantwortlich für Leben und Bewußtsein; je komplexer der Organismus, desto höher das Bewußtsein. So meinen sie, der Mensch besitze aufgrund seines komplexeren und feineren Organismus ein höheres Bewußtsein und größere Intelligenz als der Frosch. Sie sehen in der Form die Ursache und im Bewußtsein die Wirkung. Ihre Schlüsse beruhen auf einem Irrtum. Leben kann vollkommen unabhängig von einer Form existieren; die Form stellt lediglich eine gewisse Manifestation des Lebens innerhalb eines gegebenen

Rahmens dar. Wenn zum Beispiel die Sonne durch ein Stück Rauchglas scheint, verlangsamen sich die Schwingungen und sie erscheint trübe. Wenn sie durch klares Glas scheint, zeigt sie sich in vollem Glanz. Die Sonne bleibt immer gleich, egal durch welches Glas sie scheint. Das Glas selbst oder die Farben des Glases bringen nicht das Sonnenlicht hervor. Die Sonne existiert unabhängig von Gegenständen, die sie mit ihren Strahlen durchdringt. So wie es mit dem Licht ist, ist es auch mit dem Leben. Leben ist ewig und allgegenwärtig, die Form drückt nur die besondere Natur der Manifestation aus. Eines Tages werden sich eure Wissenschaftler dessen bewußt werden. Doch bis dahin bleiben sie die Opfer einer Täuschung, die auf falschen Schlußfolgerungen beruht. Sie glauben und behaupten, daß es Leben ohne Bewußtsein gibt. Sie behaupten zum Beispiel, daß ein Baum lebt, aber kein Bewußtsein besitzt. Wir hier drüben wissen, daß das falsch ist. Wir wissen, daß ein Baum ein schwaches Bewußtsein besitzt, solange er lebt und Ausdruck der Manifestation des allgegenwärtigen Lebens ist. Es gibt noch einen Punkt. Eure Wissenschaftler kennen nur ein Evolutionsschema, doch es gibt zwei. Es gibt nicht nur das Evolutionsschema der physischen Natur, sondern auch das der Naturgeister, welches, da sie es nicht besser wissen, von ihnen als Aberglaube hingestellt wird. Frage einen dieser sturköpfigen Herrn, ob er an Feen glaubt, und er wird dergleichen als Beleidigung seiner Intelligenz empfinden. Besäße er unsere Wahrnehmungsfähigkeit, wüßte er, daß das sogenannte Freisein von Aberglauben nichts als Ignoranz ist, die aus der Begrenztheit seiner fünf Sinne erwächst. Ja, mein gnädiger Herr, er wäre überrascht zu erfahren, daß jedes Element seine Bewohner hat, daß es Feuer-, Wasser-, Luftgeister usw. gibt, und daß die beiden letzteren einiges mit den Wetterbedingungen zu tun haben.
Aber das ist längst nicht alles. Er wäre noch erstaunter zu erfahren, daß die Sonne der physische Körper einer großen Wesenheit ist, daß die Sonnenanbeter früherer Zeiten keine abergläubischen Ignoranten waren, die einem Mythos anhingen. Vielmehr sind die Planeten, einschließlich unserer Erde, von den Geistkörpern großer Wesenheiten beseelt, die auch als Planetengeister bekannt sind.
Dies ist eine Tatsache und wäre sie anerkannt, würde die alte und noch we-

nig bekannte Wissenschaft der Astrologie in einem ganz anderen Licht erscheinen, eine Wissenschaft, die von euren Gelehrten als Aberglaube abgetan wird, der mit dem Glauben an böse Geister und der Ausgeburt der Phantasie auf einer Stufe steht. Sie vertreten den Standpunkt, es wäre in Anbetracht vieler Billionen von Meilen den himmlischen Wesen nicht möglich, auf das Geschick der Menschheit einzuwirken. Dies alles mag zunächst einleuchtend klingen, aber nur deswegen, da gewisse bedeutende Tatsachen außer acht gelassen worden sind. Die Gelehrten begreifen nicht, daß es nicht die Sterne selbst sind, welche Wirkungen auf des Menschen Geschick zeitigen, sondern magnetische Kräfte, die von den Planetengeistern ausströmen.

Ich sage euch, der Tag ist nicht mehr fern, an dem die Astrologie und andere wenig bekannte Wissenschaften wieder ihre volle Bedeutung erlangen. Die moderne Aufklärung stellt nichts anderes dar als die Maske der Ignoranz. Aber auch die Ignoranz wird durch Wissen verdrängt werden. Nichtsdestoweniger stellt diese Art der Ignoranz hinter der Maske der Aufklärung lediglich den begleitenden Umstand des Sieges über die Materie dar. Seit ich die Erde verließ, konnte ich einen gewissen Einblick in jene Dinge gewinnen. Denkt einen Augenblick über die Entwicklung der großen Zivilisationen der Vergangenheit nach. Die großen Zivilisationen des alten Indiens strebten nach dem Sieg des Geistes. Die Weisen des alten Indiens hinterließen der Nachwelt ein Wissen über die Systeme der Metaphysik, das bis heute unerreicht ist und welches übrigens auch bald im Westen in den Vordergrund treten wird. Dann gab es noch die ägyptische Zivilisation, die vor ihrem Niedergang ebenfalls nach der Beherrschung und dem Verständnis desjenigen strebte, was gemeinhin als Astralwelt bekannt ist. Diese Ebene hat nichts mit den Sternen zu tun, sondern ist eine der niederen Ebenen der Entkörperten. In den ägyptischen Mysterienschulen lernte der Eingeweihte, wie man den physischen Körper verläßt und mit den Astralebenen Kontakt aufnimmt. Während sich die Inder mit der Metaphysik und dem Mystizismus beschäftigten, wandten die Ägypter sich dem Okkultismus zu.

Zum Schluß will ich von der großen griechischen Zivilisation sprechen. Während sich Indien und Ägypten hauptsächlich mit dem Nichtmateriellen, dem Feinstofflichen befaßten, wurde in Griechenland das Physische betont. Man schenkte der physischen Schönheit Aufmerksamkeit und widmete sich ihrer Darstellung. Die Jahrhunderte gingen vorbei, Griechenland erlebte seinen Untergang und der Sieg der Form nahm ein vollkommen anderes Aussehen an: das Maschinenzeitalter begann. Im Moment befindet ihr euch gerade am Beginn des Maschinenzeitalters. Einer von euch beiden wird noch die Erfindungen sehen, welche eure Vorväter in höchstes Erstaunen versetzt hätten. Wir in unserer Welt wissen bestimmte Dinge im voraus, da der Plan des Fortschrittes – falls man von Fortschritt sprechen darf – bis zu einem gewissen Grad für uns sichtbar ist. Denkt daran, daß Ideen ihren Ursprung nicht in der materiellen Welt, sondern in der Vorstellungswelt haben.

In unserer Welt besteht eine Idee, bevor sie sich in eurer Welt materialisiert. Dies ist auch der Grund, warum wir mit einer gewissen Bestimmtheit die Entwicklung der Gedanken und Handlungen auf eurer Erde voraussehen können. Wir machen hinsichtlich der Zeit oft Fehler, wie ich zugeben muß. Ihr werdet verstehen, daß es für uns schwierig ist, die Zeit einzuschätzen. Überdies ändert sich die Form der Dinge mitunter nur teilweise, aufgrund der geistigen Trägheit des Menschen und der Launen der menschlichen Natur. Denkt daran und kritisiert uns nicht zu hart, wenn sich unsere Voraussagen nicht erfüllen. Ich denke, ich habe euch nun genug zu verarbeiten gegeben und verabschiede mich. Ich danke euch für das Interesse und die Geduld."

Ich vermute, dies ist alles recht klug. Ich wollte, es wäre kürzer ausgefallen; es ist ein schrecklich langes Diktat für einen Jungen meines Alters. Außerdem war ich bereits müde, bevor er seine Mitteilung beendet hatte. Mir gefallen die anderen Geister besser; sie sind lustiger. Aber egal, Herr Patmore findet das alles äußerst interessant, also was will ich noch mehr.

2. Juni

Doktor Bolton kam vorbei, um sich nach meinem Befinden zu erkundigen. Er gab vor, er wäre gerade in der Nähe gewesen und wolle nur Guten Tag sagen. Er zog etwas aus der Tasche heraus und hörte meine Brust ab – ich weiß nicht, wie dieser Gegenstand heißt. Ich bin überzeugt, daß Mater ihn heimlich schickte... Heute früh erhielt ich von Mildred einen beleidigenden Brief voller Ausbrüche und Spitzen. Sie beschwert sich, ich hätte ihr seit ewigen Zeiten nicht geschrieben und nennt mich einen Schuft. Also setzte ich mich hin, griff zur Feder und Papier und schleuderte ihr in Erwiderung ihrer Liebenswürdigkeiten einige Boshaftigkeiten entgegen. Ich habe ihr gezeigt, daß ich zu ähnlichem imstande bin. Es gibt ein Fräulein Midge, die hier gelegentlich Besuche macht. Sie redet albernes Zeug. Ich würde gern wissen, warum Hennen gackern, wenn sie ein Ei gelegt haben und einige Frauen kichern, wenn sie eine Bemerkung gemacht haben. Frau Patmore bezeichnet dies als Nervosität, doch ich hörte zufällig, wie Herr Patmore die Frau als nervtötend bezeichnete. Ich weiß nicht, was das bedeutet und möchte auch nicht fragen, da ich es wohl nicht hören sollte.

2. August

Ich bin bereits seit einer Woche hier und hatte keine Zeit für Eintragungen ins Tagebuch. London ist eine riesige Stadt, und ich fühle mich verwirrt. Unser Haus befindet sich in Belgravia, einem Stadtteil Londons, und wir haben auch einen Butler. Mein Schlafzimmer liegt fast ganz oben, und ich gerate beim Steigen dieser vielen Treppen außer Atem. Es ist ein ganz schöner Raum, und es gibt hier einen Tisch, auf dem ich schreiben kann. Irgendwie mag ich die Stimmung der Gegend, in der wir leben, nicht besonders. Ich vermag nicht zu sagen, was der Grund dafür ist. Die Stimmung des Hauses ist auch nicht sehr angenehm, aber ich sage Pater und Mater nichts davon. Ich denke, Pater ist sehr froh über alles und weiß es zu schätzen, einen Butler und Bedienstete zu haben. Es gibt insgesamt vier, doch ich habe keine familiäre Beziehung zu ihnen wie zu Janet oder zur Köchin zu Hause. Mater mag nicht, daß ich in die Küche gehe und mich mit den Bediensteten anfreunde; ich unterhielt mich bereits ein- oder zweimal mit dem Butler in seinem Zimmer. Er scheint trotz Anstand und Vornehmheit ganz vernünftig. Ab und zu steckt er mir heimlich Obst zu, das ich köstlich finde. Unsere

Mahlzeiten sind jetzt auch größer, und es steht immer eine Nachspeise auf der Anrichte, die außer mir anscheinend niemand essen will. Ich darf sie nicht essen, außer sonntags; also nehme ich an, sie steht zur Dekoration herum, vielleicht auch deshalb, weil meine Cousine Agnes und ihr Mann hier sind. Ich freue mich, daß sie da sind. Sie nehmen Mildred und mich immer mit, um die Sehenswürdigkeiten anzusehen. Wir haben jetzt einen Zweispänner, mit dem wir in den Hyde Park fahren. Wenn Mater ihn benutzen möchte, müssen wir mit dem Bus fahren. Mir gefällt dies sehr gut, weil wir stets in der oberen Etage sitzen. Wir fuhren gestern zum Tower, aber der Eindruck dieses Ortes war so schrecklich, daß ich am liebsten gleich wieder gegangen wäre.

7. August
Heute fuhren wir zur Nationalgallerie, um die Bilder zu betrachten, und ich war begeistert. Ich möchte Maler werden, wenn ich erwachsen bin. Ich wollte mich vor den Bildern, die mir am besten gefielen, niedersetzen und die Stimmung fühlen, aber die anderen waren immer in Bewegung und so bestand keine Möglichkeit. Wäre ich allein gewesen, so hätte ich sicher wieder eine meiner Visionen gehabt. Es ärgerte mich etwas, daß ich nicht allein war. Wir sahen die Nelsonsäule in der Mitte des Trafalgarsquare. Der Geist hatte Recht. Dort oben befindet sich ein großer Deva in herrlichen Farben. Ich hätte so gern angehalten, um es richtig zu betrachten. Wenn ich darum gebeten hätte, hätten mich Agnes und Jimmy für verrückt erklärt, ganz zu schweigen von Mildred. Wie nachteilig Beziehungen sein können; sie erschweren vieles. Die Hitze des Nachmittags war irgendwie erdrückend und der einzige Lichtblick war das Eisessen. Ich würde gerne im Zweispänner fahren, aber er hat nur zwei Plätze und wir sind vier Personen. Wie London nach Pferdemist riecht; es raubt einem den Atem. Es gibt Jungen, die zwischen den Pferden und Droschken umherlaufen und den Mist auf eine Schaufel kehren oder wie man dazu sagt. Ich habe immer Angst, sie könnten überfahren werden. Aus meiner kleinen Schwester ist ein Dickerchen geworden; sie sieht frischer aus als eine Kirsche.

Der einzige Grund, warum ich die Reinkarnation nicht mag, besteht darin, wieder durch das Babystadium hindurchzumüssen. Es ist schon schlimm genug, ein kleiner Junge zu sein und der Gedanke, wieder ein Baby zu sein, das sich bekleckert und sabbert, ist demütigend. Agnes und ihr Mann scheinen noch immer sehr verliebt, obwohl sie verheiratet sind. Ich habe den Eindruck, daß eine Seelenverwandtschaft besteht. Agnes und ihr Mann wollten den Gottesdienst in der St. Paul Kathedrale besuchen und nahmen mich und Mildred mit. Es hätte mir dort fast gefallen, aber die Musik war ein Mischmasch. Jimmy meinte, das Echo verderbe den Klang. Mater hat sich wie gewöhnlich mit einer Anzahl von Pfarrern angefreundet und einige überfielen gestern abend das Haus zum Abendessen. Für Mater und Pater ist das neue Haus etwas derartig Wunderbares, daß sie keine Ferien machen, sondern lieber Gäste haben. Der Pfarrer und seine Frau wollen auf dem Weg nach Eastbourne – wo sie ihre Ferien verbringen – für einige Tage bei uns bleiben. Wir werden sie nicht treffen, da Mildred und ich eingeladen wurden, Tante Caroline und Onkel Alfred für zwei Wochen in Brighton zu besuchen. Es ist schon lange her, seit ich sie das letzte Mal gesehen habe, so daß ich mich frage, was aus ihnen geworden ist. Ich werde meinen Aufenthalt am Meer genießen. Sie sagten mir, Brighton wäre ein lebhafter Ort mit Kaspertheater und allem. Wir unternahmen heute früh einen Spaziergang in Rotten Row und sahen all die bekannten Leute, die sich sehr herausgeputzt hatten. In London muß ich meinen Eatonanzug tragen, um zu den anderen zu passen. Ich finde es unerträglich, wenn das Wetter so heiß ist.

James (der Butler) erzählte mir, daß all die großen Tiere London bereits verlassen hätten, da die Saison im Juli zu Ende gehe. Ich glaube, er ist der Meinung, Pater und Mater benähmen sich nicht richtig, weil sie immer noch da sind. Er verlor jedoch kaum ein Wort darüber. Pater scheint zuzunehmen, obwohl er behauptet, genügend Sport zu treiben und jeden Tag im Park spazieren zu gehen. Mater scheint ebenfalls etwas in die Breite gegangen zu sein. Ich denke, sie fährt zu oft im Zweispänner. Ich weiß es nicht. Ich erhielt einen lustigen Brief von Herrn Patmore. Er schreibt, sie wären in Cromer und atmeten den Duft des Mohns, der sie ziemlich schläfrig mache. Frau

Patmore litt neuerdings an jener Krankheit, die ein Einschlafen nicht gestattet. Es muß sehr erschöpfend sein.

18. August

Das Liebespaar — wie Pater sie nennt — ist abgereist und es gelang mir, nicht zu weinen als ich mich verabschiedete. Ich unternahm allein einen Spaziergang, obwohl ich nicht weit weggehen darf und fühlte Dinge (nahm psychisch Dinge wahr). Ich betrachte gerne die Aura der Menschen. Einige einfache Leute besitzen eine schöne Aura und einige herausgeputzte Leute sind von einer schrecklichen Aura umgeben. Bei den meisten Männern befindet sich viel schmutziges Rot um die Mitte herum; auch bei einigen Frauen. Aber ich weiß nicht, was es bedeutet. Als ich heute an zwei Damen vorüberging, hörte ich, wie die eine von ihnen bemerkte: „Ich nehme an, du hast beobachtet, daß Clara sich in anderen Umständen befindet." Ich fragte Mater beim Mittagessen, was es bedeutete. Sie schaute seltsam, errötete und schien nicht zu wissen, was sie sagen sollte. Sie meinte, ich solle nicht soviel fragen, was unfair war, denn es war die erste Frage, die ich stellte. James biß auf seine Lippen und verließ das Zimmer. Ich will damit nicht sagen, daß er zur Toilette ging, sondern nur, daß er schnell hinausging. Es ist unangenehm, nicht sagen zu können, daß jemand das Zimmer oder den Raum verläßt, ohne damit zu meinen, er ginge zur Toilette. Als er draußen war, sagte Mater: „Ich wünsche, daß du keine Fragen stellst, wenn James anwesend ist." „Nun, er ist jetzt nicht mehr im Zimmer," fuhr ich fort, „du kannst meine Frage beantworten." „Du wirst alles verstehen, wenn du erwachsen bist," antwortete sie und schwieg. Dieselbe alte Entschuldigung. Aber ich kann mir denken, was es heißt. Mater kleidet sich eleganter, seit wir in London wohnen. Welch sonderbare Sache die Mode ist. Warum tragen die Damen so ein komisches Ding, das ihre Rückseite betont? Mater sagt, falls der Pfarrer es erlaube, dürfe Henry mich für eine Woche besuchen, wenn wir von Onkel Alfred zurückkommen. Das wäre lustig; wir könnten dann alles zusammen ansehen. Großvater erschien gestern abend für einen Moment während ich im Bad war und erkundigte sich, wie mir das neue Haus gefalle.

So antwortete ich, es wäre zwar ganz schön groß, verbreitete jedoch ein Gefühl von Schwermut. Großvater klärte mich auf, daß Onkel ein einsamer und unglücklicher Mensch gewesen wäre und dies der Grund für die Stimmung im Hause sei. Ich antwortete: „Ich verstehe nicht, warum er so einsam gewesen sein soll. Es haben doch viele Leute bei Mater nach ihm gefragt. Jedenfalls sagt sie so." Er sprach: „Bekannte, mein Junge, keine Freunde. Ein Mensch mag viele Bekannte haben, doch niemanden, den er seinen Freund nennen kann. Er liebte nur eine Seele während seines Erdenlebens und sie starb." Er sagte, er werde uns noch mehr über die Liebe erzählen, wenn ich wieder bei meinem Lehrer wäre. „Er hat mich nicht mit seinem Besuch beehrt," stellte ich fest. „Nein," entgegnete Großvater, „er möchte alles über sein Erdenleben vergessen." „Da er keine Freunde hatte, frage ich mich, warum er soviel Geld verdiente. Es gab ja niemanden, mit dem er es hätte teilen könnten?" Großvater sagte, er habe so gelebt, um seine Schwermut zu vergessen und weil einige Menschen gerne Geld verdienen.

24. August

Wir kamen am Freitag hier an. Mater begleitete uns zum Viktoriabahnhof, wünschte uns schöne Ferien und bemerkte, wir sollten Tante Caroline so wenig Mühe wie möglich bereiten. Sie gab mir fünf Schillinge, damit ich mir den Flohzirkus, das Kasperltheater und vieles mehr anschauen könne; auch Mildred erhielt fünf. Sie ermahnte uns, nicht zuviele Süßigkeiten davon zu kaufen. Als unsere Reise beendet war — ich hatte sie sehr genossen, mit Ausnahme der Tunnel, in denen es sehr laut war und wo es sehr stank — wartete Tante Caroline bereits mit einem Wagen am Bahnsteig auf uns. (Selbst in viktorianischen Zeiten war es nicht üblich, daß Droschken auf den Bahnsteig fuhren, aber dies sei nur nebenbei vermerkt.) Ich mag Tante Caroline und Onkel Alfred; sie bereiteten uns einen herzlichen Empfang. Ihr Haus befindet sich an der Promenade und mein kleines Schlafzimmer geht zum Meer hinaus, was ich sehr günstig finde. So kann ich die Leute beobachten, die auf und ab promenieren und auch die Schiffe, die sich draußen am Meer befinden und vieles mehr. Sobald wir das Haus betraten, frag-

te Tante Caroline, ob ich es mir nicht bequem machen wollte. Ich hätte nicht gewußt, was sie damit meinte, wenn sie es nicht auf flüsternde (vertrauliche) Weise geäußert hätte. Die Tante ist nicht gerade dick, doch sie besitzt eine enorme Vorderfront. Onkel Alfred ist kräftiger geworden, seit ich ihn zum letzten Mal sah.
Er hat ein pusteliges rotes Gesicht, scheint sehr gutmütig und macht viel Lärm, wenn er lacht oder seine Nase putzt. Er raucht große dicke Zigarren, die angenehm duften, wenn er zu rauchen beginnt und stinken, wenn er mit dem Rauchen aufhört. Er scheint die meiste Zeit irgendwo beim Golfspiel zu verbringen. Tante Caroline bemerkte, sie erlaube uns, allein die Umgebung zu erkunden, solange wir nur pünktlich zu den Mahlzeiten erschienen. Also gehen Mildred und ich im allgemeinen zusammen weg. Mildred geht gerne in die Stadt und sieht sich die Kleiderläden an. Ich beobachte gerne die Neger, schaue gerne das Kasperltheater an und höre dem Bauchredner auf der Promenade zu oder beobachte die heranrollenden Wogen der Flut. Wie wunderbar riecht diese Luft im Vergleich zum Pferdemist in London. Brighton ist ein lebhafter und prächtiger Ort, mit seiner langen Promenade und den großen Hotels. Ich wollte, sie wären alte Gebäude, wie das Schloß in Harlech oder jene Häuser in York. Ich schreibe erst wieder in mein Tagebuch, wenn es regnet.

16. September

Ich habe aus verschiedenen Gründen keine Eintragungen gemacht. Als Henry sich bei mir in London aufhielt, waren wir die ganze Zeit unterwegs, was uns sehr gut gefiel. Wir fuhren zum Kristallpalast, zum Wachsfigurenkabinett, nach Kew Gardens, in den Zoo und zu vielen anderen Plätzen, was auch Henry sehr begeisterte. Da er der Sohn des Pfarrers ist, veranstaltet Mater viel Aufhebens um ihn und bestand darauf, daß er soviel wie möglich von London sehe. Wir hatten jeden Morgen einen anderen Plan und Mater gab mir Geld, um unsere Unternehmungen zu bezahlen. Sie erklärte: „Was immer ihr unternehmt, laß ihn nicht für sich selbst zahlen." Nicht daß der arme Henry nicht für sich hätte zahlen können, doch um die Wahrheit zu sagen, er bekommt wenig Taschengeld, da der Pfarrer in Gelddingen nicht allzugut dran ist. Im neuen Haus bewohnt Polly das Kinderzimmer und wenn Gladys im Bett liegt, versucht Henry, ihm das Rülpsen beizubringen. Der Papagei hat gelernt, Babygeräusche, wie sie Gladys hervorbringt, nachzumachen, und er ahmt immer noch die alte Georgina nach, die ich nie wieder gesehen habe, seit sie sich ins Geisterland begab. Henry und ich fuhren zusammen zurück, was uns sehr gefiel und es mir erleichterte, mich von Mater zu verabschieden. Herr und Frau Patmore holten mich vom Bahnhof ab und bereiteten mir einen großen Empfang. Es war umwerfend, sie wiederzusehen und auch ihr kleines Haus, das viel gemütlicher ist als unser großes Haus in Belgravia. Als wir nach Hause kamen, gab mir Bridget einen dicken, schallenden Kuß und ergoß einen Wortschwall über mich, von dem ich glaubte, er höre niemals auf, der jedoch herzerwärmend wirkte. Sie hatte zu meinen Ehren einen besonderen Kuchen gebacken, was ich sehr rührend fand. Die Patmores sehen beide erholt und braungebrannt aus und Frau Patmore ist ihre Schlaflosigkeit losgeworden. Wir begannen heute mit dem Unterricht. Ich tue mich ziemlich hart mit Kurzschrift. Nächste Woche habe ich Fräulein Ball, Fräulein Wilson und Fräulein.

19. September

Gestern kam Großvater und hielt uns eine Rede über die Liebe. Er sagt, daß es die Liebe ist, die im Geisterland zählt. Die Großen dort sind nicht diejenigen, die früher einmal Herzöge und Herzoginnen, Damen und Herren gewesen seien, sondern die Menschen, welche am stärksten vom Licht der Liebe durchdrungen waren. Er bemerkte, wir sollten versuchen, jeden zu lieben, mag er noch so gering oder noch so böse sein. Solches würde zu unserem Glück auf Erden beitragen und auch zum Glück im Geisterland. Er sagte, viele Menschen (auf Erden) schämten sich, ihre Liebe zu zeigen und versuchten, sie zu unterdrücken, so als ob die Liebe verkehrt wäre oder albern. Sie sollten dergleichen nicht tun, da die Liebe das Schönste auf der Welt wäre. Er fuhr fort, es sei die Liebe, welche die Welt bestehen läßt und wenn Gott nicht die Liebe wäre, könnte die Erde nicht bestehen. Er bat uns,

falls wir jemand treffen, der uns unangenehm ist, ihm Frieden zu wünschen. Danach würden wir eine Änderung unserer Gefühle gegenüber diesem Menschen feststellen. Er sagte, er bedauere sehr, daß er auf Erden nicht mehr Menschen geliebt habe. Es wäre ihm eingeimpft worden, daß man nicht viele Freunde haben könne, daß man nicht viele Menschen lieben könne, sondern nur wenige. Großvater sagt, dies alles sei Unsinn. Wenn es den Menschen nicht möglich ist, viele Menschen zu lieben, dann nur, weil es in ihren Herzen wenig Liebe gäbe, und sie nicht imstande wären, das Gute im anderen zu sehen. Er sagt, nur ein dummer Stolz ließe die Menschen so werden. Sie sollten lernen, demütiger zu werden und Freundlichkeit jedem gegenüber zu empfinden. Guter alter Großvater!
Fluffy hat Junge im Spülschrank bekommen und Bridget mußte drei von ihnen im Eimer ertränken, was sie sehr ungern getan hat. Ich bin froh, daß ich es nicht tun mußte. Wir behalten eines und versuchen, ein Zuhause für das andere zu finden. Bridget hat schon hunderte von Malen über diese Jungen geredet. Sie hörte nicht auf, bis Herr Patmore sie aus dem Zimmer scheuchen mußte.

Ohne Datum
Ich habe versucht, schöne Bilder auswendig zu malen — mit Bergen, Feen und allem, aber als ich das Papier anfeuchtete, gab es Klumpen. Ich verlor die Geduld, wünschte das Ganze ins Pfefferland und zerriß es. Ich fragte Fräulein Wilson heute, wann ich mit dem Malen beginnen könne, und sie entgegnete, ich müsse zuerst lernen, ordentlich zu zeichnen. Ich hatte Musikunterricht bei Fräulein. Ihr Vater ist immer noch anwesend. Sie verbrachte mit ihrer Mutter die Ferien in Deutschland und hofft, ich werde eines Tages auch die Möglichkeit haben, Deutschland zu besuchen. Sie behauptet, es wäre schöner dort, es gäbe keinen Nebel und es regnete weniger.
Bridget ist römisch-katholisch und besucht stets die Messe am Sonntag. Ich fragte Frau Patmore, ob ich mitgehen könne, um zu sehen, wie es wäre. Sie meinte, Mater wäre schockiert, doch ich könne dieses eine Mal mitgehen. So ging ich mit der flatterhaften Bridget zur Kirche.

Ich war erstaunt über das, was ich sah, obwohl ich kaum ein Wort von dem verstand, was gesagt wurde, denn außer der Predigt wurde alles lateinisch gesprochen. Es passiert dort im Gottesdienst viel mehr als bei uns, wo sich so gut wie nichts ereignet. Während eines Teiles des Gottesdienstes wurde eine große Kirche errichtet (ich stellte dies durch meine seherische Gabe fest). Dann erschien ein liebliches leuchtendes Wesen und erfüllte den Ort, und ich fühlte einen inneren Frieden, als ob ich im Himmel wäre. Ich wollte, ich könnte immer zur Messe gehen anstatt zu unserem Gottesdienst. Es geht wohl nicht, da es Schwierigkeiten gäbe.
Stellt euch vor, ich habe festgestellt, daß Bridget an Feen glaubt. Sie sagt, in Irland gäbe es kleine Wesen, die man Kobolde nenne und welche allerhand Unheil stifteten, wenn jemand etwas Böses tue.

24. September
Ich fühlte mich heute bedrückt. Ich habe den Eindruck, ich werde wegen meines Herzens nie wie andere Jungen fähig sein, Spiele zu spielen, Berge zu erklimmen und große Wanderungen zu unternehmen. Selbst als Erwachsener werde ich wohl kaum besonders kräftig sein. Ich betrachte es als ein hartes Los, werde aber wohl das Beste daraus machen müssen... Ich hatte kaum diese Zeilen niedergeschrieben, als ich den E.B. erblickte. „Sei getröstet, mein Sohn, der Tag ist nicht mehr fern, an dem du dich darüber freuen wirst, daß du nicht so kräftig bist wie die anderen." (Diese Voraussage bewahrheitete sich.) „Ich kann jetzt nicht bleiben, doch ich werde wieder am Sonntagabend anwesend sein. Sei gesegnet." Er lächelte und verschwand. Es geht mir nun wieder besser. Ich sehnte mich danach, den E.B. wiederzusehen. Es schien soviel Zeit seit seinem letzten Erscheinen vergangen zu sein.
Als ich gestern abend im Bett lag und nachdachte, bemerkte ich einen Geist mit einer schönen Aura und einem sonderbaren Gesicht, etwa wie dem Gesicht einer chinesischen Puppe, aber schöner. Er stand am Ende meines Bettes, lächelte und schwieg. Ich frage mich, wer er ist und was er möchte? Ich habe das Gefühl, er wird wiederkommen. Fluffy scheint mit ihren zwei Jun-

gen, deren Fell sie ständig leckt, überbeschäftigt. Wie furchtbar wäre es, wenn die Frauen ihre Babys genauso lecken müßten.
Frau Webster kam am Nachmittag zum Tee zu den Patmores, und ihre Aura sah ganz grau aus. (Ein Zeichen von Depression.) Ich befand mich in einer meiner (seherischen) Stimmungen und stellte fest, daß sie niedergeschlagen war, weil ihr Mann sie nicht mehr richtig liebte. Nachdem sie gegangen war, berichtete ich den Patmores, was ich festgestellt hatte. Sie waren sehr überrascht, verzogen das Gesicht und Herr Patmore sprach halb lachend: „Du bist zu scharfsinnig, mein Junge, es läßt sich nichts vor dir verbergen." So wußte ich, daß ich Recht hatte. Selbstverständlich würde ich darüber nicht mit jemand anderem sprechen. Ich nicht!

26. September
Der E.B. erschien gestern und anschließend der Geist mit dem sonderbaren Gesicht (tibetische Merkmale). Ich sah ihn, als ich bereits im Bett lag. Herr Patmore schrieb folgendes nieder:
(E.B.) „Seid gegrüßt, meine Söhne. Ich komme heute zu euch, da es mir wichtig ist, euch verschiedenes mitzuteilen. Jede Seele, die bewußt den Pfad des spirituellen Wissens beschreitet, hat zwei Lehrer. Du, mein jüngerer Sohn, hast bereits deinen anderen Lehrer gesehen. Er hat zwar noch nicht zu dir gesprochen, doch er wird dies bald nachholen. Er bewohnt einen tibetischen Körper, und du kannst ihn 'den Lama' nennen, da sein Name nicht enthüllt werden darf. Vielleicht würdest du gern wissen, warum jeder Schüler, der dem Licht zustrebt, zwei Meister hat. Doch wenn ich es dir jetzt erklärte, würdest du es nicht verstehen. Nimm es einfach hin, bis zu der Zeit, zu welcher wir dir mehr Wissen übermitteln dürfen. Liebt uns beide, meine Söhne, nicht weil wir die Liebe fordern, sondern weil die Liebe eine Kraft ist, die wir für das Gute nützen können. Die Liebe ist auch eine Brücke zum Unsichtbaren. Euer Geist vermag uns in Zeiten der Unruhe auf den Schwingen der Liebe zu erreichen und erhält eine Antwort... Du fragtest dich, mein geliebter Sohn, warum ich so lange nicht erschienen bin. Denke daran, daß auch wir den Naturgesetzen unterliegen, und wir nicht immer

erscheinen können, wenn sich euer Herz nach unserer Gegenwart sehnt. Nichtsdestoweniger werden unsere Stimmen von denen vernommen, die zuhören können. Wenn ihr euch über etwas grämt, so denkt an uns voller Liebe, besänftigt die Unruhe eures Geistes, lauscht mit eurem Inneren, und die Antwort wird euch zuteil. Stellt keine Fragen, deren Ursache nichts als eitle Neugier ist, denn sie werden von uns nicht beantwortet. Es ist zweifelhaft, ob sie uns je erreichen. Nun wird mein Bruder zu euch sprechen. Lebt wohl!"

(Der Lama) „Ich grüße euch, meine Brüder, die ihr nicht meinen Körper, aber meinen Geist kennt. Heute ist es meine Freude und mein Privileg, euch an die drei großen Wahrheiten zu erinnern, welche ihr in der Vergangenheit lerntet, jedoch nicht in euer gegenwärtiges Leben übernommen habt. Habt Geduld mit meiner knappen Ausdrucksweise. Ich beherrsche eure Muttersprache nicht so gut wie mein Bruder. Vielleicht ist es bald möglich, in Gedanken miteinander zu sprechen. Aber es ist noch nicht die Zeit dafür. Wisset, meine Brüder:

Es gibt nur ein Leben, das sich in allen Formen manifestiert.
Es gibt nur ein Selbst, das sich in jedem Selbst manifestiert.
Es gibt nur eine Liebe, die sich in jeder Liebe manifestiert.

Das Selbst ist eines mit dem Leben, das Selbst ist eines mit der Liebe, deswegen bilden alle drei eine Einheit. Derjenige, der die Einheit des Lebens, des Selbst und der Liebe kennt, kennt die Seligkeit, denn reines Leben bedeutet Seligkeit, das reine Selbst ist Seligkeit und reine (bedingungslose) Liebe ist Seligkeit. Wenn die Sonne durch das karmesinrote Glas scheint, ist sie karmesinrot. Scheint sie durch das smaragdgrüne Glas, ist sie smaragdgrün, und doch gibt es nur eine Sonne, welche weder karmesinrot noch smaragdgrün ist. So ist es auch mit dem einen Selbst, welches in Myriaden individueller Selbste zum Ausdruck kommt. Diese Wahrheiten, die ich hier verkündet habe, sind ewige Wahrheiten. Denkt darüber nach! Ich ersuche den Älteren von euch, sie dem Jüngeren zu erläutern, es ist bestimmt, daß diese Wahrheiten ihm bereits am Morgen seiner Inkarnation zuteil werden. Friede sei mit euch. Ich verlasse euch nun, doch ich komme wieder."

30. September

Der Lama erschien gestern wieder und fragte, ob wir über das, was er gestern sagte, nachgedacht hätten. Wir bestätigten, daß sich unsere Gedanken damit beschäftigt hätten. Dann begann er:

„Meine Brüder, nehmt das eine Selbst in allen Wesen wahr, dann werdet ihr auch alle Wesen lieben. In eurer Bibel steht geschrieben 'liebe deinen Nächsten wie dich selbst'. Euch ist bekannt, was es bedeutet 'liebe deinen Nächsten wie dich selbst'. Deinen Nächsten wie dich selbst zu lieben, bedeutet auch, daß er eins ist mit deinem Selbst, da es nur ein Selbst gibt. Wahrlich, das Meer bringt viele Wellen hervor, aber diese Wellen sind eins mit dem Meer und aus dem Meer entstanden. Der Unterschied liegt nicht in der Beschaffenheit, sondern nur im Namen und in der Form. So ist es auch mit dir und deinem Nächsten. Wenn die Menschheit dessen gewahr wird, hört jegliche Feindschaft auf. Nicht Tatsachen, sondern Illusionen bilden die Grundlagen für die Uneinigkeit in der Welt. Die Mutter des Konfliktes ist die Illusion der Verschiedenheit, die Mutter des Unglückes ist die Suche nach dem, das sich in uns befindet. Jede Seele sucht bewußt oder unbewußt die Seligkeit des Selbst. Der Weise sucht sie durch Weisheit und Heiligkeit zu finden, der Sündige durch Torheit und Sündhaftigkeit. Das Verlangen ist das gleiche, nur der Weg ist ein anderer. Tadelt nicht den Sünder, meine Brüder, sondern zeigt Mitgefühl mit ihm. Seine Sündhaftigkeit ist nur Ignoranz, die trotzdem Vergeltung nach sich zieht, sei es in der Gegenwart oder in der Zukunft. Wir bezeichnen dies im Osten als das Gesetz des Karma. Ihr im Westen habt diese Wahrheit in eurer Religion ausgemerzt, in dem Glauben, daß der Mensch sich den Folgen seiner Missetaten durch Reue entziehen könne. Aber das Gesetz des Karma ist ein gütiges Gesetz. Wäre der Mensch imstande, die Folgen seiner Suche nach dem Selbst zu verhindern, wie könnte er dann in der Lage sein, den richtigen Weg zu beschreiten? Über die Wege des Irrtums gelangt der Mensch letztendlich zur Wahrheit — zur befreienden Wahrheit über das Selbst. Friede sei mit euch!"

Ich wollte von Herrn Patmore wissen, warum unser zweiter Lehrer nach einem Tier benannt sei? Er sagte, dies wäre nicht richtig, da man den Namen des Tieres mit zwei »l« schreibe und die Bezeichnung für einen Mönch mit einem »l« geschrieben werde. *)

Herr Patmore bemerkte, er beneide meine Fähigkeit, solch hohe Geister wahrnehmen zu können und wünschte um Himmels willen, es wäre ihm auch möglich. Armer Herr Patmore — es muß schlimm sein, halb blind zu sein... Bridget hat eine gräßliche Erkältung und niest unentwegt. Ich werde wohl der Nächste sein.

11. Oktober

Am Samstag fuhren wir für einen Tag nach Harrogate, um einen Herrn Kelly zu besuchen, der ein Freund von Herrn Patmore ist und wir frühstückten zusammen.

Herr Patmore wollte eine Wahrsagerin (Hellseher oder Medium) aufsuchen, von der er gehört hatte und wollte mich mitnehmen, um festzustellen, was ich sehen könne. So brachen wir nach dem Essen auf, und es war recht vergnüglich. Madame Schmuddelstecken war eine vernünftige Alte mit einer ziemlich netten Aura. Sie sagte mir, ich sei von hohen Wesen umgeben oder so ähnlich. Sie würde nicht oft so spirituelle Menschen treffen, welche derartig wunderbare Auren hätten. Sie wollte wissen, wem sie zuerst wahrsagen solle und Herr Patmore bat sie, mit mir den Anfang zu machen. Sie sah in eine Glaskugel (Kristall) und begann mit dem Wahrsagen. Sie sagte, ich würde ein großer Maler werden und über das Meer fahren. Ich würde ziemlich jung heiraten und sehr glücklich sein. Sie fuhr fort, ich müsse auf meine Gesundheit achtgeben, da ich nicht sehr kräftig wäre. Sie erwähnte auch, daß ich die Gabe des Hellsehens besitze und mit zunehmendem Alter noch mehr erfahren werde. Ich verfügte auch über die Gabe des Heilens und würde später durch Handauflegen heilen. Sie betonte dergleichen sehr, und ich fragte mich, worauf sie hinauswollte. Sie meinte, ich würde sehr reich werden und auch viel Geld durch meine Bilder verdienen. (Was nicht stimmte, denn ich verkaufte in meinem Leben kein einziges Bild. Was mei-

*) Lama — im Engl. Llama, d. Übers.

ne erste Ehe betrifft — sie konnte meine zweite nicht voraussehen — so war diese auf keinen Fall eine glückliche Verbindung. Insgesamt bin ich der Meinung, ihre Voraussagen stellten eine Mischung aus Hellsehen und Raten dar, wie es bei so vielen berufsmäßigen Wahrsagern der Fall ist.) Nachdem sie uns dies alles gesagt hatte, fragte sie, ob es uns angenehm wäre, wenn ihr Lehrer zu uns spräche und Herr Patmore bejahte. Während sie redete, bemerkte ich einen sonderbar aussehenden Geist, der gekleidet war wie jene Indianer in meinem Bilderbuch, aber ich wußte nicht, was er wollte. Als wir ihr sagten, wir hätten nichts dagegen, mit ihrem Lehrer in Verbindung zu treten, zog sie die Gardine zu, um den Raum etwas abzudunkeln, setzte sich und schloß die Augen. Sie begann, sich zu winden und auf sonderbare Weise zu bewegen, was in mir Unbehagen hervorrief. Ich glaubte, sie würde in Ohnmacht fallen. Plötzlich verschwand der Geist in ihrer Aura und begann auf seltsame Art zu sprechen (d.h. in gebrochenem Englisch). Ich kann kaum sagen, worüber er eigentlich sprach. Er sprach wie ein kleines Kind und reizte mich damit zum Lachen. Ich kann mich nicht daran erinnern, was er sagte und Herr Patmore vermochte im Dunkeln nicht, es niederzuschreiben. Der Geist versuchte, uns zu schmeicheln und betonte, wir seien großartig, da wir uns für spirituelle Dinge interessierten und dergleichen. Er sagte, zwischen Tod und Schlaf bestünde kein großer Unterschied. Wir sterben jede Nacht beim Einschlafen, da wir unsere Körper verlassen. Wir kehrten jedoch jeden Morgen in unseren Körper zurück; wenn wir wirklich sterben, würde dies nicht mehr geschehen. Beim Gehen bemerkte er: „Ich muß mich nun verabschieden. Ich war erfreut, zu euch zu sprechen. Ich hoffe, euch wieder zu sehen." Anschließend beobachtete ich, wie er aus dem Medium herauskam. Es gab einen anderen Geist, der versuchte, von ihr Besitz zu ergreifen (sie zu beherrschen). Es schien ihm nicht richtig zu gelingen, er umgab sie und war bemüht, sie zu einer Unterhaltung mit Herrn Patmore zu bewegen. Er sagte, er sei Onkel Jim, was Herrn Patmore sehr erstaunte. Er sagte noch vieles andere, aber als die Worte aus dem Munde der Alten kamen, entsprachen sie nicht mehr dem, was er gesagt hatte. Es klang albern, da sie die Worte irgendwie verdreht hatte, ich weiß auch nicht warum.(14)

Nachdem dies eine Weile gedauert hatte, verabschiedete er sich, weil seine Kraft nachließ oder so ähnlich. Er verschwand, und sie öffnete bald danach ihre Augen. Der arme Herr Patmore hatte selbst nicht viel vom Wahrsagen. Sie meinte, sie wäre zu müde, um fortzufahren; sie hoffe, er käme ein anderes Mal wieder. Das war die ganze Geschichte. Herr Patmore entlohnte sie für ihre Bemühungen und wir gingen. Es war Zeit zu gehen, denn wir wollten noch Tante Maud besuchen, bevor der Zug abfuhr. Wir statteten ihr einen Überraschungsbesuch ab. Sie war so lieb wie immer und zeigte sich beim Teetrinken gegenüber Herrn Patmore von ihrer besten Seite. Natürlich erwähnten wir nicht, wo wir gewesen waren. Wir erzählten ihr, wir hätten den Tag mit Herrn Kelly verbracht. Im Zug hatten wir ein Abteil für uns allein, und ich berichtete Herrn Patmore von allem was ich gesehen hatte, daß sein Onkel Glatze und einen Backenbart habe — was Herr Patmore bestätigte — und wohl seinen Verstand verloren habe, seit aus ihm ein Geist wurde. Ich erzählte ihm, daß dies die Schuld von Madame Schmuddelstekken sei und nicht die seine. Sie hätte alle seine Worte verdreht. Ich fragte Herrn Patmore, warum sie sich Madame nenne, obwohl sie keine Französin sei. Er antwortete, daß dies nur eine Gewohnheit solcher Leute wäre, die er albern finde. Es war bereits dunkel, als wir nach Hause zurückkehrten, und Frau Patmore war begierig, über die Ereignisse zu hören.

20. Oktober

Großvater erschien heute. Er ließ uns wissen, er werde sich bald in höhere Welten (auf eine höhere Ebene) begeben. Es wäre dann nicht mehr so einfach, zu erscheinen und mit uns zu sprechen. Vielleicht wäre ich noch fähig, ihn zu sehen, doch er sei sich dessen nicht sicher. Nein, ich hoffe, es ist möglich. Es wäre ein großes Unglück, wenn ich den lieben alten Großvater nicht mehr sehen könnte.

****

Hier endet das Tagebuch abrupt. Nachdem der Autor einige Jahre später den zweiten Teil des Tagebuches mit nach Italien genommen hatte, um damit seine erste Frau zu unterhalten, widerfuhr ihm das Pech, es im Zug liegen zu lassen. Da Italien zu jener Zeit nicht gerade für die Ehrlichkeit seiner Bevölkerung bekannt war, gelang es ihm nicht, es zurückzuerhalten. Der Grund dafür mag auch gewesen sein, daß es sich im Gepäck zusammen mit anderen Sachen befand. Wie schon angedeutet, erfuhr ich von seiner Witwe, daß der verlorene Teil des Tagebuches sich bis zum 20. Lebensjahr erstreckte. Nach dieser Zeit erfolgten seine Eintragungen nur noch sporadisch, so daß dergleichen nicht mehr als Tagebuchführen bezeichnet werden kann. Es scheint, daß er die Angewohnheit hatte, seine Gedanken und Eindrücke in verschiedenen Heften zu vermerken. Äußerlich müssen diese Hefte so unscheinbar gewesen sein, daß sie im Verlaufe eines Umzuges einfach zum Abfall geworfen wurden.

Wäre er zu jener Zeit bereits mit seiner zweiten Frau verheiratet gewesen, wäre es wohl nicht zu dieser Katastrophe gekommen. Da jedoch seine erste Frau eine extreme Abneigung hinsichtlich seiner seherischen Fähigkeiten, seiner Beschäftigung mit dem Okkulten und allem, was damit in Zusammenhang stand, entwickelt hatte, war sie wahrscheinlich froh über die günstige Gelegenheit, sich seiner Papiere auf unauffällige Art zu entledigen.

Es muß allerdings eingeräumt werden, daß die nachlässige Art des Tagebuchschreibers, sowie seine vollkommene Gleichgültigkeit gegenüber weltlichen Dingen, auch teilweise dafür verantwortlich waren.

Frau X teilte mir mit, daß er, anstatt sich die Mühe zu machen, seine Papiere auszusortieren, wenn diese sich zu sehr angehäuft hatten, er sie voller Gleichgültigkeit bat, die ganze Sammlung zu verbrennen und ihn in Ruhe zu lassen, damit er ungestört seinen Beschäftigungen nachgehen konnte, um was auch immer es sich dabei gehandelt haben mag.

Ich fühle mich deswegen zu einigen kurzen Aufzeichnungen veranlaßt (wie es mir von seiner Witwe ebenfalls bestätigt wurde). Er verließ die wohlwollende Obhut des auf dem geistigen Pfad weit fortgeschrittenen und liebenswerten Herrn Patmore, der, nebenbei bemerkt, ein hohes Alter erreichte und die Erde verließ, während er ein Schläfchen in seinem Sessel hielt.

Seine liebevolle und bescheidene Frau folgte ihm nur wenige Monate später.

Als der Tagebuchschreiber 18 Jahre alt war, wurde er von seinen Eltern mit nach Deutschland genommen und bei einer Familie in Wiesbaden untergebracht. Es bestand ein dreifacher Grund: er sollte sich mit der deutschen Sprache vertraut machen, sich der Behandlung deutscher Ärzte unterziehen und schließlich auf eigenen Wunsch seine Musikstudien in der Heimat der Musik fortsetzen.

Nach einigen Jahren Aufenthalt im vergleichsweise gesunden Klima Wiesbadens — obgleich er gelegentliche Besuche nach London unternahm, entdeckte er trotz seiner Neigung für die Musik, seine Begabung für die Malerei. Er beschloß, nach Paris zu gehen, um dort Kunst zu studieren. Seine puritanische Mutter erhob Einwände gegen seine Pläne, mit der Begründung, die französische Hauptstadt sei eine 'frivole und lasterhafte Stadt', deren Bürger den Sonntag nicht heiligten und wo noch weitere Manifestationen der Gottlosigkeit zu finden wären, doch ihre Proteste blieben für ihren Sohn ohne Bedeutung. Er hatte nicht nur seine Volljährigkeit erreicht, sondern auch eine beträchtliche Summe Geld geerbt, das den sprichwörtlichen Wolf in sicherer Entfernung halten würde.

Sein Vater zeigte sich seinen Plänen eher aufgeschlossen, da sein Sohn so auch eine gewisse wünschenswerte Gewandtheit in der Sprache der Kultur und Bildung erreichen würde.

In der Pariser Pension, in der er wohnte, begegnete er einer schönen Amerikanerin, die später seine erste Frau werden sollte. Zu jener Zeit war sie mit wenig Aussicht auf Erfolg bestrebt, unter der Anleitung einer der namhaftesten Gesangslehrer eine nicht allzu bemerkenswerte Stimme zu entwickeln. Sie begegneten sich mit einer Häufigkeit, die dazu beitrug, romantische Leidenschaften hervorzurufen, so daß in den Herzen der beiden jungen Leute sich Zuneigung füreinander entwickelte. Sie heirateten achtzehn Monate später in London mit dem dazugehörigen Prunk, der solchen Anlässen oft zu eigen ist. Nach der Hochzeitsreise an den Rhein bezogen sie ein Haus in London.

Bedauerlicherweise begann im Laufe der Zeit die rosafarbene Glückseligkeit der ersten Monate zu schwinden. Beide wurden bald gewahr, daß sie sich nicht ergänzten, sondern statt dessen jeder den Gegensatz des anderen verkörperte. Die junge Frau X entfaltete ehrgeizige Neigungen, die höchsten Stufen der gesellschaftlichen Leiter zu erklimmen, während ihr Ehemann eine deutliche Abneigung gegenüber solcher verfeinerten Leere hegte.

Es bestanden auch noch andere Gegebenheiten, welche zwischen dem Paar eine Disharmonie schufen. Seine Frau schien ein ausgeprägtes sinnliches Begehren zu entwickeln, während er selbst mäßige Bedürfnisse hatte.

Das größte Problem in ihrer Ehe stellte die Eifersucht seiner Frau hinsichtlich der Interessen und Aktivitäten dar, welche sie nicht mit ihm teilte.

Eine dieser Aktivitäten war seine Malerei und in größerem Ausmaße der Okkultismus und alles, was damit in Zusammenhang gebracht werden konnte. Beides stand ihrem bezaubernden und egoistischen Selbst fern. Außerdem mußte sie sich mit seiner Unpünktlichkeit abfinden, seiner Vergeßlichkeit, die sie aus der Fassung brachte und die der verinnerlichte Mensch benötigt, um festgesetzte Zeiten zu ertragen, da selbst der Herr des Hauses keine Mahlzeiten außer der Reihe erwarten konnte, ohne die Ordnung des Haushaltes zu stören.

Man fragt sich unwillkürlich, warum ein Mensch mit solch außerordentlichen hellseherischen Gaben den Charakter seiner Frau nicht vor der Ehe erkannte und keine Warnung erhielt, daß die Ehe scheitern würde. Wir werden hier mit einer jener seltsamen Ironien der hellseherischen Gemütsbeschaffenheit konfrontiert.

Nur die höchsten Adepten vermögen ihre Zukunft vorauszusehen. Tatsächlich stellt die Hellsichtigkeit des prophetischen Typs eine derartig hintergründige Sache dar, daß es fast unmöglich ist, das Element des Wunschdenkens in Verbindung mit irgendeiner Prophezeihung auszuschließen, sobald der Seher selbst betroffen ist.

Was das Versagen des Tagebuchschreibers anbetrifft, den Charakter seiner Verlobten an ihrer Aura zu erkennen, so sei daran erinnert, daß das Stadium der Verliebtheit, wenn auch nur vorübergehend, die Beschaffenheit der Aura verändert. In diesem Zustand wird selbst aus einem egoistischen Menschen bis zu einem gewissen Grade ein selbstloser Mensch, der all seine Gedanken auf ein anderes Wesen ausrichtet.

Doch kommen wir zum Thema zurück. Diese disharmonische Verbindung dauerte neun Jahre und wurde plötzlich durch die tragische und wenig erfolgreiche Absicht beendet, ein Kind zur Welt zu bringen, da seine Frau offensichtlich für dergleichen nicht geeignet war.

Gemäß dem Inhalt eines seiner Briefe und davon ausgehend, was ich von der zweiten Frau X erfuhr, hatte der Tagebuchschreiber eine Vorahnung (die sich als richtig erwies), daß das Kind tot zur Welt kommen und das Leben seiner Frau in Gefahr bringen würde.

Da sie darauf versessen war, ein Kind zu bekommen und die Ärzte die Ansicht vertraten, dies würde sich günstig auf ihre Gesundheit auswirken und zu ihrem Glück beitragen, war er überstimmt, und sie starb in ihrem 30. Lebensjahr. Inzwischen, etwa sieben Jahre nach seiner Eheschließung, begegnete ihm jene sympathische und verständnisvolle Schottin, die seine zweite Frau werden sollte. Aufgrund ihrer engen, sich zunehmend festigenden Freundschaft, schrieb er ihr oft lange Briefe, die für sich selbst bereits ein Tagebuch abgegeben hätten. Bedauerlicherweise sind aufgrund seiner Nachlässigkeit gegenüber dem Detail, die Teil seines Charakters war, die meisten Briefe ohne Datum, lediglich der Wochentag wurde vermerkt. Er schrieb viele dieser Briefe auf seinen Reisen, die er ohne seine neurotische Frau unternahm. Sie beschwerte sich, daß das Reisen zu anstrengend und alles andere als angenehm wäre. Es ist hierbei nicht von Bedeutung, ob der Grund, den sie anführte, Gültigkeit besaß oder nicht. Auf jeden Fall schien ihr Mann häufige Reisen zum Kontinent unternommen zu haben.

Die Auszüge seiner Reisebriefe, zusammen mit einer oder zwei Denkschriften, bilden das Ende dieses Bandes — die zweite Frau X war imstande gewesen, sie vor dem Abfallhaufen zu retten.

Abgesehen von einigen Sätzen beziehen sich die ausgewählten Auszüge auf hellseherische Dinge und philosophische Reflexionen. (C.S.)

****

Niedergeschrieben in ein Heft, offensichtlich in den frühen Jahren der ersten Ehe des Tagebuchschreibers.

Ohne Datum
Es wird immer offensichtlicher, daß unsere Ehe sich als Fehlschlag erweist. Ich habe mich gegenüber dem E.B. beschwert, als er heute nach meiner Meditation erschien, aber ich muß zu meiner Schande gestehen, daß ich mich gehen ließ. Warum warnte er mich nicht, daß ich nicht der richtige Mensch bin, um J. glücklich zu machen? Ich gestehe, daß seine Antwort in mir ein Gefühl der Einfalt hinterließ. Seine Worte lauteten: „Wir älteren Brüder existieren nicht, das Karma unserer Schüler zu verhindern. Du und deine Frau, ihr hattet ein gewisses Karma abzutragen. Wenn ich dich gewarnt hätte, hätte ich die Pläne der Herren des Karma vereitelt, was niemals erlaubt ist. Mein Sohn, wie man sich bettet, so schläft man. Warum ist es Hellsichtigen nicht gestattet, ihr Schicksal zu sehen, es sei denn, sie hätten bereits die fünfte Einweihung hinter sich? Wenn ich dich gewarnt hätte, wärest du auf alles vorbereitet gewesen. Dies ist meine Antwort. Sei gesegnet, mein Sohn..." Er lächelte und verschwand.

Brief an Frl. G. (später die zweite Frau X)
...eine herrliche Landschaft, die von einer furchtbaren Atmosphäre getrübt wird. Es muß einstmals entlang der Küste viel schwarze Magie ausgeübt worden sein. Es ist unmöglich, die Atmosphäre durch Meditation zu erhellen.
Erreichte gestern Marseille. Ein Pfuhl der Gottlosigkeit. Machte eine interessante Beobachtung. Es gibt einige altruistische Devas auf den Bergen am Rande der Stadt. Sie nehmen all die verderbten psychischen Schwingungen der Stadt auf und senden sie gereinigt zurück.(15) Andernfalls würden sich üble Katastrophen über Marseille ereignen... Nächste Woche fahre ich nach Monte Carlo. Schreibe mir postlagernd.

Monte Carlo, Donnerstag

... Welch ein Ort. Hölle und Paradies gleichzeitig. Du kannst dir die Schwingungen hier nicht vorstellen. Ich werde es wohl nicht länger als zwei Tage aushalten und reise dann nach Italien!... Die Devas hier auf den Bergen unterscheiden sich von jenen in Marseille; sie werden durch jene Schwingungen immer kleiner. Wenn es nicht soviel gute Musik hier gäbe (die zweifellos bis zu einem gewissen Maß einen reinigenden Einfluß besitzt), wäre das Casino aufgrund der unheilvollen Schwingungen gewiß schon abgebrannt. Wahrscheinlich passiert dies auch irgendwann oder es kommt zu einer Überschwemmung. Feuer und Wasser erweisen sich als die einzigen reinigenden Kräfte in einem Fall wie diesem...

Florenz, Donnerstag

Wie ich Italien mit seinen Kathedralen und Kirchen, Mönchen, Nonnen und Priestern liebe! Einige von ihnen sind ziemlich lüstern. Heute nachmittag fuhr ich im Bus. Eine ziemlich hübsche Engländerin war gerade im Begriff, neben einem Priester Platz zu nehmen. Ich beobachtete, wie er schnell seine Hand auf jenen Sitz legte, auf dem sie sich niederlassen wollte. Natürlich sprang sie auf und starrte ihn wütend an. Er lächelte, entschuldigte sich und tat ganz so, als ob dies unabsichtlich geschehen wäre. Aber ich vermochte an seiner unangenehmen roten Aura zu erkennen, wie es sich wirklich verhielt. Es wäre besser, wenn Priester heiraten dürften. Warum sollen sie ihre sexuellen Gefühle verleugnen? Sie sind auch nur Menschen. Ich würde gerne hier leben, aber es ist nicht mein Karma. Ich habe bereits eine Inkarnation in Italien hinter mir. Ich war damals ein Mönch. Ich erinnerte mich daran, als ich gestern oben in Fiesoli war. Die Geschichte ist zu umfangreich, um darüber im Brief zu berichten, besser gesagt in diesem Brief, da ich bereits ziemlich müde bin... Heute besichtigte ich eine der Gallerien. Gewiß fühlten sich die Maler der Vergangenheit durch die christliche Religion sehr inspiriert. Ich habe die unangenehme Vorahnung, daß die Tage der christlichen Religion gezählt sind, es dann keine Päpste mehr geben wird. Religionen kommen und gehen. Wenn sie ausgedient haben, sterben sie. Ich bin überzeugt, daß der Spiritualismus in Zukunft an Bedeutung gewinnen wird — d.h. bei Verbesserung der Kommunikationstechnik. Ich bin mir der Zukunft der Theosophie überhaupt nicht sicher. Der Lama meinte, daß zwei der Brüder sie mehr oder weniger als Experiment begonnen haben. Ich will damit nicht zum Ausdruck bringen, daß ich an ihrer Wahrheit zweifle — soweit ich darüber Bescheid weiß. Aber wie die Menschen reagieren, wenn die zwingende und kraftvolle Persönlichkeit an ihrer Spitze fehlt, ist eine andere Sache...

Bellogio (Italienische Seen), Freitag

... ich kam hier am Dienstag an. Ich wünschte, du wärst hier mit mir, um dich an der überwältigenden Schönheit dieses Ortes zu erfreuen, — wo jeder Anblick schön, und der Mensch nicht niederträchtig ist, sondern angenehm und einfach... Ich beschäftigte mich erneut mit dem Thema Religion. Auf dem großen Felsen, der über Caddenabbia hängt, befindet sich eine kleine Kapelle. Da ich mit dem Zug fuhr, weiß ich nicht, wieviele ähnliche kleine Kapellen ich übersah. So etwas fehlt mir in England. Die einzige Kapelle, an die ich mich augenblicklich erinnere, ist die St. Martha-Kapelle in der Nähe von Guildford. Oder ist es die St. Martin-Kapelle? Ich habe es vergessen. Egal. Was ich sagen wollte: Wieviel Poesie und Malerisches verdanken wir andererseits der Religion — in gewisser Hinsicht. Der Kirchturm verleiht jedem Dorf etwas Vollkommenes, und die Kirchenglocken tragen die melodische Musik für die Seele durch den Abendwind. Sind solche Dinge nicht Quelle "der ewigen Freude"?... Ich vernahm gerade eine Stimme: „Sei nicht entmutigt, mein Sohn. Wir werden stets für eine Form der Religion sorgen, die den Bedürfnissen des Menschen entspricht. Doch wie können wir die Natur dieser Entwicklung voraussagen, wenn wir nicht wissen, wie sich der große Teil der Menschheit in moralischer und spiritueller Beziehung während der kommenden hundert Jahre entwickeln wird. Bis jetzt sind es vergleichsweise wenig Menschen, die in die Tat umsetzen, was der Herr Jesus Christus vor zweitausend Jahren lehrte. Aufgrund der Nichtachtung moralischer und spiritueller Gesetze wird die Menschheit bald große Trübsal erleiden. So muß sie durch Erfahrung lernen, was sie durch Weisheit nicht lernen wollte."...

Ich muß sagen, dies sind keine angenehmen Nachrichten. Ich frage mich, was für ein Leid über die Menschen kommen wird? Doch wohl kein Krieg? Wir mögen einfältig sein, aber sind wir dumm genug, wieder einen Krieg zu beginnen, nachdem gerade einer beendet wurde, von dem ich nicht sicher bin, ob er uns überhaupt etwas Gutes gebracht hat? Ich sage dir, es ist für ein großes Imperium das gleiche, gegen einen kleinen Staat wie den der Buren zu kämpfen, wie für einen großen, schwerfälligen Mann, der seine Frau schlägt, da er sie nicht dazu bekommen kann, ihm zu geben, was er möchte.

Baveno, Montag

... habe Henry James gelesen. Sollte die Kunst, ein großer Schriftsteller zu sein, darin bestehen, in so vielen Worten wie möglich, so wenig wie möglich auszudrücken, dann verdient Henry James den Lorbeerkranz. Die einzige Rechtfertigung, etwas umständlich zum Ausdruck zu bringen, bestünde für mich darin, falls ein gewisser Sinn für Humor spürbar wäre. Mich soll der Teufel holen, sollte ich imstande sein, auch nur den geringsten Anflug von Humor bei Henry James zu entdecken. Einige seiner Passagen erscheinen so undurchschaubar, daß ich fast vermuten könnte, es handele sich hierbei um Ungehöriges. *)

*) Der E.B. hat mich gerade telepathisch in seiner toleranten Art wegen meiner Bemerkung zur Ungehörigkeit zurechtgewiesen. Er sagt, in der Natur gibt es nichts Ungehöriges. Es liegt nur an unserer Einstellung zu den Dingen, die uns einiges als ungehörig erscheinen läßt. Diese falsche Einstellung beruhe hauptsächlich auf Eitelkeit. Es gäbe gewisse Dinge, die wir als wenig erhaben betrachten, also verdrängen wir sie und nennen sie unschön. Wir müßten lernen, uns von dieser Scheinheiligkeit zu befreien, um die Natur unvoreingenommen anzusehen... Wie wahr! Was für einen hohen Preis zahlen wir Engländer für unsere Scheinheiligkeit. Im "Vaterland" werden die Prostituierten von Zeit zu Zeit von Ärzten untersucht, in England tun wir so, als ob sie nicht existierten. Ergebnis dessen: Ausbreitung der Geschlechtskrankheiten. Statt zivilisiert sind wir syphilisiert.

Ich selbst vertrete die Meinung, daß es größerer Geschicklichkeit bedarf, um etwas Ungehöriges ästhetisch auszudrücken, statt der dunklen Doppelsinnigkeit á la H.J. Doch wer bin ich, mir eine solche Kritik zu erlauben? Mein jugendlicher Ehrgeiz schreiben zu wollen, ist genauso geschwunden wie einige andere alberne Ambitionen... Ich gelangte zur blitzartigen Erkenntnis, daß ich während meiner letzten Inkarnation Schriftsteller war und wohl deswegen noch der Wunsch zu schreiben bestand. Auch die langjährigen Tagebucheintragungen lassen sich darauf zurückführen; viele junge Leute hätten sicher bald genug davon gehabt. Es ist in diesem Leben nicht meine Aufgabe, schriftstellerisch tätig zu sein, sondern anderen Menschen mit meiner Hellsichtigkeit zu helfen und in gewissem Maße auch durch meine Malerei. Was meine ausgedehnten literarischen Ambitionen anbetrifft, so darf ich sagen, daß Menschen, die ein zeitweiliges heißes Verlangen zu schreiben, zu komponieren oder zu malen verspüren, dieses Bedürfnis auf ein früheres Leben zurückführen können. Ich vermag nicht zu beantworten, warum dieses Verlangen zu einem bestimmten Zeitpunkt auftaucht, es mag mit den astrologischen Aspekten in Zusammenhang stehen. Ich werde eines Tages darüber meditieren... Es ist schwierig für mich, in diesem kleinen Dorf genügend Schlaf zu finden. Die Kirchenglocken läuten alle Viertelstunden sehr laut. Außerdem finden Wortwechsel zwischen den Italienern geradewegs unter meinem Fenster bis zum Anbruch der Dämmerung statt. Um es deutlich zu sagen, sie unterhalten sich nur...

Lugano, Samstag

... erhielt soeben einen langen Beschwerdebrief von J. (seiner Frau). Sie wünscht meine Rückkehr. Wenn ich zurückkomme, gibt es Szenen. Ich bin der Ehemann, den J. liebt, solange er nicht zu Hause ist und ablehnt, sobald er anwesend ist. Da ich nicht gleichzeitig anwesend und abwesend sein kann, gibt es für solche Situationen kein Heilmittel. Vielleicht? Obwohl ich nicht nach London zurückkehren und mein geliebtes Italien verlassen möchte, besteht doch die Möglichkeit eines Ausgleiches, eine davon liegt darin, dich zu sehen. Außerdem gibt es immer mehr Menschen, die einer

Behandlung bedürfen. Noch etwas: A. hat verschiedene Dokumente, die ich unterschreiben soll. Wie sehr mich dergleichen anödet. Ich glaube, wenn ich Geld verdienen müßte, würde ich lieber in einer Hütte leben, als meine Zeit damit zu vergeuden, Geld anzuhäufen. Bei dieser Gelegenheit fällt mir ein, daß ich bis jetzt noch nie deine Frage bezüglich meines Bildes beantwortet habe, welches deine Freundin kaufen möchte. Ich überlasse es ihr gerne, doch nicht für Geld. Ich bin entschlossen, nie ein Bild zu verkaufen. (Ich suche es heraus, sobald ich nach Hause komme.) Ich male aus Liebe und nicht aus Habsucht. Ich fühle Dank für die günstigen Umstände, in die ich hineingeboren wurde. Erheiternd, daß plötzlich der Lama auftauchte, nachdem ich diesen Satz geschrieben hatte, und sprach: „Du würdest nicht in diesem Wohlstand leben, hättest du ihn nicht durch deine Großzügigkeit in einer früheren Inkarnation verdient. Es ist der tiefere Sinn des folgenden Satzes in euerer Bibel: Was der Mensch sät, wird er ernten. Er fuhr fort, daß jeder wahre Künstler, ohne es zu wissen, ein Karma-Yogi wäre, denn er arbeite um des Werkes willen, ohne sich um die Belohnung zu kümmern...

Es gibt in diesem Hotel einen Mann, der unter multipler Sklerose leidet. Ich fragte den Lama, welche Missetaten einer vergangenen Inkarnation diesen furchtbaren Zustand hervorgerufen hätten? Er entgegnete — Grausamkeit. Dieser Mann sei in einem früheren Leben Inquisitor gewesen. Gott sei Dank, daß ich dieses Karma vermeiden konnte. Mit einem Buckel geboren zu werden, wäre gleichermaßen das Ergebnis früherer Grausamkeit. Ich wollte wissen, wozu all die Leiden dienten, wenn sich die Opfer nicht an ihr selbst verursachtes Karma erinnerten? Er antwortete, daß sich das Gehirn nicht erinnere, jedoch die Seele... Es gibt etwas, das ich nicht mag, und zwar die grausame Behandlung der Tiere. Doch wenn ich die Aura dieser Menschen betrachte, handelt es sich nicht um wirkliche Grausamkeit, sondern es mangelt ihnen an Einfühlungsvermögen und Vorstellungskraft. Darin würde der Unterschied im entstehenden Karma liegen. Es gibt etwas, das mich schon immer verwirrt hat. Gott erscheint mir darin wenig gütig, daß Tiere einen Instinkt entwickeln, sich gegenseitig zu fressen. Der Lama fragte, wie sie sich sonst entwickeln sollten? Auf diese Weise lernten sie bis zu ei-

nem gewissen Grad Geschicklichkeit, welche zu ihrer Weiterentwicklung beitrage. Tiere sind nicht in dem Sinn grausam, wie es der Mensch ist, da sie sich der Grausamkeit als solcher nicht bewußt sind. Die Katze, welche mit der Maus spielt, würde sich genauso freuen, mit einem Wollknäuel zu spielen... Daran habe ich nie gedacht.
Ich traf hier eine Italienerin von berückender Schönheit, einer Schönheit, die mich sehr berührte, bis ich ihre Stimme hörte. Das ist das Problem: So viele der Frauen haben Stimmen, die fast wie Nebelhörner klingen. Einige der Männer sind außerordentlich gutaussehend, und andere erinnern an Mörder, obwohl sie vollkommen harmlos sind.

Auszüge aus Briefen, welche im folgenden Jahr geschrieben wurden.

Paris, Montag

... es ist schön, wieder alle meine alten Künstlerfreunde zu treffen. In meiner gegenwärtigen Stimmung empfinde ich allerdings die Aura dieser Stadt der "Pissoirs und Prostituierten" ziemlich störend. Aus diesem Grund entschloß ich mich, bereits nächste Woche nach Spanien aufzubrechen. Schreibe mir postlagernd nach Toledo... Ich sehe eine Zeit voraus, zu welcher in der Malerei die niederen Ebenen der Astralwelt an Aussagekraft gewinnen. Die schmutzigen Farben und anderes deuten bereits darauf hin. Diese Phase wird wahrscheinlich 60 Jahre dauern, bis es zu einer Wandlung kommt. Die meisten meiner Freunde halten meine Bilder für verrückt. Vielleicht sind sie es, aber nicht für mich. Ich male eine schwache Reflexion der Dinge, die ich in meinen Visionen höherer Welten schaue. Dies ist allen nicht bewußt, die nur an die Existenz der sichtbaren Welt glauben.

Toledo, Freitag

... die Fliegen hier peinigen mich. Es ist wirklich furchtbar. Ich bringe die Hälfte der Zeit mit Kratzen zu. Dabei soll dieses Hotel ein gutes Hotel sein... Die spanische Landschaft ist in gewisser Weise enttäuschend. Man stellt sich Spanien als ein Fest der Farben vor, doch die gebirgigen Gegenden sind alle herb und dunkelfarbig... Ich hatte immer schon vermutet, daß ich mich in einer meiner Inkarnationen gegen die Inquisition wandte, und heute nachmittag wurde es mir durch meine Erinnerung bestätigt. Die Atmosphäre des Ortes muß mir die Erinnerung zurückgebracht haben. Man hört viel von jenen Unglücklichen, welche verbrannt wurden oder Folterqualen erleiden mußten und selten von denjenigen, die ihre Irrlehren widerriefen und mit einer Buße davonkamen.
Falls meine Vision stimmt, gehörte ich zu den letzteren.
Ich wurde ketzerischer Absichten, die zweifellos bestanden, bezichtigt und vor ein Gericht gestellt. Einige der Männer sahen wahrlich furchtbar aus,

aber nicht alle. Ein oder zwei von ihnen glaubten wirklich, auf diese unmögliche und qualvolle Manier Seelen zu retten. Andere glaubten ebenfalls daran, zeigten aber zugleich eine lustvolle Neigung zur Grausamkeit, mag diese auch unbewußt gewesen sein. Meine Haltung in dieser Angelegenheit scheint sich beträchtlich von der jener Märtyrer unterschieden zu haben, die offensichtlich ihre Überzeugung so ernst nahmen, daß sie bereit waren, dafür in den Tod zu gehen.
Ich bin zu dem Schluß gekommen, daß es einige der Märtyrer nur verlangte, bekannt zu werden, um es kurz zu sagen, das Märtyrertum basierte auf unterschwelliger Eitelkeit. Sie waren sich dessen nicht bewußt, doch wer ist sich schon der Dinge bewußt, die ihn selbst betreffen? Der E.B. meint übrigens, es werde in nicht allzu ferner Zukunft eine Wissenschaft der Selbstverwirklichung geben... Ich schweife vom Thema ab.
Da meine eigene Überzeugung in jenen Tagen sowieso nicht für die Welt im allgemeinen geeignet war, wäre es überflüssig gewesen, den Märtyrertod auf dem Scheiterhaufen zu sterben oder geringere Qualen zu erleiden. Der Ausweg aus diesen Schwierigkeiten war ziemlich einfach.
Ich mutmaßte, daß diese Männer mit ihrer absurden Annahme, es gäbe nur einen Weg zu Gott, nämlich über die Heilige Kirche, kaum besser — oder doch viel schlimmer — als Kinder waren, und es wohl das Beste wäre, zu ihrer Erheiterung beizutragen, gleichwie man zur Belustigung kleiner Jungen und Mädchen beiträgt, welche irgendeinen Unsinn in der einen oder anderen Form glaubten. Warum sollte ich gegenüber diesen albernen Narren aufrichtig sein, die mich sowieso wie einen Lügner behandelten? So gab ich vor, sie hätten mich durch ihre überzeugenden Argumente bekehrt, so daß ich jegliche ketzerische Aussage widerrufen würde.

Nachdem es sich bei ihnen um prahlerische und fanatische Burschen handelte, fühlten sie sich natürlich in ihrer Eitelkeit sehr geschmeichelt, und die Strafe, der ich mich unterziehen mußte, da ich jemals Zweifel an der Kirche geäußert hatte, fiel vergleichsweise mild aus.
Glaube bitte nicht, ich wolle in mein eigenes Horn blasen — wie manche vielleicht gern glauben würden, denn um es klar zu sagen, war ich ein Feig-

ling. Ich bin überzeugt, daß mir der Mangel an Eingebildetsein das Leben rettete.
Ich betrachte es als eine Form des Hochmutes, wenn ein Mensch meint, im Besitz der alleingültigen Wahrheit zu sein und davon so überzeugt ist, daß er deswegen bereit ist, sich lebendig verbrennen oder sich für den Rest seiner irdischen Existenz alle Glieder verrenken zu lassen. Welche naive Vorstellung von Gott bestand! Gott war wohl kaum so engstirnig, sich darum zu kümmern, auf welchem Weg sich ihm jemand näherte. Die Gewohnheitssünde der Kirche, während ihrer gesamten Geschichte, bestand in ihrer Machthungrigkeit. Sogar heutzutage ist dergleichen immer noch festzustellen.
Noch etwas, obwohl es mir schwer fällt, es in Worte zu fassen: Es mag vorkommen, daß man an etwas nicht glaubt und mitunter vorgibt, daran zu glauben. Hast du Bedenken, deiner kleinen Nichte zuliebe zu Weihnachten so zu tun als glaubtest du an den Weihnachtsmann? Nein, denn du weißt genau, daß es den Weihnachtsmann nicht kümmert (ich vermute, er war ein Mensch), ob du an ihn glaubst oder nicht. Genug davon. Ich schreibe in einigen Tagen wieder, falls es etwas Erwähnenswertes geben sollte...

Madrid, Mittwoch

... ich erhielt einen Brief von meiner Frau, in dem sie schreibt, sie sei schwanger. Es beunruhigt mich. Wie ich dir schon sagte, hatte ich immer eine Vorahnung, daß es für J. nicht gut wäre, ein Kind zur Welt zu bringen, aber ich ließ mich von den Ärzten bereden. Als ich den E.B. dazu fragte, äußerte er sich nicht, sondern stellte fest, daß derjenige, der im Leben nichts riskiere, nichts erreiche. Mag schon sein. Alles in allem bin ich über die Entwicklung der Dinge nicht sehr glücklich...
Ich traf hier gestern einen Mönch und entdeckte zu meinem Erstaunen, daß er Engländer war. Ich fühlte mich so neugierig, daß ich aufgrund meiner Hellsichtigkeit in Erfahrung bringen wollte, um wen es sich handelte. Ich erfuhr folgendes: Er ist einer jener bequemen Seelen (ich benutze das Wort Seele im literarischen Sinn), der seine Inkarnation vertut und die Erfahrun-

gen seines letzten Lebens wiederholt. Wenn er seiner Aufgabe gerecht geworden wäre, wäre aus ihm ein aktiver Geschäftsmann geworden. Er sehnte sich so nach der Ruhe und dem Frieden der letzten Inkarnation, die er als Franziskanermönch erlebte, daß er der Versuchung, der Welt zu entsagen, nicht widerstehen konnte. Selbstverständlich weiß er nichts von allem, und ich kann ihm darüber auch nichts sagen, denn er würde mir gewiß keinen Glauben schenken. Er würde vielleicht meinen, ich sei ein Gesandter des Teufels. Der Lama erschien heute abend und bestätigte, daß ich in bezug auf den Mönch Recht habe, und daß es eine ganze Anzahl träger Seelen geben würde, die sich ihrer Pflicht entziehen. Sie sind allerdings mit der von ihnen getroffenen Wahl nicht zufrieden. Fast die gesamte Zeit wären sie sich eines innerlichen Konfliktes bewußt, wüßten aber nicht, woher er rühre. Dies erklärt auch, warum ich aus der Aura jenes Menschen ersehen konnte, daß er nicht wirklich glücklich war. Interessant, nicht wahr?

Madrid, Sonntag

Ich nahm heute am Hochamt teil, um festzustellen, was ich zu schauen vermochte. Ich bemerkte die Form eines östlichen Tempels, welcher während des Gottesdienstes entstand. Ein großer Deva verbreitete seinen Glanz über die ganze Gemeinde. Solches ist wunderschön für diejenigen, die zu sehen vermögen. Wieviel die Betenden von alledem verspüren, hängt sehr von ihrer Intuition ab. Einige der Auren um mich herum veränderten sich bemerkenswert positiv, andere weniger... In Anbetracht dessen, was J. mir über ihre Schwangerschaft mitgeteilt hat, habe ich mich entschlossen, eher als beabsichtigt nach Hause zurückzukehren. Ich hoffe, dich in einer Woche zu sehen.

Auszüge aus Briefen, die nach dem Tod der ersten Frau X geschrieben wurden.

London, Montag

... durch deine Gedanken fühle ich, daß du deinen Aufenthalt auf dem Land genießt. Habe ich Recht? L. und F. (zwei gemeinsame Freunde) sind sehr ineinander verliebt und zur Heirat entschlossen... Aus ihren Auren entnehme ich — sie harmonieren nicht — daß ihre Ehe ein Fehlschlag wird. Ich warnte L., aber sie weigert sich, mir Glauben zu schenken. Also ist es wohl ihr Karma, zu heiraten, um es anschließend zu bereuen. Es tut mir leid, aber was kann ich tun? Ich ging sogar soweit, ihr zu sagen, es wäre für sie besser, die Geliebte von P. zu werden, anstatt sich zu binden. Unnütz zu sagen, daß sie über meinen skandalösen Rat schockiert war! Ich bin ziemlich sicher — wenn sie eine Weile zusammengelebt haben, wird der Zustand ihrer romantischen Blindheit weichen. Sie werden erkennen müssen, daß sie nicht zusammenpassen. Ich bin zu der Feststellung gekommen, daß alle Menschen in verliebtem Zustand das höhere Selbst oder die Seele des anderen berühren und gegenüber der Persönlichkeit blind sind, d.h. sie berühren die feineren Körper, die vorübergehend durch die erhebenden Schwingungen der Verliebtheit einem Reinigungsprozeß unterzogen sind. Verstehst du, was ich meine? Es ist schwer, es in Worten auszudrücken. Überflüssig zu bemerken, daß es karmische Gründe hat, wenn Menschen von einer derartigen Blindheit geschlagen sind (so wie F. und L.) und sich ein Leben lang aneinander binden. Du wirst fragen, warum ich bemüht war, L. und F. von einer Eheschließung abzuraten. Genausogut könntest du fragen, warum man einen Ertrinkenden retten sollte. Die Antwort lautet: Falls man vermag, ihn zu retten, entspricht es seinem Karma gerettet zu werden. Ist es nicht möglich, so liegt sein Karma im Ertrinken. Ich hoffe, mich zu irren, was L. und F. angeht, befürchte allerdings Recht zu haben. (Die Voraussagen meines Mannes stellten sich als richtig heraus.)

Keswick, Sonntag (einige Monate nach dem Tod seiner ersten Frau)
... bitte bete für J., so wie ich selbst es auch tue. Sie ist in der Astralwelt nicht glücklich; sie kann sich nicht an eine Existenz gewöhnen, in der die Gesellschaft im weltlichen Sinne keine Rolle spielt. Ich erfuhr dies von meiner Mutter, die Kontakt zu ihr aufgenommen hat. (Die Mutter meines Mannes starb einige Jahre nach dessen erster Eheschließung.) J. weicht mir ziemlich stur aus, da sie mein Interesse für spirituelle Dinge zu Lebzeiten verurteilte. Mutter ist ganz anders. Es scheint ihr Vergnügen zu bereiten, gelegentlich zu einer Unterhaltung zu erscheinen... Es ist wie in alten Zeiten, als ich noch mit meinem Lehrer zusammen war. Er ist bemerkenswert vital, zieht man sein Alter in Erwägung. Er vermag weitere Strecken als ich zurückzulegen, ohne zu ermüden. Was für ein Ärgernis mein schwaches Herz doch bedeutet, besonders wenn ich gerne die Berge besteigen würde, die im Frühling so herrlich aussehen. Ich wünschte, du könntest hier sein.
Wir veranstalteten gestern abend eine regelrechte "Sitzung", und der alte Mann schrieb viel in Kurzschrift nieder. Der E.B. teilte uns mit, daß der plötzliche und tragische Tod von J. auf einem Kindesmord in einer früheren Inkarnation beruhe. Es scheint, ich habe den Herren des Karma als Werkzeug gedient. Der Gedanke daran ist nicht sehr angenehm. Der E.B. sprach mit seinem wunderbaren Lächeln: Wenn nicht ich es gewesen wäre, dann jemand anders... Ich füge einige der Äußerungen bei, die der liebe Alte aus der Kurzschrift übertragen hat. Falls es dich interessiert, so kannst du sie kopieren, aber sende bitte das Original zurück, da Herr ... sie zu seiner Sammlung legen möchte.
E.B. sprach folgende Worte:
„Meine Söhne, es bedeutet eine große Freude für mich, wieder zu euch in einer Atmosphäre der brüderlichen Liebe und Harmonie zu sprechen. Vor einiger Zeit berichtete dir, mein jüngerer Sohn, einer meiner Brüder über die große Trübsal, die die Menschheit zur Vorbereitung eines neuen Zeitalters noch zu erleiden hat, worüber auch in der Bibel geschrieben steht. Grob umrissen, wird das gegenwärtige Zeitalter in ungefähr 40 Jahren zu Ende sein. Sein Ende und der Beginn des neuen Zeitalters werden von den wenig Entwickelten mit Körperqualen und Seelenpein erlebt werden... Diese

Qualen könnten vermieden werden, würde die Menschheit auf die Stimme der Weisen hören und sich bemühen, die Welt nicht durch das Diktat der Selbstsucht, der Lüge, Verlogenheit und Gewaltanwendung zu beherrschen. Vergangene Ereignisse sind nicht mehr rückgängig zu machen, und der Mensch wird unter Qualen ernten müssen, was er gesät hat. Ich sage euch folgendes, meine Söhne, nicht um euch zu beunruhigen, sondern um euch auf eine Entscheidung vorzubereiten, über die ihr bitte nachdenken wollt.
Wenn die großen Nöte beginnen und die Welt in Dunkelheit liegt, müssen wir Eingeweihten oder einige von uns, die die Große Weiße Loge bilden, wie sie genannt wird, sich neuer Körper bedienen — westlicher Körper — um die vergleichsweise Zurückgezogenheit unserer derzeitigen Behausungen zu verlassen, damit wir uns frei unter Menschen bewegen können und um auf materielle Weise die schwierige Aufgabe der Wiederherstellung zu vollbringen. Wir werden viele unserer Schüler um uns sammeln, um einen persönlichen Kontakt zu uns auf physischer Ebene herzustellen. Solches, meine Söhne, wird euch ein gewisses Opfer abverlangen, eine Verkürzung eures Aufenthaltes zwischen euren Inkarnationen. Es bedeutet, daß ihr, nachdem ihr euer gegenwärtiges Körperkleid abgelegt habt, weit eher als es euch lieb sein wird, in die Grenzen und Einengungen einer neuen irdischen Existenz zurückkehren müßt. Aus diesem Grund bitte ich euch, über dieses Opfer nachzudenken, solange ihr euch noch auf der Erde befindet. Denkt daran, daß wir älteren Brüder niemals befehlen, sondern nur vorschlagen. Unsere weiteren Entscheidungen hängen davon ab, ob unsere Vorschläge angenommen oder mißachtet werden. Wahrlich, meine Söhne, auch wir haben unsere Probleme. Obwohl wir uns jenseits von Leid und Sorgen befinden, wie sie euch bekannt sind, wird unser Scharfsinn in extremem Maße auf die Probe gestellt, wie wir am besten die Menge jener achtlosen und unbändigen Kinder, welche die heutige Menschheit bilden, leiten und ihr helfen können. Deswegen benötigen wir die Hilfe unserer Schüler, welche dasgleiche Streben haben, aber nicht die gleiche Kraft... Dies ist aber noch nicht alles. Wir und unsere fortgeschrittenen Schüler müssen neue magnetische Ströme lenken, die am Ende des Zeitalters an Bedeutung gewinnen,

wenn eine neue kosmische Kraft aus höheren Sphären sich in der Aura der Erde niederschlägt."...

Der E.B. fuhr anschließend fort, uns einiges über die Auswirkungen dieser neuen Kraft zu berichten und bat mich, diese Mitteilungen nicht zu Papier zu bringen. Dann wollte er wissen, ob wir weitere Fragen hätten. Nachdem ich ihm gesagt hatte, daß wir seine Bitte erfüllen würden, stellte ich folgende Frage:

„Warum könnt ihr nicht in euren gegenwärtigen Körpern zu den Menschen kommen? Warum benötigt ihr neue?"

„Da diese, welche wir momentan bewohnen, für diese Zwecke nicht geeignet sind; sie sind zu empfindlich, um den Schwingungen der materiellen Welt genügend Widerstand zu bieten. Sie dienten uns im jetzigen Zeitalter unter dessen Bedingungen, und sie werden uns noch einige Zeit dienen. Im kommenden Zeitalter müssen wir uns jedoch den veränderten Umständen anpassen. Alles, meine Söhne, befindet sich in einem Prozeß des Wandels. Nichts ist statisch in der Manifestation des Universums. Selbst der solare Logos hat noch keine endgültige Perfektion erreicht; er muß sich weiteren Einweihungen unterziehen, bevor das Solarsystem ins Verborgensein geht, und wir, wie die Bibel es ausdrückt, "im Schoß des Vaters ruhen werden"... Ich verlasse euch jetzt. Mein Bruder, der ebenfalls anwesend ist, möchte einige Worte zu euch sprechen."

Der Lama

„Ich grüße euch, meine Brüder; was ich heute sage, bezieht sich besonders auf unseren jüngeren Diener. Mein Bruder, bewahre während der kommenden Jahre deine Gesundheit. Wenn das große Leid beginnt, wirst du eine bedeutende Aufgabe vollbringen müssen. Klage nicht über deine körperliche Not. Eines Tages wirst du außerordentlich froh darüber sein und diese Beeinträchtigung als Segen empfinden. Frage mich nicht, warum? Du wirst es wissen, wenn es soweit ist... Was dich betrifft, mein älterer Bruder, sind wir mit deiner Arbeit zufrieden und damit, daß du versuchst, das Licht denen zu bringen, die in der Dunkelheit leben. Sei nicht entmutigt, wenn du meinst, daß es einige nicht erreicht, denn deine Arbeit wird trotzdem belohnt werden. Lebt wohl."

Doljelly, Dienstag

... die Atmosphäre von Wales ist gut geeignet, Erinnerungen an die Vergangenheit hervorzurufen, ganz besonders, falls diese mit Wales direkt in Verbindung stehen. Ich erfuhr, daß ich während eines weiteren Lebens ein walisischer Sänger war. Meine Musikliebe dieser Inkarnation ließe sich darauf zurückführen, auch meine ungewöhnliche Begeisterung für die Harfe, die sonst von Musikern kaum beachtet wird, außer im Orchester. Ich gebe zu, daß die oberen Noten bei der Harfe ziemlich unerträglich klingen. Die Harfe, auf der ich damals spielte, war kleiner und ganz anders als die schwerfälligen modernen Instrumente, die ich wirklich nicht von einem Platz zum anderen schleppen möchte. Jene Inkarnation verlief nicht ohne Aufregungen. Ich war das, was man einen Minnesänger nennt und machte gelegentlich der einen oder anderen Dame den Hof. Eine der Frauen der imposanten Herren (ich will damit nicht sagen, sie hatten mehr als eine Frau) schien mir gegenüber verliebte Gefühle zu entwickeln und rief so die Eifersucht ihres Gatten hervor. Er rächte sich, indem er mich wegbringen ließ. Ich erzähle dir mehr darüber, wenn wir uns demnächst sehen ... In diesem Hotel wohnt eine Trinkerin; sie ist von ihrem Bruder besessen, der ein Säufer war und im Zustand der Trunkenheit überfahren wurde. Da ich die Genauigkeit meines Sehens prüfen wollte, brachte ich die Unterhaltung auf "Hellsichtigkeit" und erkundigte mich, ob sie daran glaube. Sie bejahte, gab jedoch zu, wenig darüber zu wissen; ich fragte sie, ob sie einen Bruder gehabt hätte, der einen fatalen Unfall erlitten hatte. Sie zeigte sich sehr erstaunt über meine Frage und bejahte. Danach wollte sie wissen, was ich ihr noch mitteilen könne. (Wie gern mögen es doch die Leute, wenn man ihnen wahrsagt?) Ob ich in die Zukunft sehen könne? Ich fragte, was sie speziell wissen wollte. Sie verwickelte mich in ein langes Geschwätz, halb Wahrheit, halb Lüge. Sie berichtete, daß sie einen schlechten Mann hätte (ich sah an ihrer Aura, daß sie mich täuschte) und deswegen an einem anderen Mann Gefallen gefunden habe (sehr wahr), der ihre Gefühle nicht in dem Maße erwiderte, wie sie es gern gesehen hätte oder vorgab, es nicht zu können, weil sie verheiratet war. Wie alles ausgehen würde, wollte sie wissen? Diese Frage versetzte mich in Verlegenheit. Ich konnte ihr kaum sagen, daß sie durch die Trunksucht bereits zu abstoßend aussah, um bei jemand den Wunsch hervorzurufen, sich ihr zu nähern. Ich konnte ihr auch nicht sagen, daß sie zu alt wirkte, um beim anderen Geschlecht Gefühle der Zuneigung zu erwecken. Ich glaube, sie kann nicht viel älter als vierundvierzig sein, doch das Trinken hat ihre Poren erweitert und ihre Züge vergröbert, so daß sie viel älter aussieht. Außerdem hat der Alkohol offensichtlich ihre Zunge gelockert, sie redet fast ununterbrochen, von morgens bis abends. Männer mögen derartig geschwätzige Frauen im allgemeinen nicht, die mit tausend Worten nichts mitzuteilen imstande sind. Sie sind Egoisten und bevorzugen Frauen, die zuhören können und ab und zu eine Bemerkung machen. Alles in allem stellte ich fest, daß ihr Mann, der noch einen Rest von Zuneigung für sie empfindet, geduldig zu sein sucht, während der andere Mann in ihr nur die Hotelbesitzerin sieht, die ihm ein gutes Mahl mit vielen alkoholischen Getränken serviert und Aufhebens um ihn in einer Form macht, welches seiner Eitelkeit schmeichelt. All das stellte keine hilfreiche Feststellung dar, die dazu beitragen konnte, eine arme Frau zu trösten. Ich wußte wirklich nicht, was ich sagen sollte. Glücklicherweise richteten die "Götter" es so ein, daß andere Gäste den Raum betraten, während ich mit meinem Dilemma kämpfte. So fand die "Sitzung" ein Ende. Ich bin froh, daß die gute Frau morgen verreist. Inzwischen vermeide ich das Alleinsein mit ihr, da ich nichts anderes tun kann, als sie zu ermahnen, dem Alkohol zu entsagen. Mein unverbesserlicher Sinn für Humor mag ziemlich leichtfertig scheinen, doch du weißt, daß ich im Herzen für solche Menschen Mitleid fühle ...

Mir fällt gerade ein, daß ich einen Brief von Frau B. in Kalifornien erhielt. Sie schreibt darin über einen Arzt, der Besessene durch Elektroschocks zu kurieren sucht.(16) Dies ist sehr interessant. Ich schrieb ihr, sie möge mir Einzelheiten mitteilen ... Ich verbrachte den Morgen in Einsamkeit und beobachtete die Naturgeister bei ihrer Arbeit. Es gibt hier wirklich viele zu sehen ...

Auszüge aus Briefen, die während des Krieges 1914 bis 1918 und später geschrieben wurden.

... du fehlst mir. Ich bin sicher, daß es für dich besser ist, dich einige Zeit bei deinen Eltern von London entfernt aufzuhalten. Ich komme in einigen Wochen auf einen kurzen Besuch. Inzwischen heißt es, in all diesem Wahnsinn und dem Elend die Ohren steifzuhalten. Was mich hierbei so zornig macht, ist nicht so sehr das Böse, sondern die außerordentliche Dummheit. Sind wir zivilisiert oder Barbaren? Neulich wurden viele Schulkinder durch eine Bombe getötet. Stellt dies eine Methode dar, den Streit zu schlichten? Wenn ich mir vorstelle, daß man mich bald einziehen würde, hätte ich kein schwaches Herz, damit ich ein Bajonett in den Körper eines Deutschen rammte, der auch nur seine Pflicht tut, wie unsere Soldaten die ihrige tun.*) Die "rechtschaffen Entrüsteten", die in ihren Sesseln sitzen und über die Deutschen fluchen, tun so, als ob jeder im gesamten Vaterland ein blutrünstiger England hassender Mörder wäre, der sich über jeden toten Engländer freut. Wenn ich vorsichtig darauf verweise, daß dies nicht im geringsten der Wahrheit entspricht (da ich in Deutschland gelebt und dort Freunde habe) meinen sie, ich stünde auf Seiten der Deutschen, wäre ein "verächtlicher Pazifist" oder etwas ähnliches. Betrachtet man die ganze Sache von einer anderen Seite, bedeutet der Krieg einen ausgezeichneten Test für die christlichen Nationen. Jetzt können wir sehen, wer von uns seine Feinde zu lieben vermag. Ich will nicht behaupten, es hätte keinen Krieg gegeben, wären wir wirklich christliche Nationen, aber dies steht auf einem anderen Blatt. Wenn ich mir vorstelle, daß das Streichholz, welches jenes "Freudenfeuer" entzündete, nichts anderes als Österreichs Eitelkeit war oder amour propre, falls jemand beschönigende Worte vorzieht ...

*) Bemerkung von Frau X. Als ich die Papiere aussortierte, fiel mir auf, daß der Lama damals bemerkte, wie froh mein Mann eines Tages über seine Herzschwäche sein würde. Ich vermute, daß sich die Bemerkung auf den Krieg bezog. Siehe Brief aus Keswick.

London, Donnerstag

... ich war zu beschäftigt und müde, um eher zu schreiben. Zu mir kamen sehr viele untröstliche Mütter und Freundinnen, die alle Kontakt mit ihren gefallenen Männern aufnehmen wollten. Gott sei Dank kann ich sie trösten — wenigstens einige. Das Schlimmste ist, ich vermag ihnen nicht immer Erfreuliches über ihre Lieben mitzuteilen. Ein gewisser Prozentsatz von ihnen ist natürlich äußerst beunruhigt und befremdet, sich plötzlich auf der Astralebene wiederzufinden. Im allgemeinen gelingt es mir, ihnen eine überzeugende Nachricht zu übermitteln, die beweist, daß es sich um ihre Angehörigen handelt; solche Botschaften bedeuten den Hinterbliebenen oft einen Trost ...

Ich sah den E.B. gestern abend für einige Minuten. Er sagte, die Brüder trauerten über die furchtbare Gewinnsucht, die sich immer mehr ausbreite. Statt sich in Selbstlosigkeit, bedingt durch den Krieg, zu üben, um das schlechte Karma abzutragen, schaffen die Menschen weiteres Karma, indem sie den Samen für zukünftiges Leid säen. Es wäre abscheulich. Während die Kämpfer im Ausland die Hölle erleben, erschwerten die Profitgierigen den Menschen zu Hause das Leben durch die Erhöhung der Lebenskosten. Außerdem verschwende die Regierung die Gelder der öffentlichen Hand auf üble Art. Ich halte viel von Menschlichkeit, doch je länger ich lebe, desto weniger halte ich von der Natur des Menschen. Wenn wir in diesem Stil fortfahren, wird noch viel kostbare Zeit vergehen, bevor wir vom "Himmel auf Erden" sprechen können.

Montag

... ich stieß soeben auf eine sehr tragische Sache, die Ergebnis dieses Krieges ist. Gestern rief mich D. (eine gemeinsame Freundin) voller Verzweiflung an und bat mich vorbeizukommen, um H. zu besuchen (ihren Mann). Seit er von der Front zurückgekehrt ist, habe sich sein Benehmen ihr und den Kindern gegenüber vollständig verändert; er behandle sie, als ob sie alle Fremde wären. Abgesehen davon, scheine sich der ganze Mann verändert zu haben — sein Charakter und alles. Als ich ihn betrachtete (hellsichtig), stellte ich zu meinem Schrecken fest, daß es sich gar nicht um H. handelt; ein anderer Geist hat von seinem Körper Besitz ergriffen — bemächtigte sich seiner, während er sich in einer Kriegsneurose befand. Wie du selbst weißt, war H. schon immer ein ziemlich negativer Mensch und nun das. Die ganze Sache ist leidvoll. Ich wußte nicht, was ich dem "armen Mädchen" sagen sollte. Eine schöne Geschichte, mit einem Mann verheiratet zu sein, der gar nicht dein Mann ist, sondern bis auf den Körper ein Fremder. Natürlich ist Besessenheit für mich nichts Neues, aber in diesem Fall ist sie besonders tragisch. Zuerst war ich unfähig zu entscheiden, ob ich ihr die Wahrheit sagen sollte oder nicht. Ich versuchte, zu E.B. Kontakt aufzunehmen, doch ohne Erfolg. Die Brüder sind in diesen Zeiten so beschäftigt und in der Atmosphäre des Elends und der "Kriegslust" schwer zu erreichen. Schließlich hielt ich es für das Beste, ihr das Schlimmste zu sagen. Ich war bemüht, die Mitteilung etwas abzuschwächen, indem ich meinte, vielleicht ließe sich der unrechtmäßige Besetzer doch noch vertreiben. Ich versuche es, wenn ich heute nacht meinen Körper verlasse. — Es gelang mir, Verbindung zum wirklichen H. herzustellen, der, wie du dir vorstellen kannst, über die entehrende Belagerung seines Körpers nicht gerade glücklich ist. Es ist sein Karma, da er in einer früheren Inkarnation schwarze Magie praktizierte — ... Es gibt keine weiteren Nachrichten von Bedeutung ...

Niedergeschrieben in ein Notizbuch, offensichtlich bald nach Unterzeichnung des Friedensvertrages, im Jahre 1923.

...es bedarf keiner Hellsichtigkeit, um zu sehen, daß der Friedensvertrag eine zweifelhafte Sache darstellt, die letztendlich zu weiterem Elend führt. Der einzige Idealist war Präsident Wilson, dessen 14 Punkte durch die Brüder angeregt wurden. Der E.B. nennt ihn "unseren Diener". Ich habe die Vorahnung, daß sich die Politiker nicht an seine 14 Punkte halten. Sie werden sie irgendwie beiseite schieben. Garvin schrieb in seiner Sonntagskolumne, die ganze Angelegenheit sei dazu verurteilt, früher oder später einen unheilvollen Verlauf zu nehmen. Ich fürchte, er hat Recht. Ich kann keinen Frieden in der Atmosphäre erkennen. Dies war nicht der letzte Krieg und auch kein Krieg, um die Welt auf die Demokratie vorzubereiten. Es ist ein guter Gedanke, den Bund der Nationen zu schaffen. Doch ich sehe, man wird versuchen, Vorteile daraus zu ziehen; er wird sich zu einer Brutstätte für Intrigen entwickeln. Politiker verwandeln sich nicht plötzlich in Heilige. Ich überlasse diese Zeilen meiner Frau, um zu sehen, ob ich Recht habe. Falls es zu einem weiteren Krieg kommen sollte, werde ich nicht mehr auf der Erde weilen.

Freitag

... wie du weißt, bittet mich Fräulein S. schon lange, mit ihr Herrn ... aufzusuchen. Wir gingen gestern hin und veranstalteten eine "Sitzung". Ich nahm ihr das Versprechen ab, nichts über mich zu erzählen. Der Mann ist eine Mischung aus lauterem Charakter und Betrüger. Wenn er nicht imstande ist, zu sehen, erfindet er die absurdesten hellsichtigen Komplimente. Er erzählte Fräulein S., er sehe wundervolle okkulte Symbole in ihrer Aura, daß sie eine sehr weit fortgeschrittene Seele wäre, und sie bald eine wichtige Einweihung erleben würde. Alles Unsinn! Ich konnte keines dieser Symbole erkennen und hinsichtlich ihrer weit fortgeschrittenen Seele handelt es sich auch nicht um die Wahrheit. Als ich an die Reihe kam, erzählte er mir,

ich besäße die Aura eines Hellsehers und empfahl mir, meine seherischen Qualitäten zu entwickeln! Ich lachte in mich hinein und Frl. S. blickte unbehaglich. Er erzählte mir weitere Dinge über mich, die für mich nichts Neues waren und erging sich am Ende wieder in Komplimenten. Er erwähnte, ich stünde mit sehr hohen Wesenheiten in Verbindung und hätte mich in früheren Inkarnationen mit Okkultismus befaßt.
Er riet mir, auf meine Gesundheit zu achten. Er könne meiner Aura entnehmen, daß ich unter einer Herzschwäche litte, mit entsprechender Vorsicht und Pflege jedoch noch einige Zeit leben würde. Die Nieren funktionierten auch nicht richtig. Er gab mir den Rat, Petersilienwasser zu trinken.
Ich kann nicht behaupten, daß das Ganze Niveau hatte, aber das alte Mädchen war zufrieden. Sobald jemand die Hellsichtigkeit dazu einsetzt, um sich den Lebensunterhalt zu verdienen, wird man nichts Besseres erwarten können. Du kennst das lateinische Sprichwort: „Niemand kann zu jeder Stunde des Tages weise sein" — und noch weniger vermag jemand unentwegt hellsichtig zu sein; die Bedingungen dafür sich nicht immer günstig. Ich will damit nicht sagen, daß alle professionellen Hellseher Schwindler sind, ganz und gar nicht. Ich habe bis jetzt einen oder zwei kennengelernt, die ehrlich genug waren zu sagen: „Ich kann momentan nichts in ihrer Aura erkennen" oder „Ich bin nicht in Form. Ich empfehle ihnen, unter günstigeren Bedingungen wiederzukommen" ...

Dienstag

... ich traf heute im Klub einen alten Mann, der die Bekanntschaft von Madame Blavatsky gemacht hatte. Ich fragte ihn, was er von ihr halte? Er meinte, sie wäre eine interessante Persönlichkeit, aber eine alte Schwindlerin. Ich wollte wissen, wie er zu diesen Aussagen käme und er berichtete, sie habe sich geweigert, ihre Fähigkeiten ihm und seinem Freund unter Beweis zu stellen, mit der Begründung, daß irgendetwas mit den magnetischen Strömen nicht stimmte. Dies bewiese gerade, daß sie keine Schwindlerin ist, entgegnete ich. Wäre sie eine clevere Zauberin gewesen, so hätte sie ihm mit einer kleinen Taschenspielerei eine Freude bereitet, egal wie es sich mit den magnetischen Strömen verhielt. Sie sei ehrlich genug gewesen, ihm die Wahrheit zu sagen. Er aber wollte die Wahrheit nicht sehen. Die Menschen sind manchmal so unlogisch. Aus Spaß und um seine Ansichten ins Wanken zu bringen, erzählte ich ihm verschiedenes über ihn selbst. Soweit ich sehen konnte, schien er sehr überrascht. Vielleicht gibt ihm das einige Denkanstöße ...?

Eastbourne, Donnerstag

... ich sehe, daß der alte Präsident Wilson tot ist. Er war ein enttäuschter Mensch. Sie entsprachen niemals seinen 14 Punkten. Ich glaube, die Sorgen beschleunigten sein Ableben. Er war eine gute Seele, die oft mißverstanden wurde. Die Brüder bedienten sich seiner, obwohl ich zu behaupten wage, daß er zu seinen Lebzeiten gewiß nie von ihnen gehört hat. Er stand mit ihnen in Verbindung, wenn er des Nachts seinen Körper verließ. Ich sah ihn während des Krieges einmal oder zweimal dort drüben, als ich selbst mich ebenfalls außerhalb meines Körpers befand.

London, Montag

... ich hoffe, du genießt immer noch deinen Aufenthalt bei den F.'s ... Du bist bestimmt traurig zu lesen, daß mein alter Lehrer gestorben ist. Er erschien mir gestern abend; so wußte ich, daß er gegangen war, noch bevor ich die Bestätigung seines Todes erhielt. Seine Frau war bei ihm. Sie scheinen sehr glücklich zu sein. Um seiner Willen bin ich froh, daß er ihr so schnell folgte. Wie du aus einigen seiner Briefe ersehen konntest, fühlte er sich ohne sie ziemlich verloren. Er fühlte sich getröstet, da ich Kontakt zu ihr aufnehmen und ihm Botschaften übermitteln konnte. Ich verdanke diesem alten Mann unendlich viel. Was wäre ich in meiner Kindheit und Jugend ohne ihn gewesen? Er zeigte Verständnis für meine Eigenartigkeit und regte sich niemals darüber auf. Er sagt, er sei froh, sein altes Körperkleid abgelegt zu haben; er starb einen sehr friedvollen Tod ... Ich berichte dir mehr, wenn ich zurückkomme.

Donnerstag

... der liebe Alte erschien wieder und erzählte mir vieles; es ist zuviel, jetzt darüber zu schreiben. Stell dir vor, er bedrängte mich, mein altes Tagebuch veröffentlichen zu lassen — oder was davon übriggeblieben ist. Ich weigerte mich. Er meinte, die Veröffentlichung des Tagebuches würde viel Gutes bewirken; sie würde vielen Menschen zu der Erkenntnis verhelfen, daß Hellsichtigkeit kein Unsinn und keine Scharlatanerie ist. Er bestand darauf und sagte, einige Geister dort drüben wären von dieser Idee sehr angetan. Das mag alles recht und gut sein. Du lieber Himmel, meine Schwester würde der Schlag treffen. Außerdem möchte ich nicht auf die gleiche Stufe mit Daisy Ashford gestellt werden! Nein, vielen Dank!

Auszug aus einem Brief, der 1927 geschrieben wurde.

... ich setzte mich heute früh während meiner Meditation mit dem E.B. in Verbindung. Er bemerkte unter anderem, die Brüder befürchteten in Kürze einen neuen Krieg.(17) Der Mensch habe seine Lektion immer noch nicht gelernt. Wir lebten im Moment unter dem Einfluß des Mars, dessen Schwingungen die Leidenschaften des spirituell unentwickelten Menschen entfachen könnten. Wäre die Menschheit höher entwickelt, würden diese Schwingungen auf höherer Ebene ihren Ausdruck finden und sich nicht in Streitsucht und kriegsähnlichen Aktivitäten niederschlagen. Als ich wissen wollte, ob ich den Ausbruch des 2. Weltkrieges erleben würde, sprach er: „Mein Sohn, wir sind keine Wahrsager. Es ist nicht gut für den Menschen, Einblick in seine eigene Zukunft zu nehmen, es würde ihn pessimistisch stimmen." Ich habe darüber noch nie nachgedacht, finde aber, daß es stimmt. Der E.B. fuhr fort und sprach, es wäre gelegentlich gestattet, jemand bezüglich seiner Zukunft einen Hinweis zu geben (wie ich es mitunter auch getan habe), falls es sich um die Wahl zwischen zwei Möglichkeiten handele. Manchmal sei es erlaubt, jemanden zu warnen, daß diese oder jene Handlung Böses nach sich ziehen kann. Ob die Warnung beachtet werde, sei etwas anderes. Er bediente sich einer schöneren Ausdrucksweise als ich es tue ... Der alte J. meint, ich solle meine Bilder ausstellen. Ich fragte, warum um Himmels willen, ich wolle sie nicht verkaufen. Er schlug mir sogar vor, eines an die Akademie zu schicken. Niemals ...
Ich habe heute zuviele Behandlungen gegeben und fühle mich bis ins Innerste erschöpft.

(Dies ist der letzte Brief, den ich von meinem Mann erhielt. Bis auf wenige Wochenenden waren wir bis zu seinem Tode, sechs Jahre später, kaum voneinander getrennt.)

Nachwort

Es ist nun an mir, der ich bis jetzt ein wenig kompetenter Kommentator dieses Tagebuches war (s. Anhang), ein kurzes Nachwort zu schreiben. Es soll sich ganz besonders an jene aufgeschlossenen Menschen wenden, die bereit sind zu glauben, daß es zwischen Himmel und Erde mehr gibt als die Verfechter der materialistischen Betrachtungsweise zu träumen wagen.
Es bedarf wohl keines weiteren Kommentars, daß es sich beim "Held" dieser Seiten (um einen viktorianischen Ausdruck zu gebrauchen), um einen Menschen vollkommener Lauterkeit handelte, der seine Gaben nie in Geld umsetzte oder zu gewinnsüchtigen Zwecken mißbrauchte. Gewiß, er mag kleine Fehler gehabt haben — wer hat sie nicht? Doch sie machten ihn nur noch liebenswerter.
Was den "älteren Bruder" anbetrifft, besteht Grund zur Annahme, daß er einer jener hohen Eingeweihten der geheimen Lehre war, die der Theosophie als Meister, Mahatmas oder große Lehrer bekannt sind und den Yogis als Maharishis. Diese hohen Wesenheiten haben eine Stufe der spirituellen Entwicklung erreicht, die sich hoch über jener des "einfachen Menschen" befindet. Sie haben jeglichen Rest von Selbstsucht abgelegt und sind bestrebt, jene zu leiten und zu lehren, die das entsprechende Bedürfnis und die Qualifikation besitzen, die Lehren zu empfangen. Sie sind weiterhin bestrebt, das Bewußtsein der Menschheit soweit wie möglich "emporzuheben" und zu beeinflussen. Eine der Methoden, die von den Meistern zu diesem Zweck angewandt wird, besteht in der Projektion mächtiger Gedankenformen auf der Mentalebene. Diejenigen, die diese Schwingungen aufzunehmen vermögen, können sie in das Gewand ihres eigenen literarischen Ausdrucks kleiden. Für einen mit dem Okkultismus befaßten Menschen bedeutet es somit keine Überraschung, auf Schriftsteller zu stoßen, die die gleichen Gedanken zum Ausdruck bringen — obwohl sie vielleich tausende von Meilen voneinander entfernt leben und im Grunde über sehr verschiedene Themen zu schreiben oder unterschiedliche Standpunkte zu beziehen scheinen. Viele dieser Autoren besitzen wohlweislich kein bewußtes

Wissen über Okkultismus, und doch wiederholen sie das, was die Meister ihre Schüler seit Jahren lehren.

Sie weisen zum Beispiel darauf hin, daß trotz der internationalen Gesetze zwischen den Nationen Anarchie herrscht. Dieser Gedanke wurde überzeugend durch Professor Stratton, von der Harvard Universität, in seinem beeindruckenden Buch "International Delusions" ausgearbeitet. Er stellt darin fest, genauso wie es die Meister verkündeten, daß jeder Versuch, die Welt durch ein System der "Lüge, des Betruges, des Stehlens und des Tötens" zu regieren, unweigerlich zum Desaster führen muß; eine Erklärung, die sich bewahrheitet hat. Welche Worte könnten zutreffender sein als die folgenden des E.B.: „eine Masse ungebärdiger Kinder, aus denen die Menschheit besteht"; nur Kinder streiten und kämpfen, während vernünftige Erwachsene Brüderlichkeit zeigen ...

Es ist nicht angebracht, über den Leitsatz in meinem Werk "Man ist my Theme" *) zu sprechen, das bereits lange vor der Veröffentlichung dieses Tagebuches erschien. Ich erwähne es nur, um aufzuzeigen, wie die Meister ihre Gedanken durch sehr unterschiedliche Kanäle verbreiten. Nicht, daß meine Aussage eine Bestätigung dessen darstellt, nur diejenigen, die über die notwendigen Qualifikationen verfügen, mit den Meistern in Verbindung zu treten, erhalten Beweise aus erster Hand, die von der Existenz dieser erhabenen Wesen und ihrer Aktivitäten Zeugnis ablegen. Sie offenbaren sich jenen reinen Seelen, wie der des Tagebuchschreibers, die tief vom Geiste des Dienens erfüllt sind. Gemäß dem alten, okkulten Satz "der Lehrer erscheint, wenn der Schüler bereit ist".

*) Vielfach erschienen unter dem Titel "Man, the Unruly Child (The Aquarian Press, 1953)

Anhang

Anmerkungen von Cyril Scott

(1) Es erscheint unlogisch, daß ein Junge, der die Geister der Verstorbenen wahrzunehmen vermochte, sich vor dem Tod fürchtete. Diese Tatsache läßt sich wohl hauptsächlich durch die viktorianische Haltung gegenüber dem Tod erklären, welche sich tief seinem Unterbewußtsein eingeprägt hatte. Er bezieht sich später darauf im Text.

(2) Das Buch "Fairies at Work and Play", von G. Hodson, ist lesenswert, um nähere Einzelheiten zu erfahren.

(3) Nach den Aussagen des Okkultismus wird der physische Körper von den feineren Körpern durchdrungen und umgeben, die dem Hellsichtigen sichtbar sind. Der größte von ihnen ist der sogenannte Ätherkörper oder die Gesundheitsaura, in welcher sich im Fall einer bösartigen Erkrankung ein krebsähnliches Wesen festsetzt. Diese Erscheinung kann von Hellsichtigen beobachtet werden. Die Ärzte vertreten die Auffassung, das Worts "Krebs" werde deswegen für bösartige Wucherungen verwendet, da ein Krebs Greifarme besitzt, mit denen er sich festklammert. Es ist jedoch wahrscheinlicher, daß der Name für diese Krankheit früheren Ursprungs ist und entstand, als die menschliche Rasse hellsichtig war.

(4) Die Tatsache, der kleine Naturgeist erinnere an Märchenbücher mit ihren Zeichnungen und Beschreibungen, ist geeignet, Zweifel zu wecken, die Visionen des Jungen mochten durch seine eigene Vorstellung gefärbt gewesen sein. Okkultisten behaupten allerdings, daß Folklore und Märchen ursprünglich durch das Hellsehen beeinflußt wurden.

(5) Es wird auch von anderen Sehern bestätigt, daß Krankheitssymptome sich als dunkle Schatten im Ätherkörper am Ort der Störung darstellen. Mit Hilfe der Kirlianphotographie ist es inzwischen möglich, dies allgemein sichbar zu machen.

(6) Die Idee eines Körpers ohne Seele erscheint einem Okkultisten nicht absurd, wenngleich es bei oberflächlicher Betrachtung den Anschein haben mag. Läßt man einmal die materialistische Betrachtung einer Nichtexistenz der Seele außer acht, in dem Sinne, daß im Christentum lediglich der Ausdruck akzeptiert wird; so besteht im orthodoxen Christentum der Glaube an eine den Körper bewohnende Seele, die sich im Moment des Todes aus diesem zurückzieht.
Dieses Geschehen trifft für eine gewisse Anzahl alter Menschen nicht zu, da die Seele den Körper hier bereits vor deren Tod verläßt. Bei diesem Ereignis spricht man

auch von "zweiter Kindheit", einem Stadium, in dem der Körper den sogenannten Körperelementalen überlassen wird. Um diese Vorgänge besser zu verstehen, wäre es wünschenswert, sich ausführlich mit dem Okkultismus zu befassen. Das Thema ist zu komplex, um in wenigen Zeilen abgehandelt zu werden.

(7) Ich kann nicht sagen, ob der Junge Einblick in die Akasha-Chronik hatte, oder ob er einfach Vergangenes aus den Astralwelten schauen konnte. Seine Angaben werden durch folgende Erfahrung, die mir einst durch eine mir bekannte Seherin widerfuhr, bestätigt. Beim Ort des Geschehens handelt es sich aber nicht um Harlech, sondern um Rom. Während ein Fremdenführer ihr und ihren Begleitern die Sehenswürdigkeiten zeigte, versetzte sie ihn in Erstaunen, indem sie erklärte, daß sich da oder dort, sagen wir ein Torbogen, ein Turm, eine alte Tür usw. befunden habe. Er muß über ihre Ausführungen so überrascht gewesen sein, daß er bemerkte: „Signora, ihr Wissen zur römischen Geschichte ist sehr bemerkenswert." In Wirklichkeit war ihr Wissen über römische Geschichte gleich Null.

(8) Es sieht so aus, als ob in diesem Moment der Junge tatsächlich in der Akasha-Chronik zu lesen vermochte. Dies beweist noch nicht, daß Herr Patmore Recht hatte mit der Behauptung, daß die Priester, die der Junge wahrnahm, Druiden waren.

In seinem belehrenden Buch "The Occult Sciences in Atlantis" schreibt Lewis Spence in dem Kapitel "Der atlantische Kult in England": „... als man es für notwendig befand, ein ungefähres Datum für die Anpflanzungszeit festzusetzen, arrangierten sie (die damalige Bevölkerung) zu Kultzwecken Blöcke in einem Kreis, um die aufsteigenden Strahlen der Sonne einzufangen." Er fügt hinzu: „Stonehenge ist sicherlich ein Tempel, der dem Poseidontempel in Cercenes entsprach."

(9) Während sie über die Druiden lasen, verspürte der Junge offensichtlich, daß diese ein beachtliches okkultes Wissen besessen hatten — eine Tatsache, von deren Wahrheit die Okkultisten überzeugt sind.

(10) Zwei Seher meines Bekanntenkreises bestätigten die Feststellung über Nelson. Was die Devas im allgemeinen anbelangt, so kommt das Wort Deva aus dem Sanskrit und spielt im indischen Okkultismus eine bedeutende Rolle; es bedeutet literarisch ausgedrückt "Der Leuchtende". In der theosophischen Literatur finden sich ebenfalls viele Aussagen über Devas. Es gibt Wasserdevas, Luft- und Wolkendevas, Bergdevas, Baumdevas usw. Es gibt auch Musikdevas, und es ist von Hallen zu hören, in denen sphärische Klänge zu vernehmen sind. Die Musikdevas, die man im indischen Okkultismus als Gandharvas kennt, inspirieren oft Komponisten. Andere wiederum inspirieren Dichter, aber vieles von dem, das heute als Dichtung be-

zeichnet wird, kann sicherlich nicht als von Devas eingegeben hingenommen werden.
(11) In der Wissenschaft des Yoga wird diese Energie "Prana" genannt; sie ist für den Seher sichtbar. Mesmer glaubte, es handele sich dabei um ein Fluidum. Wir dürfen annehmen, daß Frl. Ball außerordentliche magnetische Kräfte ausstrahlte, die sie auf ihre Patienten übertrug.

(12) Für die Skeptiker gibt es keine überzeugendere Widerlegung des Spiritismus als die Trivialität der Botschaften gewisser Geister, die die Behauptung aufstellen, zu Lebzeiten Berühmtheiten verkörpert zu haben. Etwas mehr Nachdenken in Verbindung mit okkultem Wissen würde jedoch Zweifel zerstreuen, es sei denn, es handelte sich um tiefverwurzelte Zweifel. Der Materialist argwöhnt, es müsse sich aufgrund der Trivialität der Botschaften zwangsläufig um eine betrügerische Erfindung des Mediums handeln, was beweise, daß keine Geister existierten. Eine andere Theorie — soweit hergeholt sie auch erscheint — besteht darin, die Geister dem Unterbewußten des Mediums zuzuschreiben. Solche Auseinandersetzungen werden von der Frage begleitet, warum Geister, nehmen wir einmal an sie existierten wirklich, mit dem Ablegen ihres physischen Körpers nicht auch Charakteristika, wie z. B. Ignoranz, ablegen. Warum sollen wir Wunder postulieren? Wird jemand, der seinen Mantel ablegt, ein anderer, oder ändert sich jemand nur dadurch, indem er die Umgebung wechselt. Anscheinend nicht! Falls es also zu Trivialbotschaften kommt, wäre die natürliche Folgerung, sie Wesenheiten mit Trivialgeist zuzuordnen. Es wäre falsch, zu erklären, daß jene Botschaften folglich von keiner Wesenheit stammen können.

Genauso wie es auf Erden Menschen mit einem Sinn für groben Humor gibt, so gibt es auch ähnlich veranlagte Geister, die vorgeben, der Geist einer verstorbenen Berühmtheit, z.B. Shakespeare, zu sein. Außerdem dürfen wir nicht vergessen, daß die Eitelkeit im Erdenleben eine beachtliche Rolle spielt und auf der sogenannten Astralebene nicht plötzlich erlischt. Ich erinnere mich als Musiker und Komponist an die vielen Verseschreiber, die mir die übelsten Stücke zur Vertonung übersandten; in ihrer Eitelkeit glaubten sie sicherlich, ihre Verse entsprächen höchstem künstlerischen Niveau. Ich erinnere mich dabei an jene Geschichte, die mir einer meiner Verleger erzählte. Eine Komponistin sandte ihm täglich per Post Kompositionen zu. Diese Kompositionen klangen wie schlechte Chopinimitationen und verdienten absolut keine Veröffentlichung. Als mein Verleger solches der werten Dame mitteilte, erhielt er die Antwort, er wäre ein Narr. Sie sei eine Inkarnation von Chopin, und er wisse gar nicht, welche Kostbarkeit er ablehne... Diese wahre Geschichte sei nur erzählt, um die Kraft des Wunschdenkens aufzuzeigen. Da jene Dame der Reinkarnationslehre anhing und große Bewunderung für Chopin empfand, jedoch ganz und gar nicht wie dieser zu komponieren imstande war, glaubte sie letztendlich, sie sei eine Inkarnation von Chopin, eine Täuschung, die auch nach ihrem Tod fortdauern wird; es sei denn, sie wird sich ihrer Eitelkeit bewußt und vermag, sich von ihr zu befreien. Was die Wesenheit anbelangt, welche sagte, sie sei Sappho, so mag sie dies geäußert haben, um Herrn Patmore zu beeindrucken, damit er Schritte unternähme, ihre Platitüden zu veröffentlichen; sie selbst maß ihnen ja große Bedeutung bei.

(13) Es ist für einen Deva niederen Grades nicht ungewöhnlich, einen Menschen mit wenig ausgeprägten Talenten zu überschatten. Mitunter ist ein Deva dieser Art bestrebt, die Menschheit durch naive Methoden zu verbessern. So mag es geschehen, daß plötzlich Menschen ohne besondere Begabung des literarischen Ausdrukkes, das Bedürfnis zu schreiben verspüren; sie verfassen dann Schriften belehrender Natur, etwa im Stil der Bibel. Solche Schriften mögen zunächst den Anschein einer neuen Botschaft erwecken, erweisen sich aber häufig bei näherem Hinsehen als spirituelle Platitüden.

(14) Dieses Geschehnis verdeutlicht, wieviel ein Seher einem Trancemedium voraus hat, es sei denn, das Trancemedium besitzt überragende Fähigkeiten. Es sei noch einmal darauf hingewiesen, daß eine Wesenheit, welche auf den Astralkörper des Mediums Einfluß nimmt, damit versucht, sich über das Gehirn des Mediums auszudrücken. Da das Gehirn des Mediums sich für diesen Zweck oft als unzureichend erweist, kann man es mit dem Versuch eines großen Pianisten vergleichen, einem schlechten Piano melodische Töne zu entlocken. Der Mangel liegt nicht beim Musiker, sondern beim Instrument. Da sie dies alles nicht in Betracht ziehen, sind Leute, die ein Trancemedium aufsuchen, um mit ihren verstorbenen Verwandten und Freunden Verbindung aufzunehmen, sehr oft über die Ergebnisse enttäuscht.

(15) Die kürzlich verstorbene Frau A. Chaplin aus Crowhurst, Sussex — eine begnadete Seherin — gelangte zu einer ähnlichen Feststellung über Marseille, als sie zwischen 1920-30 die Riviera besuchte. Ihre Aussagen über Monte Carlo sind ebenfalls mit denen des Tagebuchschreibers im nächsten Brief vergleichbar. Sie war Schülerin eines der "Älteren Brüder" und nutzte ihre Fähigkeiten niemals zu beruflichen Zwecken; sie war ein Mensch von vollkommener Lauterkeit.

(16) Dies bezieht sich auf Dr. Carl Wickland, der später das Buch "30 Jahre unter den Toten" (Reichl-Verlag) verfaßte. Nachdem er entdeckt hatte, daß viele Menschen, welche unter Geisteskrankheiten oder unter körperlichen Symptomen litten, von den Geistern Verstorbener besessen waren, versuchte er, diese Wesenheiten mittels Elektrizität auszutreiben. Manchmal gelang es ihm nur durch verbale Aufforderung, sie davon zu überzeugen, sich zurückzuziehen. Seine Frau, welche ebenfalls über mediumistische Begabungen verfügte, unterstützte ihn in seiner Arbeit.

Das Buch sollte imstande sein, die Augen derer zu öffnen, die das Besessensein von "bösen Geistern" als phantasievollen Aberglauben betrachten oder als Unmöglichkeit in unserem moderen Zeitalter. Entsprechend dem Neuen Testament besaß Jesus von Nazareth die Macht, "böse Geister" auszutreiben. Die Haltung der protestantischen Kirche gegenüber dem Spiritualismus oder ähnlichen Dingen kann entweder als antagonistisch, skeptisch oder unklar bezeichnet werden.

(17) Dies stimmt ziemlich genau mit den Botschaften überein, welche Seher aus meinem Bekanntenkreis fünfzehn Jahre vor Ausbruch des Zweiten Weltkrieges durch die Eingeweihten erhielten. Es mag seltsam anmuten und den Skeptikern eine besondere Freude bereiten, denn schon als der Krieg bevorstand, erklärten die Spiritualisten noch, es würde nie dazu kommen. Wie konnte es zu diesen schrecklichen "Ausrutschern" kommen? Ich selbst wage zu behaupten, daß entweder das Wunschdenken des Mediums dem Empfang einer reinen Botschaft im Wege stand oder aber, daß die Geister der Astralwelt darauf vertrauten, den Krieg in letzter Minute abwenden zu können.
All dies vergrößert meine Achtung vor dem Tagebuchschreiber, dessen Haltung gegenüber den Bewohnern anderer Ebenen vollkommen überlegt war. So wie er sie kannte, betrachtete er sie nicht als unfehlbar, sondern wie Menschen, mit der Möglichkeit zum Irrtum.